他山之石

——国外乡村发展经验与启示

杜 楠 付海英 朱晓禧 等 编著

中国农业科学技术出版社

图书在版编目（CIP）数据

他山之石：国外乡村发展经验与启示/杜楠等编著. -- 北京：中国农业科学技术出版社，2021.9

ISBN 978-7-5116-5234-8

Ⅰ.①他… Ⅱ.①杜… Ⅲ.①农村经济发展—研究—国外 Ⅳ.①F313

中国版本图书馆 CIP 数据核字（2021）第 049737 号

责任编辑	崔改泵
责任校对	李向荣
责任印制	姜义伟　王思文
出 版 者	中国农业科学技术出版社
	北京市中关村南大街 12 号　邮编 100081
电　　话	（010）82109194（出版中心）　（010）82109702（发行部）
	（010）82109709（读者服务部）
传　　真	（010）82109698
网　　址	http：//www.castp.cn
经 销 者	各地新华书店
印 刷 者	河北鑫彩博图印刷有限公司
开　　本	170mm×240mm　1/16
印　　张	18.5
字　　数	312 千字
版　　次	2021 年 9 月第 1 版　2021 年 9 月第 1 次印刷
定　　价	60.00 元

版权所有·翻印必究

《他山之石——国外乡村发展经验与启示》编著委员会

主编著：杜 楠　付海英　朱晓禧

编著者：井 梅　李 堃　朱绪荣　张新民
　　　　骆 翔　刘晓飞　张高振　童 俊
　　　　毛翔飞　龚 芳　徐 鑫　张汝楠
　　　　杨爱全　闫伟昌　王能波　刘 欣
　　　　王昌霖　赵雨辰　魏蔷郦　张晓敏
　　　　张攀华　曹亦兵　曾军全　张忠明
　　　　李树君　肖运来　常瑞甫　洪仁彪
　　　　高 峰　徐旺生　徐卫国　魏露苓

目　录

第一章　英国乡村发展历程 ………………………………………… 1
　一、英国乡村组织 ………………………………………………… 1
　二、英国古代以来的土地制度的变迁 …………………………… 2
　三、工业革命后的英国的乡村保护运动 ………………………… 10
　四、第二次世界大战以后英国乡村发展政策、措施与特点 …… 13
　五、第二次世界大战以来英国乡村发展的现状 ………………… 24
　六、第二次世界大战以来英国乡村发展的主要经验 …………… 25
　七、英国乡村发展对中国乡村振兴的启示 ……………………… 27

第二章　法国乡村发展历程 ………………………………………… 30
　一、法国中世纪农业与农村 ……………………………………… 31
　二、第二次世界大战后法国的乡村社区建设实践 ……………… 37
　三、19世纪以来法国的乡村城镇化与城乡关系的转变 ………… 45
　四、法国乡村发展对中国乡村振兴的启示 ……………………… 52

第三章　德国乡村发展历程 ………………………………………… 55
　一、德国近代农村发展历程 ……………………………………… 56
　二、德国乡村重振运动的过程、措施与特点 …………………… 59
　三、德国乡村发展对中国的几点启示 …………………………… 70

第四章　美国乡村发展历程 ………………………………………… 73
　一、美国农业基本特点及规模化农场的形成 …………………… 74

二、美国家庭农场的发展和技术的改进 ………………………… 84
三、美国政府的农业支持政策推进了乡村的发展 ……………… 86
四、美国的乡村生活运动 ………………………………………… 91
五、美国的乡村建设 ……………………………………………… 99
六、美国乡村发展的政策特征 …………………………………… 106
七、美国乡村发展的现状与特征 ………………………………… 108
八、美国乡村发展对中国的启示 ………………………………… 110

第五章 日本的乡村发展 ……………………………………………… 113
一、明治维新以来日本农业的发展 ……………………………… 115
二、第二次世界大战后日本农地改革和农村基层自治制度 …… 119
三、日本的农业支持政策 ………………………………………… 124
四、日本的造村运动 ……………………………………………… 126
五、日本的城乡一体化进程 ……………………………………… 141
六、日本乡村发展的经验及启示 ………………………………… 142

第六章 韩国的乡村发展 ……………………………………………… 145
一、韩国经济发展的基本情况和农业政策的几个变化阶段 …… 146
二、朝鲜战争前后韩国的农村状况 ……………………………… 150
三、新村运动的发展阶段和措施 ………………………………… 154
四、韩国乡村发展对中国乡村振兴的启示 ……………………… 176

第七章 拉丁美洲的农业发展与乡村变迁 …………………………… 180
一、拉丁美洲独立前后的农业 …………………………………… 180
二、拉丁美洲的土地改革与农民：以墨西哥为例 ……………… 184
三、拉丁美洲的农业政策调整与绿色革命 ……………………… 187
四、巴西与阿根廷的农业现代化与农民处境 …………………… 192
五、拉丁美洲农村的贫困问题及农民的努力 …………………… 208

第八章 印度的乡村发展 ……………………………………………… 221
一、印度乡村的基本情况 ………………………………………… 221

二、印度农业科技、卫生、教育、脱贫等方面的进步 …………… 226
三、乡村社会管理组织——"潘查亚特"与农村管理 …………… 237
四、印度乡村发展现状评估 ……………………………………… 244
五、经验与启示 …………………………………………………… 246

第九章 菲律宾的乡村发展 ………………………………………… 249
一、菲律宾简况 …………………………………………………… 249
二、独立以来菲律宾的农业政策 ………………………………… 252
三、为实现农业现代化而作出的努力 …………………………… 259
四、菲律宾乡村发展的经验与启示 ……………………………… 265

第十章 以色列的乡村发展 ………………………………………… 268
一、沙漠之花以色列及其农业奇迹 ……………………………… 268
二、以色列农村的组织与管理——"基布兹"
  "莫沙夫"与"莫沙瓦" ……………………………………… 270
三、以色列政府对农业的支持和服务 …………………………… 280
四、经验与启示 …………………………………………………… 282

第一章 英国乡村发展历程

英国位于西欧,是由大不列颠岛的英格兰、苏格兰、威尔士以及爱尔兰岛东北部的北爱尔兰共同组成的一个联邦制岛国。国土面积24.41万平方千米(包括内陆水域)。其中,约23%的国土面积为森林和城市用地,约76%为可用于农牧业的土地,面积为18.5万平方千米(其中5.1万平方千米为农作物用地,占农牧用地的28%;平原草地为6.9万平方千米,占农牧用地的37%;粗放牧地为5.6万平方千米,占农牧用地的30%)。英国的耕地面积为608万公顷,占国土面积的1/4,人均耕地面积为0.1公顷;永久性牧场1 105万公顷,适宜于发展畜牧业。英国以农场生产为主,全国有20万家农场,每个英国农场平均拥有29公顷土地。全国农场总计有雇佣工人10万人;65%的农场经营者为自有土地,35%为租赁土地[①]。

一、英国乡村组织

英国是单一制国家,由英格兰、威尔士、苏格兰和北爱尔兰组成,农村基层组织的管理单位是教区与社区。英国是世界上最早,也最为典型的实行地方自治的国家,被称为地方自治之母。农村治理也贯穿自治的原则。

(一)英国古代的基层组织

公元8世纪,英格兰在抗击丹麦人的过程中,逐渐建立了地方和基层

---

① 陈红卫,吴大付,王小龙.英国农业发展现状、经验及启示.《河南科技学院学报》2011年第5期,第17~20页。

政权。7世纪后，地方行政建制依次是郡，各郡划分为百家邑，各百家邑又划分为镇，镇是基层政权。1066年诺曼底人在威廉第一率领下，开始了诺曼征服时期。将郡改为县，基层实现"十户联保"制度。十户居民相互负连带责任，一人犯罪，全区连坐，类似于中国历史上的保甲制度。14世纪以后，镇完全丧失了独立的政治单元性质，由教区取代。伊丽莎白王朝（1558—1603年）时代末期，从法律上承认教区为国家的基层组织机关的地位。

（二）英国近代基层组织

依照1888年《地方政府法》，英国实行新县制度，县分为两种，62个行政县和61个全县级市。各县设立议会，由民选产生。1894年的《区及教区议会法》对农村基层政权进行改革。法律规定：每个县划分为城区与乡区。英国近代农村基层体制确立了基层民主制度，扩大了基层的民主基础，实现了政教分离，增强了政权的独立性。

二、英国古代以来的土地制度的变迁

土地是农业发展的基础，土地制度对于农业的发展相当重要，没有土地农业与农村发展就无从谈起。而对于英国来说，土地制度的改革适应了社会的发展，英国也因此进入到合理的农场经营状态。

要了解土地制度与经营方式，是绕不开圈地运动的，正是因为圈地运动，使得英国的乡村发展具备了规模化耕作的条件，大大有利于大地方经营，从而揭开了英国农业现代化的序幕。

（一）圈地运动前的土地制度与耕作方式

1. 圈地运动前敞田制的起源及特点

盎格鲁—撒克逊人在英格兰定居后，逐步形成以地域为基础的村庄，每个村庄都要大致确定其活动的地界，为了便于耕作和轮休土地，经过反复的生产实践，他们将所开垦的土地均分为大致相等的几块。历经几个世纪，人口在不断增长，每年所耕种的土地由2/3扩大到3/4，仅留1/3或1/4休闲。尽管如此，同一块土地也会因连续种植同一种作物而耗尽地力，因而需要轮空一两年来恢复土壤肥力。在此基础上，英格兰很多地方的农业生产逐渐形成二圃轮作制，在中世纪早期发展成三圃轮作制。17世纪开始出现诺福克四圃轮作制（Norfolk four-course rotation），在18世纪得到了广泛推广和应用，而在圈地运动时，通常已都实行三圃轮作制，也有少量的实行两圃轮作制的地区被圈占。

敞田制起源的主要原因是"维持大致的和现实的公平，使每户土地持有者的好地与差地、湿地与干地相搭配。这样在特定的年份，不管遇到什么样的年景，每户在某种程度上都可以保证得到维持最低生活水平的收获。"瑟斯克认为是"人口的增长促使了敞田制下地块分割成条田及共同耕种"，也就是土地占有的过密化现象。中世纪英国农村土地传承的长子继承制在农民中间并不盛行，只有希望上升到贵族行列的人才实行之。因而随着人口的增长，父子兄弟的不断分家必然导致农民占有份地的缩小和进一步的条块分割。

2. 英国中世纪敞田制的特点

英国庄园里的耕地一般以地形、距离等自然特征而划分为不同的大块，在两田制下是两大块，在三田制下是三大块。哪一块春播，哪一块秋播，哪一块休耕，都有一定的规定，人人必须共同遵守执行。在封建庄园的"敞田制（open-field）"下，领主和农民狭长的条田（strips）交错地分布在各片大田里，每个农户的土地不是集中地毗连在一起，而是肥瘠搭配、分散在各块田地，其显著的特点就是条块分割。这种交错分配的土地占有方式是当时生产力条件下通过轮空休闲来恢复土壤肥力所必需的，可以保证土地所有者在其中一块大田轮空休闲时而在其他大田中拥有可耕作的土地，以保证其基本的衣食来源。

3. 敞田制下条块分割的占有体制阻碍着农业生产的发展进步

在敞田制下各户农民甚至领主的土地都分散在许多大田中，每户农民在各块大田中只有面积不大、狭而长的条田。在使用与占有上的权利也很不完全，耕种与收割的时间、种植的农作物种类、放牧牲畜的权利等都要受到严格的限制。而且随着人口的增长及父子兄弟的不断分家致使土地占有条块分割的现象更为严重，也就是户均占有土地数量的进一步减少和分布上的进一步条块分割化。"土地再划分的速度是如此惊人，以至先前由68人持有的份地被分成935份，共计约2 000块互不毗连的条田。"因而敞田制不利于改进农业生产实践,也不利于改良土壤、排水、施肥、轮作等农田水利的基本建设以及大面积推广新的农作物品种。同时,条块分割的占有体制导致了劳动资源的大量浪费,给劳动者的耕作带来了诸多不便。随着13世纪英格兰人口的快速增长,人地矛盾日益突出,边缘土地也被大量开垦出来用以耕作。提高已开发土地的利用效率,努力增加粮食生产已成当务之急,迫切要求对敞田制进行改革,圈地现象因之出现。

中世纪晚期,敞田制已成为农业发展进步的严重障碍。怎么办?只有通过圈地,才能有效地解决土壤排水、推广高产农作物、提高单位面积产量等一系列有效合理问题,也才能使这些活动在不受其他人干预的情况下顺利进行。圈地能够使"公用权利得到合理地转承,每个人所拥有的土地可以相对地集中成为两三片完整的地块,他可以在不受其保守的邻里干涉的情况下更好地经营管理他核心的地产。"

实行敞田制唯一的前提条件是"有可供开垦的充足的盈余土地存在,而且在排水、砍树等方面不需要花费很大的气力"。而随着人口的增长和可以开垦土地的减少,这一前提条件不复存在。敞田制下集体占有的土地权属阻碍着土地资源的合理开发和有效利用。"土地是昂贵的并且变得越来越昂贵。"人口的迅速增长和土地的缺乏,导致敞田制存在的前提条件不复存在。

与敞田制相伴随的是耕作制度。欧洲于公元9世纪前,耕作方式为二圃制,由耕地常分成两块,每年一块耕作、一块休耕,逐年调换以保地力,作物也轮种,即耕地一半耕种、一半休闲,以保养地力,并且每年相互轮换。生产技术进步后,在15世纪时,农业有了很大发展。二圃制由三圃制替代。原来,欧洲的农业耕作制度采用二圃制,从8世纪开始改为三圃制,即每年1/3耕地实行休闲。这样,由于耕种的面积增加大大提高了生产率,但因土地、气候等条件的不同,有的地区二圃制与三圃制常同时存在。

(二)圈地运动的兴起

1. 圈地运动概念

根据现有文献,圈地运动是指在14、15世纪农奴制解体过程中,新兴的资产阶级和新贵族通过暴力把农民从土地上赶走,强占农民份地及公有地，剥夺农民的土地使用权和所有权，限制或取消原有的共同耕地权和畜牧权，把强占的土地圈占起来，变成私有的大牧场、大农场。中世纪，在欧洲大陆很多地区都出现过地主圈占土地的现象，如德意志、法国、荷兰、丹麦等国。不过在欧洲，英国的圈地运动最为典型，规模也最大。

由于上述原因，在14、15世纪，随着农业劳动生产率的提高，农民开始自发地互相对换地块，或者直接收买过来，并加以围圈。这样，他的田地集中之后距自己家近一些，而且可以按自己意愿种植某种作物，耕地的再生草或收割后的落穗都可留作自用。这可以看作是圈地运动的雏形。

2. 圈地运动兴起

圈地制代替敞田制，消除了敞田制下土地所有权与占有权、支配权与经营权交叉重叠不清和相互矛盾的状况，以较为完全的土地私有制与单一的土地占有制代替了敞田制下不完全的土地私有制及集体的土地占有与支配制度，因此，英国逐步确立起"地主—租地农"式的土地关系体系。"这种土地关系体系以农牧业生产的商品化，亦即地租与利润的结合为其存在的经济基础，因而具有合伙关系的性质。它将土地的所有与土地的经营纳入了一种更能发挥生产者和经营者的主动性和创造性、更有利于技术改革的近代资本主义体系。"土地所有权的变动为农牧业技术改革创造了一个重要的前提条件——集中而自由地使用土地。正因为如此，积极圈地买地的人，一般也积极倡导和参与技术改革。大农场的兴起为技术改革提供了体制上的保证，而大农场更多地具有技术改革的内在动力及经济实力，因此，几乎所有技术改革的尝试都是在大农场上进行并取得成功的。与此同时，技术改革又为大农场及大牧场的发展奠定了必不可少的技术基础。

3. 英国圈地运动的进程及影响因素

英国圈地运动的进程，与人口因素不无关系，突出地体现在人口对土地所造成压力的大小上。在英国人口数量减少的时期，圈地的进程相对迅速；而在人口数量迅速增加的时期，圈地的进程则往往趋缓，同时也在某种程度上决定着圈地后土地的用途。14世纪黑死病及其他疾疫使英国人口数量锐减，圈地运动迅速发展，圈地数量相对较大。16世纪人口数量的快速增长使圈地的速度趋缓，圈地的规模有限，圈地数量也相对较少，但反对圈地的呼声和运动却最为高涨。17世纪以后向海外持续移民及工业化的发展又加速了圈地运动的进程。

（1）黑死病后圈地运动的兴起

在1348年后的14世纪里，人口数量的下降及耕地的萎缩在每个地区的各种类型的土地上都随处可见。同时，耕地的缩减及对边际土地的抛荒也使大量的村庄被抛弃。人口锐减使农业、手工业的劳动力极为缺乏。大量的田园荒芜、大量的土地抛荒，变成无人耕种的"死手地"。手工业萎缩、商业萧条、外贸缩减，而农业和手工业工人的工资却居高不下。历经瘟疫以后，大城小镇的很多房屋都因为无人居住而放弃。同样很多的小村庄也荒无人烟，就好像从来没有居住过人一样。这就使得13世纪以来兴起的圈地现象获得了前所未有的发展契机：一是人口的锐减造成了劳动力的缺乏；二是出现了大量的荒地和无主土地；三是居高不下的工资水平。"在1430—1460年，农业和建筑行业的各类工人的工资达到了顶峰。1440—1449年与前一世纪同时期相比，建筑行业工匠的工资上涨了75%～100%，普通工人的工资上涨了100%～125%。"鉴于上述的各种原因，"有些地主看出把农田和公地圈围起来进行放牧和养殖花钱较少，是支撑那摇摇欲坠的地租簿一个可供选择的办法"。从而在黑死病之后英国出现了第一次圈地的高潮，并且圈地的方式大多是把耕地转化为牧场。

（2）羊毛价格上涨导致第二次圈地运动

在黑死病及之后持续发生的疾疫中，英国的人口在14世纪后半期直至16世纪，一直未达到黑死病之前的数量，社会经济在15世纪才逐步得到缓慢的恢复和发展。而羊毛价格的高涨，主要出现在都铎王朝建立之后的16世纪，是人口自身的生产逐步恢复以后的结果，也是社会经济恢复之后的结果，因为人是社会经济活动的主体及主宰。不难想象，在人类自身的生命和健康受到疾疫和其他自然灾害威胁而生死未卜的时候，任何营利性的经济活动都失去了应有的作用和意义。而在都铎时期，却是圈地运动进程相对缓慢的时期，都铎王朝的中央政府屡次颁布法令，限制圈地养羊。从市场和价值规律方面来看，一方面国内外市场对羊毛需求量增加，另一方面政府限制圈地养羊，圈地的进程相对缓慢，才导致了羊毛价格的上涨。

（3）人口向外迁移的结果

圈地运动"使国内人口与资源的平衡得到改善，而且这种改善不是短期的"。更为重要的是，英国向海外的扩张拉开了英国人在海外活动的序幕。除持续地向海外移民外，还有很多人从事着与海外贸易、殖民征服与探险、对外战争及开发殖民地等相关的海外活动。这些人口因素对圈地的影响是：消除了过多人口对土地的需求和压力，从而减少了圈地的阻力，为失去土地的农民提供了可以谋生的渠道，也为少数人集中而大规模地占有土地创造了可能的社会条件。这种人口的向外迁移以及工业化城市化所引起的内部迁徙，突出地体现在总人口及城市人口的增加而农村人口密度的相对稳定上，"1700年，德文郡在人口密度方面占据第三位，即在米德尔塞克斯郡和萨里郡之后，它超过了每平方千米50个居民这个数字。在18世纪期间，它的人口密度几乎没有变化；在1750年降到每平方千米49个以下，1801年又升到每平方千米51个。在某些纯粹的农业郡里，如林肯郡或拉特兰郡，最后结果几乎是一样的，虽然有过一些也许是较大的变动：它们的人口密度在100年内仅从25个升到28个或从40个升到42个居民"。由此可以看出，英国在全国人口增长约翻了一番的情况下，农村人口的增长极为缓慢。说明乡村人口大量进入城市，因此工业地区和城市的人口有较快的增长，如新工业较为发达的地区，即机械化和大企业在那里出现的地区。"沃里克和斯坦福德这两个郡（伯明翰的矿业和冶金地区正在它们的毗连处），在1700年共有22.4万居民，在1750年共有28.5万居民，在1801年共有44.7万居民。这里人口几乎增加1倍，但在兰开夏郡中，人口差不多增加2倍：从24万升到67.2万。"1773年，曼彻斯特有3 402户和22 481个居民，索尔福德有866户和4 765个居民，合计是2.7万多人……曼彻斯特在1790年有5万居民，1801年有9.5万居民……可以肯定的是，人口的增加主要是迁移的结果。许多工人是从邻近诸郡来的，是被棉纺织工业中较高的工资吸引来的。可以说，曼彻斯特的历史就是它四周的大多数城市的历史。这种人口的向外迁徙及工业化、城市化所引起的国内迁移缓解了农村的人地矛盾，为圈地运动创造了较为宽松的条件，从而使圈地能够持续顺利地进行。

一方面，迅速增长的人口特别是城市人口，对国家的粮食生产及市场供应产生了较大的需求压力，要求进一步变革农地制度，不断增加粮食生产并提高粮食的市场化率。同时也导致了工资水平的下降及粮食价格的上涨，因之相对降低了圈地的费用及圈地后雇工生产的成本，而粮食价格的上涨使圈地的经济效益大增，从而激励促使着社会各阶层尤其是贵族、地主、乡绅等投入到了圈地的浪潮之中。另一方面，英国的殖民扩张及向海外移民的过程从未间断。东西并进的海外扩张及辽阔的海外殖民地显然需要庞大的军队数量及维护殖民统治的机构和非军事力量。更为重要的是为英国人提供了从事各种活动的更为宽广的舞台。英国的疆域不能仅视为局限在不列颠，殖民地虽不等同于本土，但在经济活动中显然和英国有着更密切的联系，对其产生着直接的利益，不仅为国内创造着更多的就业机会，而且持续地向海外移民使国内人口不至于对土地造成过大的压力，从而为圈地运动也创造了较为宽松的环境。到19世纪时，移民的人数和规模达到顶峰。"移民还得到公共和私人团体的大力支持，苏格兰高地许多大地主为其佃农提供移民资助。在1815—1826年，由国家资助的大规模的移民就有6次，通过1834年修订的《济贫法》资助的迁移的流民到1860年时就有2.5万人，大部分是英格兰东南部的农业劳动力。"1839年，根据一项统计数字估计，"有120万英国人生活在海外，其中大部分人居住在北美，少部分人居住在澳大利亚和西印度群岛。到19世纪70年代，每年向外迁移的人数达到了9万余人。而在19世纪80年代经济萧条时期，每年向外迁移的人数达到20万人。"1834年修订的《济贫法》授权监护委员会对海外移民提供资助，对向海外移民也起到了鼓励作用。"这个时期英国大量对外移民，主要是向美国移民，另外还向英国的殖民地加拿大、澳大利亚、新西兰和南非移民。19世纪英国对外移民占欧洲对外移民人数的36%。这种移民起到了一种安全阀门的作用，缓解了国内的经济和社会矛盾。"甚至在第一次世界大战前的50年之间，"欧洲迁往世界其他地区的人口超过了2 000万人"。英国作为世界上最大的殖民帝国，迁往海外的人口自然不在少数。若以36%来计算，50年间就有720万人口迁往了海外。而在1801年时，"英国第一次正式的人口调查发现英格兰有830万人口，苏格兰为163万人，威尔士58.7万人，爱尔兰522万人"。相比较可以看出移民规模之大，人数之多。更为重要的因素是，1760年工业革命的兴起。工业革命的兴起带来人口数量的增长，拉动消费需求而降低劳动力的成本，消费需求的增加必然要通过工农业生产技术的提高来满足，从而推动着工农业生产的进一步变革。而劳动力成本的降低却有利于资本的积累和生产技术的改造。因而18世纪中期以后英国人口数量的迅速增长也是农业革命和工业革命兴起的一个因素。

当然这种人口数量的增长和经济发展对人口数量及结构的需求有一定的比例和限度，超越了这个比例和限度，则必然对经济和技术的发展带来消极影响。工业革命不仅是一次生产技术的变革，而且使近代以来的工业化与城市化的进程骤然加速，不仅机器大工业的发展吸纳了大量的农村人口，而且繁荣的商业、日益扩张的对外贸易、繁忙的交通运输业、日趋完善的服务业都创造着大量的就业机会，从而使农村人口大量迁居城市。

（三）英国圈地运动的意义

以圈地制代替敞田制，不仅使农业生产的方式发生变革，也意味着农牧业经济在商品化进程中全面发生变革，并在变革中实现了近代化，是英国农业区别于欧洲大陆各国农业的显著特点。英国农牧业较早确立的商品运行机制则成为变革的内在动力。相对于其他欧洲国家而言，英国农业资本主义的发展更广泛、更深入，这正是英国农业资本主义经济的巨大潜力所在。农牧业经济的全面变革，既变革了自身，也改变了本身的地位，它与其他经济部门建立起商品交换关系，因而从供求两方面对其他部门，尤其是对工业提出要求。一方面，农牧业的变革不断地建立起工业劳动力市场、生活资料市场和生产资料市场，这就必然要求工业有相应的发展，以便吸收游离出来的剩余劳动力和商品化的农畜产品，这样既可以保证农牧业自身的继续发展，又使工业的发展成为可能。另一方面，农牧业生产的商品化程度越高，对非农产品的需要量就越大，因而工业的发展对农牧业来说就越不可少。

因此，"农牧业的发展不断地产生对工业的推动力，农牧业同手工业之间的这种供求关系的矛盾达到一定程度，必然要突破手工业的框架，建立起近代的机器大工业。"

英国圈地运动逐步瓦解了英国中世纪以来，敞田制下条块分割的土地所有及占有体制，"大农业"经营体制的确立，土地所有权渐趋集中，土地经营的规模日益扩大。

到16世纪中期时，英国农业生产中的资本主义成分已非常明显，农业生产的规模已经显著扩大，英国农业走上了"大农业"发展之路，明显地不同于小农经济占优势的国家。这里的"大农业"经营体制至少有两重含义，一是农业生产的规模不仅突破了自给自足的小农模式，而且出现了规模较大的租地农场；二是农业发展的趋向是农业资本主义。"随着圈地运动的开始，许多领主买下佃农自由持有的土地，同时驱逐老的佃户，推倒其房屋。领主自营地得到扩大。领主遂将自营地作为租地农场加以出租。租地农场的发展非常迅速。在诺福克郡 16 个庄园的土地上共形成了 18 处租地农场。在威尔特郡 23 个庄园的土地上形成了 31 个租地农场。在其他 13 个郡的庄园中形成了 18 个租地农场。这样，在上述 52 个庄园中共建立了 67 个租地农场。在这 67 个租地农场中，有 37 个面积超过 200 英亩，有 1/4 以上的农场面积超过了 350 英亩。"也就是说，在这些租地农场中，有一半以上的农场都是面积超过 200 英亩的大型农场，还有相当数量的特大型农场。

圈地以后的大土地所有者或者自己雇用劳动力进行生产，或者把整个农场、牧场出租以收取地租。其在农场经营上的共同特点是：无论是生产资料的来源还是农场上的产品，都与市场发生着密切的联系。最主要的还是农场上的劳动力，也要依赖劳动力市场。规模较大的农场都要以雇佣劳动作为主要的劳动形式，因为在机械化程度还比较低的近代早期，在规模如此庞大的农场里，仅仅依靠家庭成员根本无法完成农场上的耕作及生产，在旧的劳役制已经崩溃的前提下，只有采取雇佣劳动的方式，才能保证农场上农业生产的顺利进行。彼特·鲍登做了一个估算，即一个农户凭借自己一家的力量最大限度可耕种面积 30 英亩的农场。如果经营规模比此更大的农场就必须使用雇佣劳动力，按照鲍登的标准，上述那些面积在 30 英亩以上的租地农场在经营时必定要使用雇佣劳动力，实际上已包含了资本主义成分。

三、工业革命后的英国的乡村保护运动

英国的工业革命曾经创造出前所未有的生产力，让世界为之震惊，但是也带来了巨大的破坏力，特别是乡村。英国在工业革命后曾饱受环境污染和环境破坏之苦，河流和水域遭到污染，鱼虾几乎绝迹，森林和树木遭到大肆砍伐，空气污染严重，以至于伦敦成了著名的"雾都"。随着现代化和城市化进程的发展，城市扩张到乡村的速度越来越快，范围越来越广，随之而来的是到处林立的工厂和住宅区，还有密密麻麻的道路网。传

第一章　英国乡村发展历程

统的乡村景色剧烈变化，乡村环境遭受到了巨大的冲击，引发人们的忧虑和对美丽乡村的怀念。在这种背景下成立了英格兰乡村保存委员会（The Council for the Preservation of Rural England），随着关注领域的扩展，在1969年改称为英格兰乡村保护委员会（The Council for the Protection of Rural England）[1]，随着活动的进一步开展，原来的名称已不能涵盖诸多活动领域，于是在2003年改称为英格兰乡村保护运动（Campaign to Protect the Rural England）简称为CPRE。如今的英国乡村，风景秀丽，环境优美，一派田园景色，一如百年前画家和诗人所描写的画面，在此过程中英格兰乡村保护运动做出了巨大的努力和贡献。

在保守的英国人看来，冷清僻静的寂然之处，才有这个民族最尊贵的东西，也能由此生出牢靠的美德和纯净的欢快，乡居及其文明的享受被认为是古老英国留给现代生活的遗产之一。客厅、厨房、卧室……如果你和英国人描述的"家"仅此而已，他们一定会咽下红茶，摇着头纠正，"花园呢？花园在哪里？"[2]乡村是英国人的精神寄托之所在，然而工业革命几乎摧毁了英国人的精神家园，鉴于20世纪号称世界强国的英国失去了帝国和地位，全国陷入近乎致命的怀旧之中，这种反城市化、反现代化的英国幻想更加普遍。"英国人更加怀念以前的乡村生活，急于恢复以前的田园景色[3]。"

19世纪晚期到20世纪初期这段时间，乡村受到城市化的影响比以前任何时间都要严重，一个重要原因就是城市往郊区扩张，给乡村带来前所未有的影响。根据资料记载，1911—1921年，人口从4 083.1万人上升到4 276.9万人。战后英国人口的不断增长加剧了城市的拥挤，因此越来越多的人渴望逃离城市，纷纷涌入乡村地区。造成人口从城市往乡村流动有以下几种原因：①人们生活水平的提高导致了人口纷纷涌入乡村；②交通的发展使人们移居乡村更加便利。19世纪晚期有轨电车发明出来了，铁路也进一步延伸到郊区，20世纪初期交通有了进一步的发展；③建筑行业的"低密度住房"助推了人口向乡村地区流动。建筑师埃比尼泽·霍华德提

---

[1]　（美）温迪·J.达比．风景与认同——英国民族与阶级地理．张箭飞、赵红英译，南京：译林出版社，2011年．
[2]　施健子．英国的灵魂在乡村．中国妇女报，2013-08-17（04）．
[3]　刘涛洋．英格兰乡村保护运动探究．苏州科技大学人文学院硕士论文，2017年．

出的"在充足的空间上建造房屋"得到了广泛认可。雷蒙德·昂温"拥挤的生活一文不值"的主张，提倡的是人口稀疏花园式城郊社区，为第一次世界大战中的英雄建造新房子也刺激了这种模式。20世纪二三十年代英国每年平均新建30万套住宅，侵占6万英亩乡村土地，这给乡村带来了密布的公路网、加油站、污染和噪音。

20世纪20年代，随着城市扩张速度加快，越来越多的人口从城市流入乡村地区，英国进入了现代化快速发展时期，随之而来的就是各种建筑物沿着道路延伸，形成了"带状发展"，各种配套设施如加油站和广告牌到处都是，这些给英格兰乡村带来生活便利同时，更多的是带来了尘土、噪音和视觉污染。在这样的背景下，保护英格兰乡村风景，遏制城市扩张速度，成为英格兰乡村保护运动成立的初衷。

1926年，英国城镇规划委员会主席帕特里克·艾伯克隆比爵士出版了《英国的乡村保护》一书。书中对城市到郊区街道两侧带状发展而出现的大量建筑群的问题提出了质疑，认为这种随着经济发展带来的城市扩张，缺乏统一的管理规划；此外，大量轻工业厂、郊区住宅、广告牌也扩张到了乡间，最后，城市的发展最终会侵吞整个乡村的自然与传统人文景观。艾伯克隆比呼吁成立一个相关的委员会，作为遏制城市无限制扩张的手段与组织，这一提议受到了当时不少的支持和肯定。

1926—1945年，是英格兰乡村保存委员会发展的早期。这一时期，成员主要由上层精英知识分子组成，主要从规划设计和美学价值两个方面关注乡村风景的保护问题，主要通过社会呼吁和游说方式开展活动，取得了一些重要成果，由于未能大力发动普通民众，这一时期英格兰乡村保存委员会处于缓慢发展时期。第二次世界大战前，英格兰乡村保存委员会取得的成就比较有限。但是在战时爱国主义精神和跨越政党的多元化信仰的情况下，这种情况得到改变。加上英格兰乡村保存委员会开始重视在乡村家门口进行宣传工作，英格兰乡村保存委员会开始活跃起来。他们宣扬把土地视为公共遗产一部分的观念，和过去土地由私人拥有并管理的理念大不相同，这个观念逐渐为人们接受和认可。

第二次世界大战以后到20世纪60年代，活动的人员开始变为中上阶层，成员中拥有大量英国上议院和司法部县主席和秘书，英格兰乡村保存委员会的权力核心逐渐向下转移，逐渐向地方政府这一层级深入。

第一章 英国乡村发展历程

从 20 世纪 60 年代后期起，英格兰乡村保护委员会开始进入了一个全新的发展时期。它的成员构成和活动领域有了显著变化，其支持者越来越多，影响力越来越大。成员的构成，随着到乡村休闲的人越来越多，人们的环境意识逐渐加强，乡村地区开始大规模爆发"社会环境运动"，大量民众开始加入该组织。

随着时间的推移，它面对的任务也随之改变。它不再只关注乡村自然风景的保护，同时更关心乡村的经济和社会问题。通过和全国农民联盟等其他组织的联合来关注农业可持续发展问题，如 20 世纪 80 年代后期关注乡间秸秆焚烧问题，1990 年提出了乡村噪声污染问题和光污染问题，后来又开始关注采矿问题和住房问题。如今它的活动范围已涵盖了乡村景观保护、农业与食品、能源与废弃物、住房与规划以及交通五大领域等十几个具体方面[①]。

因此我们可以看到的是，在英国乡村发展的关键时刻，人们并没有一味地因发展而忘记关注其与保护环境的关系，强调乡村发展必须可持续。

四、第二次世界大战以后英国乡村发展政策、措施与特点

圈地运动固然对英国乡村的发展起了重要的促进作用，特别是在规模经营的角度，为相对大的农场的存在，便于应对来自各方面的冲击提供了经济上的能力，但仅仅从土地制度上还不能解释其全部。英国乡村的发展还在于更多的政策措施维护，特别是第二次世界大战以来的保护政策，在与环境协调同步的过程中，对乡村的发展起了重要的促进作用。

（一）第二次世界大战以后英国乡村发展政策的演变

英国是世界第一个实行工业革命，并开启城市化的国家。英国圈地运动后随着农业发展政策的变化和农业技术的提升，农业在 18 世纪下半叶至 19 世纪 70 年代取得了成功。到 19 世纪末 20 世纪初，英国的产业政策开始出现转变，随着工业革命的推进，社会用于工业生产的资源数量开始远

---

① 刘涛洋. 英格兰乡村保护运动探究. 苏州科技大学人文学院硕士论文，2017 年。

远超过农业,"重工轻农"的理念开始逐步在英国社会蔓延。其结果导致在此后的数十年里,英国的农业发展水平停滞不前,农产品的生产能力大幅下降。农产品贸易方面出现极大逆差,本国制造的农产品受到外来产品前所未有的竞争压力。导致第二次世界大战期间,英伦三岛粮食和日常生活用品严重短缺,对人民的日常生活造成重大影响。由于本国农产品储备的不足,依赖于贸易供给的英国受到了国际农产品市场的严重配额限制。基于此,在1942年颁布的《斯科特报告》中就已提出应对农业做长期发展规划,制订适当的发展标准,以确保农业的稳定发展。在这样的历史背景下,英国第一部关于农业发展的法案于1947年出台。该法案的主要目标是通过保障农产品的市场稳定,制订合理的价格,提高农业的回报率,增加从事农业生产和加工的劳动力,进而促进英国农业的发展。该法案规定了农产品的最低保障价格,以保障市场上某些产品(例如,绵羊和牛脂肪、牛奶、鸡蛋、小麦和大麦)的供应。这一时期英国农业发展政策的核心在于政府通过市场干预方式,保护农民的利益,确保农业发展。这一理念在英国其后的农业发展过程中依旧发挥了极其重要的影响。

第二次世界大战结束后,英国认识到以农业发展为核心的乡村发展,对国家整体的发展至关重要,因此城乡发展政策出现重大变革。

第二次世界大战以后的英国城乡发展政策的核心,从整体而言是以牺牲城市繁荣为代价而保护乡村发展的。通过一系列的政府干预,通过控制城市的发展,扶持了乡村增长,促进了城乡融合。在过去的半个多世纪里,随着英国经济社会的发展,其城乡发展政策不断演进。除早期的规划范式,英国一直将城市与乡村的规划结合在一起,实现整体发展。

第二次世界大战期间英国农业产品过度依赖进口的弊端被充分暴露后,使得英国政府认识到农业发展和耕地保护对于一个岛国的重要性。因此战后英国迅速调整经济发展战略,开始强调对国内农业生产的保护以及创建合理自足的农业经济。1947年,英国颁布的战后第一部《农业法》(Agricultural Act)确立了农业补贴政策,应对国内农产品供应不足的问题。该法案的主要目标是通过保障农产品的市场稳定,制订合理的价格,提高农业的回报率,增加从事农业生产和加工的劳动力,进而促进英国农业的发展。该法案规定了农产品的最低保障价格,以保障市场上某些产品(例如,绵羊和牛脂肪、牛奶、鸡蛋、小麦和大麦)的供应。这一时期英国农业发展政策的核心在于政府通过市场干预方式，保护农民的利益，确保农业发展。这一理念在英国其后的农业发展过程中依旧发挥了极其重要的影响。同年，英国颁布了城乡规划法，这部规划法奠定了英国城乡规划的主要原则，至今仍然是英国规划的主体原则[①]。

20世纪40年代末以后相当长的一段时间内，英国的城镇发展政策是通过卫星城建设疏解大城市人口增长，通过"绿化带"政策控制城市的蔓延，同时以此政策强化对农业耕地和粮食生产的保护。

部分村镇地区由于人口过剩，出现居住环境遭到大幅破坏的情况，在当时被认为是城市发展过于集中的结果。针对这一情况，1946年颁布《新城法案》（New Towns Act），在全国范围内开展了新城营造运动，并且于1946年11月11日，确定建设第一个新城斯蒂夫尼奇（Stevenage）。1946—1950年间，在英格兰、威尔士和苏格兰至少确立了14个新城。其后1947年颁布的城乡规划法案延续了这一土地发展理念，作为英国议会通过的最长、最复杂的立法之一，它是第二次世界大战之后建立的整个规划体系的奠基石。该法案对于乡村地区的开发建设采取了严格的控制政策，以阻止乡村的无序发展和城市蔓延，其中的绿带政策更是为英国居住环境的长期改善做出了重要贡献。

在对乡村人文和自然景观的保护和管理政策方面，1949年颁布的《国家公园和享用乡村法》把保护乡村历史和景观写入法律条文，并设立了国家公园委员会，其职能主要包括：①保护乡村景观，维护国家公园和地方自然风景区的风貌和特色；②为国家公园的运营和维护提供设施保障；③指定国家公园；④指定地方自然风景区；⑤协助地方当局，为国家公园和自然风景区保护提供意见。

为了保证公众在住区的娱乐休闲，法令规定国家公园内的任何土地都可能被政府协议收购或强制征用。其后在1968年颁布的村镇规划法中扩大了国家公园委员会的功能，同时赋予地方政府在乡村保护方面的权力，并设立了乡村委员会，负责乡村建设过程中的基础设施和服务设施改善，以及对乡村自然和人文景观实施保护。进入到20世纪70年代，政府通过1971年规划法案给予当地规划部门以审查权，用以强制性限制和调整土地

[①] 于立. 英国乡村发展政策的演变及启示.《中国乡村发现》2016年第6期。

所有者对土地的利用方式。法案还设立了专门的保护区域用以对部分地区的自然景观进行保护，并针对一些重要建筑开出了一份建筑名录，对名录上的建筑进行重点保护。

1957年英国政府颁布的农业法，该法案一方面针对过去政府对农产品市场干预过度，农产品和其他产品的结构性失衡的问题提出了一系列的政策调整，承诺不会随意降低农产品价格，确保产品价格的稳定；另一方面，政府提供相应预算用于对农业用地整理和开发，包括修复和完善农场建筑。

20世纪60年代英国的农业发展政策主要反映在对农业规模化和市场化的关注上，在1965年的政府白皮书中，明确鼓励小型农场的合并和农产品市场的扩大，在其后颁布的1967年《农业法案》中，政府承诺合并过程中的半数开支可由政府负担，为农场提供一定数量的赠款用于整理土地提高生产力，同时为土地收购提供额外贷款。为平衡农业对其他方面的需求，在该时期成立了全新的区域性机构——乡村发展局（Rural Development Boards），用以保证农场合并和边界调整的顺利进行。

其后在1968年颁布的《村镇规划法》中进一步明确和拓展了国家公园委员会的职能，同时还设立了乡村委员会，以便更好地维护乡村的供给服务基础设施。1973年英国加入欧洲农业联盟行列，在欧盟共同农业政策的影响下，英国乡村呈现出更高质量的发展态势。

总体来说，第二次世界大战以后至20世纪70年代，英国的农业发展一直执行"生产主义"（Productivism）政策，即通过农业补贴实现粮食稳定增长、自给自足，农民收入和生活水平稳步提高的一揽子政策①。

针对第二次世界大战之前英国的大城市就出现了城市拥挤以及城市蔓延的现象，政府开始寻找对策。幸运的是随着英国经济的恢复和发展，城市居民手中也有了更多可以处置的闲钱，享受城市更多现代生活和文明成果的同时，人们也更向往回归自然的乡村美景，因此越来越多的人开始关注对乡村地区自然景观的保护以及乡村地区的通达性。这种萌芽于20世纪50年代的思潮到了20世纪70年代，已成为人们的共识。

随着公共资源均等化的投入，使得大城市与乡村居民在享受公共服务

---

① 于立. 英国乡村发展政策的演变及启示.《中国乡村发现》2016年第6期。

上不再存在明显的差距,开始出现了"逆城市化"现象,城市人口回流到乡村。然而问题也随着产生,城市居民迁入乡村小城镇,对乡村社区生活产生了很大影响,加速了传统乡村社区的消失,也产生了乡村社区内部的冲突和矛盾,更为严重的是,乡村优美、宁静的环境遭到了威胁。

与此同时,由于经济和产业的转型,作为世界第一个工业革命的国家,成本的增长使得之前坐落于城市中心的工厂大量关闭,转移到新型工业化国家,城市中心萧条。另外,新城的建设也促成老城区加速衰落。在城市发展政策方面,20世纪70年代末80年代初英国停止了新城的建设,转向对城市中心区的复兴改造,最为著名的是伦敦道格兰区的改造。

20世纪70年代以后,英国农村发展政策主要聚焦在如何缓解大众日益增长的休闲娱乐活动需求与乡村自然景色保护之间的矛盾上,英国开始重视并加大对自然景观地区保护的力度。早在1968年,《英格兰和威尔士农村保护法》提出了需要考虑保护自然美丽景色和地区舒适的发展目标,并将农村地区的娱乐休闲利用作为乡村发展和保护政策的主要考虑因素。

延至20世纪80年代后,英国的农业发展政策是力图提升农业和林业竞争力,在保护英国乡村环境的同时,扶持乡镇企业发展,创建有活力的农村社区;全面统筹涉农政策,维护农业、农村及农民的利益。除此之外,还在乡村小城镇建设公租房、发展基础设施、提供公共服务等方面给予较为宽松的自主决策权,赋予了英国小城镇和乡村更大的发展空间。

随着社会经济的不断发展,英国的城乡发展和对农业的保护政策也随之做出相应的调整,体现不同发展阶段城乡发展各项政策的不同侧重点。农业政策从重视粮食问题,到满足人们对乡村地区休闲娱乐活动的需求,再到强化对自然美丽景色及生态环境的保护。正是这些严格、规范、与时俱进的城乡发展与保护政策控制了城市的蔓延,推动了英国乡村的良性发展,促进了城乡的有机融合①。

(二)英国"农村中心村"建设

城市化总是与工业化形影不离,第一次工业革命爆发之后,英国自然而然地开始了其城市化的进程,这是整个社会经济发展到一定历史阶段的

---

① 于立. 英国乡村发展政策的演变及启示.《中国乡村发现》2016年第6期。

必然产物。在17世纪的时候，英国有一半的农民就开始在农闲时去从事工业生产，这无形中就加速了英国城市化的进程，到19世纪，英国的城镇人口已经占到了全国总人数的33%，到20世纪的时候，英国的城市化程度已经达到90%以上。可以说，英国推动城市化、工业化、现代化的速度非常之惊人，许多其他国家只能望尘莫及。但是，不可避免地在城市化发展的过程中，和一些国家一样，城市的加速发展会出现很多弊病，例如"城市病"。城市病是由于人口过大、城市膨胀而引起的一系列社会矛盾，并由此产生的许多社会问题。总而言之，城市的加速发展已经逐渐使农村的发展显得非常落后，城乡之间的差距也越来越大。

在城市化、工业化过程中，英国的乡村遭遇了"先冷后热"的过程。第二次世界大战以后，伴随着城市化、工业化、国家现代化的迅速发展，英国乡村的人口不断向城市聚集，人口的过于集中使乡村人口凋零，乡村的建设处于无人问津的境界，好象所有人都涌向城市去享受工业化、现代化带来的成果，英国乡村的发展显得十分落后，城市化的进程带来了许多问题，之后，英国开始注意到这一问题，开始关注城市周边地区的发展，这使英国周边许多乡村的人口又开始急剧地增加起来，给乡村的发展带来了契机，在这样的一个背景下，英国当局政府开始针对乡村，作了一系列的发展规划，开始建设"中心村"，带动城乡一体化发展。

英国乡村正是遭遇了这一冷一热，从20世纪50年代开始，英国政府开始意识到城市和乡村都不能分离开来搞建设，必须把城市和乡村结合起来，因此英国开始建设"中心村"，开始针对乡村展开了大规模的发展规划运动。在英国人眼中，"中心村"就是城市的花园，目的就是为了缓解城市和乡村之间的矛盾，改善乡村人口不足、基础设施薄弱的问题，加强乡村人口的集中，提高乡村基础服务设施的建设。

英国政府为了能够极大地发挥乡村的经济作用，使乡村成为大规模的经济增长中心，政府出台了一整套具有综合性的政策规划，促进乡村人口、就业、居住、基础设施和服务设施均向中心村来转移，英国政府这样大规模地加大对中心村的投入，使英国大量中心村广泛地发展起来。这样的大规模发展一直延续到20世纪70年代，但是好景不长，70年代中期以来，在英国大力发展中心村的过程也出现了许多问题，主要是乡村的发展呈现单一化的趋势，带来了许多乡村社会问题，表现在政治、经济、文化等各个方面。因此，英国政府开始调整对中心村的发展策略，改变过去单一化的大规模发展模式，改为中心村结构发展模式，也就是改变过去按照统一的框架模式去建设所有的"中心村"，而是让"中心村"按照自己的需求去发展，各个地区可以根据自己的特色和特殊情况来发展，所以才有了现在英国乡村欣欣向荣的景象。

英国的"中心村"建设，其实在打造城市的花园，正是因为其在城市化的过程中造成了很多社会问题，阻碍了英国经济的发展，才又开始探寻一种新的发展模式，即将城市和农村结合起来的新构想，着力建设中心村，把中心村作为城市的花园，是英国统筹城乡发展的具体体现[①]。

（三）第二次世界大战以来英国乡村发展政策的特点

1. 政策制定由"自上而下"转向"自下而上"

20 世纪 40—50 年代开始，第二次世界大战期间，基于应付战争的需要，工业发展自然优先。战后，人们很快发现英国的乡村发展遇到农业现代化程度低、农民收入不稳、就业机会有限，以及乡村基础设施匮乏等问题。为此英国政府"自上而下"地制订了一套战后乡村发展战略。然而到了 20 世纪 70 年代，这些乡村发展战略被指责已不合时宜，未能反映地方需求，不利于乡村地方社区新的发展趋势。因此在 20 世纪 80—90 年代期间，面对逐渐加剧的全球化竞争和逆城市化给乡村发展带来的机遇，英国的乡村发展战略的制订转向"自下而上"，注重地方的需求，强调社区的建设。

2. 强调政策的综合性

1947 年的《农业发展法案》的出台主要是通过价格支持和补贴机制来增加农村的收入，维持农场运转，实现农业的发展，这些政策独立于其他乡村经济发展政策措施。这一时期的乡村发展，主要着眼于发展非农经济，政策极少顾及农业本身的发展。自 20 世纪 90 年代开始，英国的乡村政策逐渐开始由单一政策向多项综合政策转变，不满足于只是强调不同经济部门间的协同作用，特别强调其与乡村的经济、社会和环境过程之间的相互依存。综合的乡村发展政策在英国环境、食品与乡村事务处（DE-

---

① 肖依. 城乡统筹发展中的农村建设：国外经验与启示——以英国、美国、日本、韩国、印度五国为例. 华中师范大学硕士论文，2011 年，第 16~18 页。

FRA）随后出台的乡村发展白皮书中制订的乡村发展计划及其执行过程中得到体现。

3. 注重乡村发展计划的长远性和可持续性

在乡村建设过程中，为了推动乡村的发展，增加乡村生产者的收入来源，英国把发展非农产业作为乡村建设和促进乡村经济发展的重要措施。首先是成立了非农产业管理机构，即乡村发展委员会和乡村地区小工业委员会，并且乡村发展委员会还在远离城镇的边远地区建立"乡村发展区"。

不过在20世纪90年代，英国部分地区如威尔士，其乡村振兴计划项目通常是短期的、一次性的，涉及面狭窄，没有连贯性，一旦外部资助缺乏就很难维系下去，极不利于当地长远发展。这种局限已经得到了重视，相关部门意识到政策必须有持续的保证，着眼于长远是政策发挥作用的关键，因此后来的乡村发展计划，已开始注重其长远性和可持续性，谨防一次性投入与扶持弊端的发生。

4. 重视运用法律手段

制度往往成为社会发展的基础，良好的制度会指导社会朝着合理的方向发展。基于保证乡村发展政策实施有效性和可控性的考虑，英国在制度建设方面经验丰富，重视法律手段的运用。其成功的实践最早可以追溯到15世纪圈地运动法律，进入到20世纪尤其是第二次世界大战之后，法案颁布的数量不断增加，涉及面也越来越广，在乡村土地管理、农业发展和资源发展方面都有众多的法律条文出台。在农业发展方面，第二次世界大战之后出台的农业专项法案共有6部，这些法案对于农产品价格制定、乡村劳动力转移和农业发展模式确立都具有极其重要的意义。

5. 出台优惠政策，引导市场调节

英国制订了一系列符合市场规律的政策，尽可能发挥市场对于资源进行优化配置的功能以保证乡村的快速发展。具体来看，在农业方面政府逐步降低了农业贷款的申请门槛，鼓励小型农场的合并和农产品市场的扩大，为农业发展的高效化和规模化提供保障。在乡村土地管理方面，一方面对土地使用实施放权管理，将使用权下放农户；另一方面又确立了土地注册体制，促成了土地交易的市场化趋势。对于法律和市场手段的依赖加强了政策的可控性和实施效率，这也成为英国乡村发展政策变化的特点之一①。

6. 强化乡村管理模式的灵活性，注重保护乡村传统特色

目前，英国的环境、粮食和农村事务部（DEFRA）作为内阁核心部门，领导承担保护乡村自然环境，支持英国粮食和农业产业处于世界领先地位，并保持乡村经济繁荣的管理职能。同时，其下辖的乡村支付署（RPA）是面向乡村经济和社会发展的主要事务机构，负责执行英国政府的主要乡村发展计划及欧盟共同农业政策（CAP）在英国的计划实施，以确保英国有一个健康的乡村经济和强大的乡村社区。此外，英国充分发挥政府顾问机构参与乡村发展的作用，如英国自然委员会对帮助保护英国乡村自然和特色景观具有重要作用。

英国历来重视法律性规制在乡村规划和建设中的作用，乡村规划纳入"中央—郡级（次区域）—村镇（教区）"三级综合规划框架。第二次世界大战后英国颁布了第一个《农业法》，注重强化对农业耕地的保护。20世纪六七十年代，英国大城市居民开始热衷回归乡村，为此英国加大了对乡村田园景观的保护力度，颁布实施《英格兰和威尔士乡村保护法》，支持建设乡村公园。2000年，英国出台《英格兰乡村发展计划》，以创建有活力和特色的乡村社区，鼓励乡村采取多样化的特色发展模式。2011年农村政策办公室等机构的设立，提高了地方政府在规划中的地位，也增强了英国乡村发展的自我能动性。

7. 大力推行乡村产业多样化经营，鼓励兴办乡村企业

2007年，英国执行欧盟《2007—2013乡村发展7年规划》，大力扶持乡村企业发展。根据相关统计，乡村中小企业对英国乡村经济具有积极的促进作用，2015年每万人拥有的企业数达430家，高于同期的城市数（伦敦除外）360家，同时乡村小微型企业（Business）数占比大，雇员数0人的乡村企业数占18.4%，雇员数1~9人的乡村企业数占70%，而雇员数10~49人的乡村企业数占9.9%。

英国政府特别支持乡村企业面向多样化产业领域开展经营，2015—2016年农林渔企业占英国乡村区域内注册企业数的15.30%，同样，专业化科技服务业企业占14.87%，批发、零售及机动车修理类占13.20%，建

---

① 龙花楼，胡智超，邹健. 英国乡村发展政策演变及启示.《地理研究》2010年第8期。

筑业类占 11.33%。

8. 政府面向乡村发展的财政投入具有系统性

英国一直重视乡村经济发展、公共社会事业和生态环境保护的投入，并有系统性的支持计划。目前，英国政府通过财政支持乡村发展的方式有：①BPS 计划（乡村基本支付支持计划）。2017 年约有 7.1 万农户接受该项目计划支持，资助金额达 13 亿英镑。②乡村经济发展主体（LEADER）资助计划。该计划是欧盟共同农业政策在英国的执行方案，也是英国乡村发展计划的一部分，按照欧盟共同农业政策的方案，2015—2020 年英国安排 1.38 亿英镑用于 6 个方面：支持乡村小微经营和农业多样化经营、振兴乡村旅游业、提高农业生产率、提高林业生产率、提升乡村公共服务水平、支持乡村文化和传统文物的保护开发活动。此外，从 1978 年开始，英国政府建立了农村生态服务系统（Ecosystem Services），在英国国家生态系统评估基础上，深度挖掘乡村生态环境的经济价值，并强化为乡村生态系统保护提供保障。

9. 加强对乡村经济发展的公共性支持服务

针对英国乡村企业规模小，乡村中小企业服务推广薄弱，且分布不集中、与中心城市距离较远等问题，近年来英国政府强化为乡村企业提供各类公共性支持服务，包括增建就业服务设施、乡村就业信息网站以及乡村超高速宽带业务等。从 2010 年开始，英国政府着手建立了 5 个农村经济增长试点网络（the Rural Growth Network，RGNS），旨在减少对乡村经济增长的障碍（如乡村企业经营场所短缺、互联网技术落后、乡村商业团体分散等）问题。5 个试点地区是：坎布里亚郡、西南部的中心区域（包括德文郡和萨默塞特郡）、东北区域（覆盖达勒姆郡、盖茨黑德和诺森伯兰郡）、斯温顿和威尔特郡、沃里克。2012 年 10 月至 2014 年 12 月期间，RGNS 支持了超过 2 600 家企业，创造大约 428 个新的乡村企业，增加（或保护）就业岗位 780 多个[①]。

10. 注重可持续发展

1998 年英国政府颁布的乡村发展和土地利用政策强调："可持续发展

---

① 龙晓柏，龚建文. 英美乡村演变特征、政策及对中国乡村振兴的启示.《江西社会科学》2018 年第 4 期，第 216~219 页。

与经济发展和社会需求是紧密关联的,需更加重视三者协同,而不是只求发展。"1999年颁布的英格兰乡村品质生活规划强调:"乡村经济、持续、适当享受乡村生活是相互依存的。"这一阶段,村镇机构注重指导地方政府如何运用已有的定位系统来保持村镇的可持续发展。到2000年,英国政府更加注重农村小城镇的建设,在乡村政策《白皮书》中将欧盟和本国政府拨给的1亿英镑用于村镇发展。2002年颁布的《乡村发展计划》目标是保护乡村的环境和可持续性,促使广大农村地区美丽如画、风景盎然。为了降低农药、化肥等化学品对乡村生物多样性和村民生活环境的破坏,英国政府强调将农业补贴与环境保护、减少农药使用等挂钩,从而有效降低了农业生产活动对乡村生态环境的影响。此外,英国政府还实施了新的林业发展战略,强调首要任务是保护环境,尽可能多地增加绿化空间,从而满足人们对生态产品的需求,使农村生态呈现良好的局面[①]。2004年英国环境、食品和农村事务部出台了《英国农村战略》,致力于建设宜居、安全和充满活力的可持续发展乡村社区。在之后的欧盟《2007—2013乡村发展7年规划》中,英国政府继续重点加强农村环境保护和经济建设。

2008年,英国的土地和海洋面积从1996年的230万公顷增加到350万公顷,期间许多区域被规划为传统村落和重点自然保护区。2011年,英国政府通过部门机构改革,增设乡村政策办公室,拓展了政府在保护农村生态和生物多样性方面的政策自主权。这期间,许多官方和民间乡村机构纷纷引入"可持续性""后生产主义"和"乡村重建"等治理理念,旨在促进乡村的可持续发展。2013年英国政府发布《英国农业技术战略》,开始将大数据、互联网等现代信息技术应用到提升乡村农业基础设施,该项举措使得2014年英国农业总产值达258亿英镑,净增加值为99亿英镑。如今,英国绝大多数农村地区较为繁荣发达,从家庭平均收入来看,农村地区有55%的家庭平均收入高于全国平均水平,更有28%的家庭处于上游。在《我们未来的乡村》白皮书中,英国政府希望能够达到的目标是:一个宜居的乡村,建设繁荣的社区,提供高水准的公共服务;一个工作的乡村,推动经济活动多样化,实现稳定和普遍的就业;一个受到保护的乡村,保证自然环境的改善和可持续;一个充满活力的乡村,强化乡

---

① 沈费伟. 赋权理论视角下乡村振兴的机理与治理逻辑——基于英国乡村振兴的实践考察.《世界农业》2018年第11期。

村社区，使乡村的命运掌握在其自身手里，使各级政府都能听到来自乡村的声音①。

五、第二次世界大战以来英国乡村发展的现状

自 18 世纪中叶以来，英国乡村人口与生产禀赋要素一直处于向城市输出状态，尤其第二次世界大战后英国乡村一度陷入严重衰退的状况。但是这种局面 20 世纪 60 年代开始出现"逆城市化"现象而改变，战后实施"耕地保护运动"及系列扶持乡村经济发展的政策，进入 21 世纪后英国乡村呈现了更大的可持续增长潜力与发展机遇。

（一）乡村在英国城乡人口与经济发展格局中相对稳定

当前英国乡村人口与经济在全英城乡占比处于较稳定的状态。但总体而言，乡村人口与经济占比相对弱，2011—2016 年英国乡村经济（按国民生产增加值算）约占全英国的 16%，人口比重占 17% 左右。值得注意的是，英国政府近年来实施了乡村宜居措施，很多城市居民倾向于迁往乡村居住，乡村区域呈现出人口持续净流入情况。英国乡村人口迁徙净流入由 2014—2015 年的 6.49 万人增长到 2015—2016 年的 7.05 万人，而城市区域人口净流出则由 2014—2015 年的 9.43 万人扩大到 2015—2016 年的 10.51 万人。

（二）乡村制造业和商贸活动在英国乡村经济结构中占据重要位置

英国作为全球最早实施工业化革命的国家，其乡村与城市的经济结构呈现一定的趋同性，其中乡村制造业及关联产业对英国乡村经济结构的演化发挥了重要的作用。2016 年，农业、林业和渔业国民生产增加值在经济结构中占比仅有 2%，而乡村制造业（13%）、专业性及事务性服务（10%）、房地产业（15%）及物流、交通运输、食品服务活动（20%）等二、三产业占比高。

---

① 沈费伟. 赋权理论视角下乡村振兴的机理与治理逻辑——基于英国乡村振兴的实践考察.《世界农业》2018 年第 11 期。

（三）英国乡村居民收入增长稳定

在与城市的互动中，英国乡村地区抓住自身的禀赋潜力，积极参与城乡产业价值链分工并扩增乡村居民的收入渠道。英国乡村居民年总毛收入近年来增长稳定，如2016—2017年乡村居民年总毛收入的中位数超过了英国城市地区（伦敦除外）。

（四）乡村就业比率高于全英平均水平

由于英国政府长期实施支持乡村发展的优惠政策，吸引了各类投资主体投向乡村实业，带动了乡村庞大的劳动力市场，使城乡就业二元性差距得以缩小。20世纪80年代后，在英国"逆城市化"影响下，城市很多发展功能逐步向乡村转移，英国乡村的就业行业分布逐渐与城市接近，呈现了更多的多样性。进入21世纪，虽然受全球金融危机影响乡村适龄工作人口的就业比率由2008年的76.3%持续下滑到2011年的74.5%，但2006—2016年英国乡村适龄工作人口的就业比率一直高于同期城市和全英格兰的平均水平①。

（五）对乡村通信设施投资，推动乡村旅游发展

英国自2010年实施建立一个宽带和移动网络工程计划来帮助农村经济，即通过7.8亿英镑投资超高速宽带计划推动英国乡村电信业转型。

英国政府2010年开始推出了乡村旅游发展基金，目的是吸引更多的人到乡村地区，其已经投资了1 200万英镑支持鼓励英国乡村旅游的营销推广运动，还通过英国乡村发展资助工程投资了600万英镑用于乡村旅游目的地建设，这包括支持乡村社区改善当地的道路网络和塑造标志性景观。

六、第二次世界大战以来英国乡村发展的主要经验

第二次世界大战以后，经过几十年的发展，英国已经实现了农业的现

---

① 龙晓柏，龚建文. 英美乡村演变特征、政策及对中国乡村振兴的启示.《江西社会科学》2018年第4期，第216~219页。

代化。其发展经验主要体现如下。

（一）用机械化将农民从土地中释放出来，推进城镇化、服务化

英国的农业劳动力为55万人，农业劳动力占全部劳动力的比例不到1.8%。目前这个比例在所有发达国家中也是较低的。农场数量在不断减少，土地经营在集中。他们的主要做法就是，土地由农场主规模化经营，农民由农场主雇用。1935年英国有680万个家庭农场，到20世纪80年代末减至200万个左右，单个农场面积在不断扩大。一个农民可以管理种植土地200公顷，全部使用机械化操作。大量人口集中在城镇和城市从事服务业。剑桥、牛津本来就是一个小村庄，却因为教育出名，虽然学校在校学生只有2万人左右，但从事服务业的人员多达10万人，形成了具有一定规模的城市。

（二）一切发展以保护环境和可持续性为目标，不过度开采和浪费资源

2002年，英国通过了《乡村发展计划》，提出以保护环境和可持续性为发展目标，现在的英国乡村美丽如画，处处是公园、休闲场所和植物园，每一处的水是清的、山是绿的，全英国森林覆盖率只有12%~15%，但是绿地面积却达到80%以上。

他们的主要做法：①重点发展乡村旅游。搞农家乐、休闲度假村、建湿地公园等，提高乡村收入。他们将宗教文化、历史名人、自然环境、商业运输、休闲娱乐联系起来，融为一体，吸引世界各国的人前去旅游。②农副产品生产讲环保、讲质量。猪、牛、羊等养殖，都是野外散养。既解决了土地被硬化无法复垦的问题，又改变了土壤的结构，有利于作物种植；既减少了牲畜的发病几率，又让牲畜的粪便得到有效处理，防止水源的污染。③将过去乡村废旧的工业厂房改造成酒店、产品交易市场、博物馆。既减少不必要的资源浪费，又成为一个新的经济增长点。④任何建设不破坏环境。公路边、田野中、村庄旁，随处都可以见到百年以上的大树。田野中的碎石墙、小镇中的片石房、乡村中的木头房，都能让你见到历史的岁月。体现出一种不因为建设而毁坏，不因为立新而破旧，不因为富有而丢弃的理念。

七、英国乡村发展对中国乡村振兴的启示

在乡村发展的历程中,英国走了一条比较独特的道路,以"剥夺小农"的方式,这就是英国历史上著名的"圈地运动"。尽管圈地运动使广大农民破产,出现了历史上所谓"羊吃人"的时代。但是圈地运动是为资本主义生产提供了必要的前提条件。"资本关系以劳动者和劳动实现条件的所有权之间的分离为前提。一方面使社会的生活资料和生产资料转化为资本,另一方面使直接生产者转化为雇佣工人。"圈地运动使小农作为一个阶级为历史所淘汰,社会逐步形成了资产阶级、无产阶级和大土地所有者三个基本阶级,从而为提高社会生产力开拓了广阔的前景,进一步增强了资产阶级的经济实力。

圈地运动使得英国殖民扩张加快,对于乡村发展无须牺牲农业与农村的利益,形成了工业化带动农村与农业发展的道路,与中国的情况区别明显,中国则是在列强洞开国门以后不得不靠牺牲农业来启动工业化,形成了农村与农业发展严重滞后现象,经过几十年改革开放,农村发展目前已经进入了一个新时期,乡村振兴启动,但是英国乡村发展过程中诸多做法,还是能够给我们有益的启示。

(一)坚持法制性规制的支撑作用,注重再塑乡村可持续发展功能

要按照"统筹合理、科学规制"的指导思想,借鉴英国乡村立法规划的经验,坚持乡村振兴制度框架体系中法制性规制机制的作用,促进乡村振兴规划与建设的机制化和法定化。各地可根据实际情况制定促进乡村振兴的地方性法规及规章,全面夯实乡村振兴的法治性基础。

要发挥政府的引领作用,针对中国乡村呈现收缩和空心化的现实特征,因地制宜加紧全面完成乡村振兴建设的全域规划编制工作。规划理念应从增量型规划逐渐向绿色型规划转型,强化历史文化名村和传统村落的保护与管理。要充分依托乡村自然、传统农耕文化、生态的可持续禀赋优势,大力改善内陆省份乡村劳动力长期空心化的困境,构建现代乡村发展要素禀赋的坚实支撑体系,使乡村的可持续发展功能得到再塑。

（二）提高乡村产业的规模化与增值化效应，激活乡村各类企业发展活力

要着力提高乡村农业生产与经营的规模化水平，以绿色型乡村园区经济为核心载体，优化现代乡村的生产力空间布局结构。要大幅提高中国农作物生产的资本有机构成水平，增强农作物投入产出的规模化效应。可参照英国乡村企业的发展经验，围绕乡村特色产业，按禀赋优势原则强化专业化分工，鼓励发展各种类型的乡村企业，发挥中小微型乡村企业振兴乡村经济的能动效应和集群效应。

孤立的农耕生产活动不会提升土地的附加值，要充分挖掘和拓展农业的多维功能，发展创意农业，扩大农业加工增值环节，促进农业产业链条延伸。强化振兴乡村第二、第三产业，促进乡村第一产业与第二、第三产业尤其是现代服务业的深度融合。积极开发农业多种功能，大力发展休闲农业、定制农业、会展农业、观光体验农业等新型业态，使乡村产业更具多样性和创新性。

（三）注重财政性政策的激励效率，创新深度贫困和偏远乡村的扶持模式

应优化面向乡村振兴发展的财政保障机制，全面助推乡村综合性领域改革。要充分发挥财政资金的激励性引导作用，确保财政投入结构与乡村振兴重点领域相适应。中国财政要将涉及村级公益事业的财政奖补资金，与美丽乡村建设、农耕文化保护传承、村级组织运转的资金保障、农业生产专项资金补助等工作相结合。

实施乡村振兴战略需与打赢脱贫攻坚战相辅相成，中国贫困乡村的振兴发展应大胆创新，要鼓励面向贫困乡村扩大财政供给，引导城市及海外工商资本等各类社会资本共同参与贫困乡村振兴。可尝试针对深度贫困和偏远乡村制定定向脱贫战略计划，并试点发行面向深度贫困和偏远乡村项目融资的专项债券，支持深度贫困与偏远乡村区域公益性项目优先建设。

（四）统筹乡村公共性基础设施的布局与建设，提高乡村公共服务的供给质量

应优先将学校、医院、图书馆、广场等公共基础服务设施纳入乡村规

划建设，不断改善乡村交通、通信设施及能源供给设施；加大公共财政面向乡村基础设施建设的覆盖力度，推进城市公共服务建设和社区建设向乡村延伸，在乡村振兴战略框架下创新构建"城市与农村命运共同体"。在具体的乡村公共供给服务模式方面，建议推广以政府和社会资本合作的运作模式（PPP模式）促进乡村公共基础设施的供给效率。实施乡村振兴规划和建设必须要有长效管理，应通过完善乡村社会保障体系举措，解决乡村农民发展遇到的问题，为乡村可持续发展提供保障。要适应信息化和智能化发展形势，不断完善乡村互联网，全面普及乡村数字化建设，在有条件的地区构建一批智慧型乡村示范典型[①]。

---

① 龙晓柏，龚建文. 英美乡村演变特征、政策及对中国乡村振兴的启示.《江西社会科学》2018年第4期，第216~219页。

第二章　法国乡村发展历程

法国位于欧洲西部，与比利时、卢森堡、瑞士、德国、意大利、西班牙、安道尔、摩纳哥接壤，西北隔拉芒什海峡与英国相望，濒临北海、英吉利海峡、大西洋和地中海四大海域。法国本土面积为 543 965 平方千米，包括海外领土面积为 632 834 平方千米。边境线总长度为 5 695 千米，其中海岸线为 2 700 千米，陆地线为 2 800 千米，内河线为 195 千米。法国从中世纪末期开始成为欧洲大国之一，于 17—18 世纪路易十四统治时达到封建社会的鼎盛时期，在 1789 年爆发法国大革命之后，推翻君主专制政体，先后经历两次帝国和三次共和国，国力于 19—20 世纪时达到巅峰，在第二次世界大战前，法国是当时世界第二大殖民帝国，殖民地面积等于本土的 20 倍。第二次世界大战后，建立法兰西第四共和国，1958 年被夏尔·戴高乐建立的第五共和国所取代。

法国城市居民占人口总数的 77.9%，从事农业生产者占从业总人数的 7.8%。法国的国家结构形式是单一制。目前全国分为 22 个大区 96 个省和 30 000 多个市镇。大部分市镇为农村基层政权。法国农村基层政权明显不同于英国，主要表现在地方自治程度低、政权组织实行议行分离制、政权组织形式一律化。这些特征形成于近代并一直延续至今。虽然 20 世纪 80 年代以来法国对地方政府进行了重大调整和改革，实行权力下放扩大地方及基层政府的职权并推行城乡一体化管理，但地方政府体制的基本特征并未根本改变[1]。

与英德等其他西方大国不同的是，法国是一个农业大国。法国 1789 年革命后经历了多次革命振荡和政权更替，1871 年完成了资产阶级民主革命的任务。工业革命也大体在同一时期完成。之后，逐步过渡到垄断资本主

---

[1] 项继权. 外国农村基层建制. 武汉：华中师范大学出版社，1995 年，第 39 页。

义阶段。这一时期小农经济的继续增长和农村人口不断增加、土地继承中采取"分产析户"的办法有直接关系。农业经营规模在不断缩小的过程中,生产呈现相对停滞。法国因而成为一个长期以小农经济占优势的国家。19世纪60年代,全法国的土地占有者中,其经营规模不到2公顷的有74%,其中不足1公顷的有47%[①]。

一、法国中世纪农业与农村

由于地形和气候的多样性,以及历史上南方型和北方型农业文明的交汇,法国中世纪的农业制度是多样而又复杂的。

大体上可以以卢瓦尔河为界分为南北两个部分:北方的农业制度以长条开放地和三圃制为特征;南方则以不规则开放地和二圃制为特征。除此之外,还存在圈围地型农业制度。圈围地型农村的耕地,由树篱或围墙分隔成棋盘格状。在一般情况下,其公共荒地供村民集体享用,牧草地在第一次收割后也对全村开放,但其耕地却被圈围起来,在休耕期间也仅限于土地主人的牲畜放牧。这同开放地型地区有着明显区别;在开放地型地区,休耕地和收获后茬地是要供公共放牧的。

直到1850年时,法国的农业人口仍占全国人口的一半或稍多一些。因此,法国农民同土地的分离过程是比较缓慢的。在英国,通过以圈地运动为主要途径的农业革命,大大提高了农业生产力,从而为工业革命的蓬勃开展提供了良好的条件。在法国,由于圈地运动进行不彻底,法国历史上不彻底的圈地运动同英式的圈地运动形成鲜明对照。小农所有制的广泛保存和传统农业生产技术的长期滞留,严重影响和限制了农业和工业经济的发展。这无疑是法国资本主义近代化过程相对缓慢的原因之一。因此,对日后两国资本主义经济的发展也产生截然不同的影响。

概括起来说,法国历史上没有出现过英式的彻底的圈地运动,而只有过局部、零星和不彻底的圈地活动。直到19世纪上半期,农村公社共耕共有制仍然残存着,公共放牧权没有全面废除,圈围地稀少,圈圈的目的首先是用来保护菜果园和牧草地而不是种植谷物的耕地;休耕(三圃制和

---

① 马克·布洛赫. 法国农村史. 余中先等译. 商务印书馆,1991年.

二圃制）仍广泛保存下来；村社公地也依然占相当比例。法国圈地活动规模狭小和不彻底的原因主要有如下几点。

第一，农业中商品经济不够发达，没有出现像英国圈地运动那样强大的历史动因。在英国，对羊毛的需求成了以改农为牧为主要形式的前期圈地运动的动因，由工业革命开展而产生的对大宗商品粮的需求又成为后期圈地运动的主要推动力。在法国，商品经济在农业中虽然有所发展，但极为缓慢，直到19世纪上半叶，绝大部分地区所生产的食物都是被生产者直接消费掉的，少量剩余产品也只是满足地方性的需要。农业的主要目标是最大限度地扩大谷物种植面积以避免饥荒，保证农村人口自身的生存，而不是追求商品生产。因此，这种自给自足的自然经济就为农村公社的顽强生存提供了条件。

第二，农业中的资本主义因素成长缓慢，没有形成像英国新贵族那样强大的阶级力量。在英国，新贵族直接或通过农场管家间接经营大地产，或者把大片土地租给租地农场主，他们一般都比较关心农场生产的经济效能。在法国，贵族们或者集于凡尔赛宫廷去谋取一官半职，或者满足于作"不在地主"。他们大多不直接经营土地，而是把土地分为小块，按收益分成制出租给农民；他们是纯粹的食利者，仅仅把土地作为榨取的对象而不愿在农业改良方面进行投资。因此，法国贵族中的绝大多数不是促进农业革新的力量。

第三，中世纪土地制度中较牢固的永佃习俗，妨碍了农村土地的全面调整。在英国，对公簿持有农和租地持有农土地的剥夺较少受到国家法律的干预，故英国圈地的过程通常伴随着小持有地的合并。在法国，农民的永佃习俗不仅得到国家司法的支持，而且受到农村公社集体的保护。因此，在农村调整土地以利圈围的活动是极为困难的。

第四，国家政策缺乏连贯性，没有形成像英国那样持久的议会圈地运动。在英国，自18世纪初起，到19世纪中叶止，议会连续颁发数以千计的圈地法令，并三次颁布总圈地令，使圈地运动凭借国家政权的力量强制进行。在法国，除了18世纪中叶和大革命两次短暂时间以外，圈地只是分散零星的活动，没有形成强大的运动潮流。因此，它的冲击力量就相对软弱。法国圈地活动规模狭小和不彻底对资本主义农业发展所产生的影响表现如下：其一，在土地所有制上，法国不是沿着以牺牲小自耕农为代价来发展大地产的英国式道路发展的，大革命也没有严重损害大地产的利益，而只是制止了大地产扩张的趋势。它把 15—18 世纪间形成的大小地产同时并存的制度保留了下来，并发展了小土地所有制。广大中小农民激烈的反圈地斗争在相当程度上保护了农村公社的长期残留，而农村公社的集体权利反过来又保护了小农土地所有制的顽强生存。其二，在土地经营方式上，大革命取消了封建的权利和义务，宣布了种植自由，但并没有强制废除村社共耕共有制，而是听任各地自行决定；这和大小地产同时并存的状况一起，造成了法国农业上传统方式小农经营和资本主义大农场经营长期并存的局面。其三，在农业生产技术上，由于休耕制广泛保留，饲料种植范围狭小，新型轮作制推广困难，使农业生产力水平长期处于较低水平上。因此，法国的农业技术革命起步就远较英国迟缓。其四，在原始积累意义上，由于小土地所有者的大量存在和农村公社共耕共有制的长期残留，广大小农的地位相对稳定，继续在小块土地上挣扎生存，很少愿意放弃土地离开农村。

中世纪的法国曾是欧洲封建专制国家的典型。近代前期的法国依然是君主专制政体。17—20 世纪初法国农业的发展过程可分为封建制度濒临解体时期、资产阶级革命和拿破仑时期、工业革命和垄断资本主义形成时期三个阶段。

（一）封建制度濒临解体时期（1634—1789 年）

16 世纪，法国农民通过赎买获得了人身自由，但因缺乏生产资料，依旧依附于领主的领地。土地仍归封建主所有，领主一般已不亲自经营而把土地分成小块出租给农民耕种。这种"分成租佃制"（metayage）盛行于法国各地。其租佃关系有两种形式，一种是具有永佃性质的"纳赋地"。由农民缴纳年贡后土地可世袭使用，地租额占总产的比例在 1/3 左右；另一种为租期长短不等的"租地"。按照契约规定收取地租，地租额达总产的 1/2 以上。地租的形式是劳役、实物和货币三种，其中货币地租逐渐成为主要形式。共用的村社土地陆续被领主侵吞。1669 年路易十四颁布新敕令，实行"三分制"，即将名义上属于村社的土地一分为三，领主、农民和公社各得其中的 1/3。

18 世纪资本主义渗入农村，出现了农业雇工和包买主控制下的家庭手工业。但资本主义农场还为数不多，而封建的小农经营仍占绝对优势。1789年革命前夕，全国总人口约2 500万人，农业人口占2 200万人，高达88%。严酷的剥削使农民生活十分困苦，落后的农业无力支撑国家庞大的财政开支。据Arthur Young（1741—1820年）在《法国游记》中的记载，他亲眼见到陈旧的三圃制在法国许多地区仍占统治地位，在东南部一些地方甚至还实行着二圃制。18世纪，法国谷物年平均增长率仅为0.4%，有些作物的产量只有播种量的4~6倍。休闲土地大多未被利用①。

（二）资产阶级革命和拿破仑时期（1789—1821年）

先看看资产阶级革命时期。革命时期有关土地问题的立法，在整个革命进程中陆续制定颁布。但在内容和形式上有一定程度的差别。1789年的"八月四日法令"，宣告废除全部封建制度，但实际废除的只是一些次要的封建义务，如人头税、什一税及领主的狩猎权等。一些实质性的封建义务，如地租和贡赋却规定必须通过赎买赔偿才能取消。在农民的压力下，1790年3月宣布废除"三分制"，但未涉及领主根据"三分制"已占用的村社土地权属问题。1792年8月宣布将村社土地分配给农民私有，但是许多细则难以实行。对领主的土地和教会的地产则规定了要履行苛刻的赎买条件才能取得，一般农民是无力取得的。1790年5月决定把已没收的教会地产分成小块出售，付款期限延长到12年。但于1790年6月又重新规定必须连片出售，付款期限改为4年。1792年9月被迫公布可以小块出售的法令，但须支付现金。其结果只是便于富农和资产阶级趁机购进，从而成为新的大土地所有者。

1793年雅各宾专政时期，于1793年6月及9月先后公布法令规定村社一切土地都应分给农民，并按人口分配，在没有村社土地可分的地区，无地或少地农户可以分期支付方式，低价购买逃亡者的土地。这才基本解决了农民的土地问题，形成一个广泛的小农阶层。拿破仑执政后又加以调整并以立法形式巩固这一革命的成果，在1807年颁布的《拿破仑法典》中做出了明确的规定，使自由农民土地所有制得到了较大发展。形成了近代法国土地制度的基本特征，即资本主义的大土地所有和农民的小土地所

---

① 马克·布洛赫. 法国农村史. 余中先译. 商务印书馆, 1991年.

有并存。因其是在旧体制的演化过程中形成,因而在新生的法兰西共和国得以延续①。

(三)工业革命及垄断资本主义形成时期(1821—1913年)

法国1789年革命后,在经历了多次革命振荡和政权更替后,1871年完成了资产阶级民主革命的任务。工业革命也大体在同一时期完成。之后,逐步过渡到垄断资本主义阶段。随着人人平等理念的深入,这一时期单子继承制度让位于多子继承,土地继承中采取"分产析户"小农经济的继续增长和农村人口不断增加。自然农业经营规模在不断缩小,生产呈现相对停滞状态,法国因而成为一个以小农经济占优势的国家。

与英国通过圈地运动解决农场规模,以达到相对而言大生产格局不同的是,法国运用了"解放小农"的方式。法国资产阶级解放了小农,"用真正革命的手段摧毁过时的封建制度,使全国过渡到最高的生产方式,过渡到自由的农民土地占有制,"依靠农民的支持,法国资产阶级取得了反封建斗争的胜利,打破了束缚资本主义发展的枷锁。因此法国乡村发展与中国存在某种形式上的相同特点,农场规模不大,即不像英国可能通过大农场谋取生活,促成了农村人口大量向城市迁移。19世纪中叶,法国交通革命和工业化的深入进行,使迅速膨胀的城市成为一个个强大的磁场,刺激与吸引着农民走出长期蜗居的穷乡僻壤,而农业商品化生产的发展及乡村工业的衰落,使农村的一些小农和手工业者破产,农村中的剩余人口增多,在这一系列因素的推动下,19世纪50—60年代法国出现大规模乡村移民②。

农村人口流向城市,在为城市提供劳动力的同时减轻了农村的人口压力。19世纪50年代以前,法国农村人口一直呈增长势头。农村人口越多,土地压力就越大,土地也因此越分越小,这意味着生产力发展的余地越来越小。在这种重压下,农村的人口结构和经济结构几乎成了僵板一块,任何革新和变化都要受到人口压力的掣肘。减轻农村人口压力,实现农民与土地的分离,已成为农业变化和经济发展的一个至关重要的问题。既然由

---

① 马克·布洛赫. 法国农村史. 余中先译. 商务印书馆,1991年。
② 许平. 法国乡村社会从传统到现代的历史擅变.《北京大学学报(社会科学版)》1994年第3期,第79~87页。

于历史原因，法国没有出现英国圈地运动那样的大扫荡，那么这一任务只能由持续的人口迁移来完成。从19世纪50年代起，法国农村人口开始减少。

19世纪下半叶，法国土地占有结构上的再分割趋势的减弱和土地集中现象的出现，就与农村人口减少有密切关系。因为大量农村人口走出农村，必然使遗留在土地上的人有多于以前的生存空间，使之有可能扩大其土地。人口压力的减少，又致使农村劳动力价格上涨，促进了资本向劳动工具转移。1851—1857年和1873—1887年农业资本投入增长34%～41%，资本的投入带动农业机械的传播，法国农业经济出现前所未有的活力[①]。

19世纪60年代，全法国的土地占有者中，其经营规模不到2公顷的有74%，其中不足1公顷的有47%。1862年约有60万人分益佃农租佃地主土地，其中约40万人缴纳货币地租，其余20万人要以收获实物的一半充当地租。这种半封建的"租佃分成制"竟在资本主义时代再度复活。小土地所有制长期广泛的存在，又与高利贷资本在农村的活跃有关。就在同一时期，约有90万农业工人在地主和富农的农场里劳动，1911年增加到约200万人。反映出小农分化进程中，资本主义大农场的缓慢增长。农业生产的相对停滞并非产量的绝对减少。通过引进新的农艺方法和采用新的技术，法国农业生产仍在增长，但速度较慢。

这一时期技术上的变革主要有：①开垦荒地和引进优质牧草使休耕地及荒地减少。1840年全国耕地为2 527万公顷，其中休耕和荒地为980万公顷。耕地占全部国土的47.9%，而休耕地及荒地占总耕地的17.3%。1862年全国耕地面积为2 657万公顷，休耕地及荒地为654万公顷。耕地略有上升，占全部国土的48.9%。而休耕地及荒地则显著下降，为总耕地的12.1%。1913年，耕地降为2 365万公顷，休耕地及荒地减少到379万公顷，分别占总国土及总耕地的44.7%及7.2%。②生产结构的调整及新作物的推广。休耕地的减少，牧场面积的扩大，使养畜业特别是养羊业得到较快发展。良种的美利奴羊1815年仅有150万头，1850年达到1 100万头。种植的作物中，葡萄的种植面积随市场对葡萄酒的需求变动有所调整，但在法国农业中始终占有重要地位。1840年占地197万公顷（占总耕

[①] 许平. 法国乡村社会从传统到现代的历史嬗变. 《北京大学学报（社会科学版）》1994年第3期，第79~87页.

地的 3.7%），1862 年高达 232 万公顷（占总耕地的 3.1%）。小麦的产量稳定增长，主要靠提高单产，1815—1885 年增加了 1 倍以上。甜菜是拿破仑战争期间为解决糖料而提倡种植的，1840 年种植面积为 50 871 公顷，1900 年时已达 33 万公顷。马铃薯是 18 世纪时引种的，种植面积从 1817 年的 56 万公顷增加到 1913 年的 155 万公顷。③新式农机具及化肥的应用与推广。19 世纪 60 年代，法国通用的农业机械是用一头马拉动的旧式打谷机。1862 年全法国有 1.1 万架打谷机、1.1 万架条播机、6 000 架干草制造机。1892 年条播机增加到 5.2 万部、脱谷机 23.4 万部、联合收割机 2.3 万架、耕耘机 25.2 万架。犁的使用较普遍，但原始的型制仍随处可见。化学肥料的使用从 1889 年的 42.5 万吨增加到 1913 年的 200 万吨。农业生产总值 1812 年为 30 亿法郎，1850 年增加到 50 亿法郎，1870 又增长到 75 亿法郎。与工业总产值相比，1812 年农业高出工业 50%，1850 年超过 25%，1870 年却只有工业的 62.5%。法国农业在工业化的基础上得到了机械装备和化工产品供应，但因土地极度分散而阻碍了新技术的推广，劳动生产率相对较低（低于英国、荷兰、美国）。1882 年起受农业危机的影响，谷物生产一度下降（在价格回升后才缓慢恢复）。葡萄、蔬菜、鲜花等特种技术作物的种植也出现萎缩。特别是葡萄，因受虫害的影响，从 19 世纪 70 年代起种植面积一再缩减，到了 20 世纪初，产量只及从前的 1/2。1913 年谷物等农产品进口 18.18 亿法郎，而出口的农产品只有 8.39 万法郎。生产的相对停滞，加速了小农的破产和土地的集中，法国经济长期被农业的徘徊所困扰①。

二、第二次世界大战后法国的乡村社区建设实践

与英国、德国等其他欧洲强国相比，第二次世界大战时的法国是一个农业大国，这一点与其他西方大国不同，直到 20 世纪中期，全国的城市人口数量才超过乡村人口。法国的城市化进程相对缓慢，而且除巴黎以外，第二次世界大战对法国城镇的摧毁程度比其他国家都要严重得多，所以战后法国城镇的重建任务十分艰巨。其乡村建设的长足进步始于第二次世界

---

① 马克·布洛赫. 法国农村史. 余中先译. 商务印书馆，1991 年。

大战之后，法国经历了两个主要发展时期：①1945—1970 年的快速城市化时期，这一时期法国基本实现了工业化和农业现代化；②1970 年之后的稳定城市化时期，这时的法国逐步进入后工业化社会，人们由对经济增长的要求逐步转为对生活品质的追求①。至 20 世纪 70 年代末，法国只用了 20 多年时间就高速实现了农业现代化，一跃成为全世界农业最发达的国家之一。

（一）政府政策的推动与扶持②

第二次世界大战后法国农村的发展水平很低，农村空心化严重，农村人口老化、密度稀疏的问题越来越明显。为消除地区发展不平等，解决法国农业问题，法国政府开始实施"领土整治"政策。其基本方针就是通过国家加强对经济状况最不利的落后地区的经济干预，达到装备落后农业地区现代化工业建设的目的，减轻城市工业过度集中的压力，实现生产力比较合理的布局。其主要措施可以归结如下。

1. 鼓励发展农村工商业

法国在农业地区和山区农村有选择地开辟了一些"新工业区"，同时政府设立"地区发展奖金"，以奖励到指定的具体落后地区新建和扩建工厂的企业，还设立了"农村特别救济金"，奖励工业企业和其他行业迁厂到那些居住人口稀少的农村和人口出生率低的地区建新厂。

2. 恢复发展农村手工业

国家设立了"手工业企业装备奖金"，鼓励在农村和乡镇及新兴城市附近发展手工业企业，鼓励发展适合农村需要的农产品、食品加工业和小型加工工业。

3. 大力发展农村畜牧业

在法国，农民收入 50% 以上靠畜牧业，提高畜牧业生产现代化水平，是发展农村经济、增加农民收入的关键。因此政府采取奖励办法和技术措施，确保农民能够购买畜牧业现代化机器装备和其他设备。

---

① 冯建喜，汤爽爽，罗震. 法国乡村建设政策与实践——以法兰西岛大区为例.《乡村规划建设（辑刊）》2013 年，第 115~126 页。

② 夏宏嘉，王宝刚，张淑萍. 欧洲乡村社区建设实态考察报告（一）——以德国、法国为例.《小城镇建设》2015 年第 4 期，第 81~84 + 93 页。

（二）重视乡村基础设施建设[①]

自"农村改革"伊始，法国便把农村基础设施建设放在首位，因地制宜地采取适当措施，有步骤、有重点、分期分批地进行各项工程的兴建。

1. 兴建农田水利基础设施

自1952年开始法国政府成立了各种合法化公私合营公司，由其承担各地区整治工程和农田水利的兴建，由政府统一管理。农田水利工程的大部分投资由中央政府提供，一般占到投资总额的60%~75%。1955年修改法令，允许地方政府的农业、工业部门参加投资与管理。国家资金所占比重逐渐下降，银行和专业金融机构投入了大量资金，这对农田基本建设起到推动作用，这一举措促进了1951—1961年间法国农田基本建设的较快发展。

2. 发展农村交通运输和电讯事业

在1955—1965年间，法国大规模修建了各种公路网，加速实现铁路现代化、电气化、内燃化，此外还大力发展海运、航运事业，并使农村的公路、铁路、航运同发达的工业区相沟通，这使农村交通大为方便。在第四个"经济计划"时期内，着重发展农村电讯事业，使电讯线路增加40%，农村小型水力发电站有了较大发展，农村电气化和自来水供应扩大到边远乡村和山区农村。

（三）完善农村教育、科研与农业科技推广体系[①]

第二次世界大战后为了提高农民教育素质、提升农业科技实力，提供相匹配的农业科研推广体系，法国出台了一系列政策措施。

1. 建立以高等、中等教育和农业业余教育为主要内容的农业教育体系

从1967年开始，法国政府设立了农业技术教育奖学金制度，要求农民子弟必须经过"绿色证书"毕业考试，系统地接受现代化农业职业教育。

2. 建立完整的农业科研体系和健全的推广体系

在农业研究方面，形成以法国国家农业研究院（INRA）为主体的农

[①] 夏宏嘉，王宝刚，张淑萍. 欧洲乡村社区建设实态考察报告（一）——以德国、法国为例. 《小城镇建设》2015年第4期，第81~84+93页。

业科研创新体系；在农业技术推广方面，积极探索教育、科研、推广三位一体的农业科研新机制，并在各地形成农业科研成果的推广网络，包括农业学校、农会、农业合作社、农业资源与发展服务中心和专业技术研究所等。

3. 政府鼓励地方和私人在农业地区创办农业科学研究机构

政府支持农业科学研究机构的创办和运行。

（四）发展与环境保护并重

法国的浪漫与优雅即使在乡村住宅建设中也可见一斑，其乡村风光旖旎，形成了独特的"法国乡村风格"，将田园生活、"诗意栖居"诠释得淋漓尽致，环境的可持续保护与更新是推动乡村复苏的重要手段之一。总结法国乡村建设的经验主要有以下几点。

1. 公众参与建设

居民参与规划设计已经成为法国乡村地区规划的基本模式，为了解决众多复杂的问题，法国社会各个阶层、各个领域从各方面入手试图找到问题的答案，主要有公众的参与，政府对法律工具的完善、教育和研究。

2. 严格执法，依照法律治理环境

法国政府坚持"以法治景"方针是从两个方面进行的，一是抓法规的制定，二是抓法规的执行。并且法国各地方都有一支有权有职的执法队伍，如发现有人破坏景观环境，执法队伍和城市的警察一样，可以行使处罚的职权。

3. 有效保障环境策略实施

为切实保障环境保护及更新策略的实施，法国政府采用了多样性的保护工具方法。1993年颁布《景观法》之后，有力保障公众环境行为；1994年起，推行景观环境合同，1995年推行景观环境规划策略，1996—2006年推出景观环境地图，这些都成为公众调节乡村环境的有力工具。

（五）注重特色小镇建设

法国乡村建设中，特色小镇发展历史悠久，形成了一批形态各异、主题鲜明的特色小镇。依云小镇和格拉斯小镇堪称法国特色小镇发展的典范,特色鲜明、经济发达、设施完善、环境优美,对中国特色小镇的建设和发展具有重要的参考价值。其中,依云小镇(Evian)为典型代表,为当地社区的发展提供了大量就业机会和收入。该镇位于法国 Haute-Savoie 地区,背靠阿尔卑斯山,面临莱芒湖,受惠于水而闻名于世。凭借优质的天然水源,依云小镇形成了以天然水为核心的特色产业,其70%的财政收入来自依云水文化息息相关的产业。依云小镇只有7 500名居民,开支预算却相当于一个4万多人口的城市,居民生活富足。

(1)将资源优势转化为竞争优势。依云水的源头是阿尔卑斯山,山地雨水和高山融雪在阿尔卑斯山地下经过长达15年的天然过滤和砂层矿化,变成富含镁、硅、锶、锂等多种人体必需微量元素的依云水。

(2)延伸和拓展产业链。一是大力发展温泉产业。依云温泉是世界上唯一的天然等渗温泉,温泉水的 pH 值几近中性,对治疗神经系统、皮肤、心血管和泌尿消化等方面疾病有较好的疗养作用。二是延伸发展旅游业。兴建各种与温泉相关的标志性建筑。温泉浴场的主要建筑水泵房是一幢漂亮的新艺术风格建筑,有着绚丽的彩色玻璃窗,是小镇上最引人瞩目的地标。

(六)法国乡村建设个案实践——法兰西岛大区[①]

1. 法兰西岛大区乡村的特征

法兰西岛大区俗称大巴黎地区,占地约1.2万平方千米,有1 169万居民(INSEE,2008)。该区域以巴黎为核心,包括巴黎在内的8个省。尽管该大区有法国密度最高的城市化地区,但同时也拥有约占总面积80%的乡村空间和约占一半土地面积的农业地区。相对于偏远地区的乡村,法兰西岛大区的乡村带有大都市区乡村的特征:①具有相当范围的城市边缘地带。②与城市居民保持明显的互动关系,乡村的功能更加多元。首先,自20世纪60年代后期开始,一些城市居民开始追求乡村的自然、社会环境,郊区化、逆城市化成为一种趋势,独栋住宅、二套房的数量在乡村地区逐步增加;其次,人们富裕后对休憩、旅游提出更高的要求。根据 IAURIF

---

① 冯建喜,汤爽爽,罗震东. 法国乡村建设政策与实践——以法兰西岛大区为例.《乡村规划建设(辑刊)》2013年,第115~126页。

(2003）所做的调研，在法兰西岛大区乡村居住的居民主要享受到"较高的生活品质""城市和乡村间的平衡"。这一趋势同时造成法兰西岛大区乡村地区人口职业构成的变化。根据 INSEE（1999）的人口普查资料，职业结构分别为：农民（2%）、自由职业者（8%）、管理人员（11%）、中等职业（23%）、工人（28%）和职员（28%）。而且，自19世纪60年代末开始，往都市区的人口迁移率已呈负值；1862—1975年，大规模人口往城市边缘市镇和乡村城市节点迁移；1975—1999年，人口开始更多地往乡村市镇迁移。这也在一定程度上反映居民需求的转移和乡村职能的转变。历次法兰西岛大区（或称巴黎大区）总体规划涉及乡村地区的内容，可以从另一角度反映城乡关系和乡村职能的变化（表2-1）：从城乡分隔（发展的城市、保护的乡村）到城乡空间共组织；从乡村较单一职能到多种功能①。

表2-1 巴黎大区历次规划中乡村部分

名称	内容
巴黎大区整治和整体组织规划（PADOG），1960年	提出城市区界限，确定环境保护区域（如森林、农田、水源地等）
巴黎大区总体规划（SDAURP），1965年	主要关注城市区和大型设施建设（如提出新城建设），对于乡村地区，提出乡村的休憩和居住功能（对城市居民而言）
法兰西岛大区总体规划（SDAURIF）1976年	比1965年规划更严格的城市—乡村界线；提出绿带、自然平衡区的概念
法兰西岛大区总体蓝图（SDRIF），1994年	更为精确的规划，更好地保护乡村空间；严格保护林地（边缘宽度50米）；地区自然公园成为一种保护工具
法兰西岛大区总体蓝图（SDRIF），2012年	森林和自然空间，组织城乡绿地和休憩空间；提出"连续"的概念，包括呼吸空间、生态连续、农业和森林廊道、绿色廊道

2. 法兰西岛大区乡村地区建设的主要内容

根据乡村的职能和特征，当前法兰西岛大区的乡村建设主要包括两个方面：①郊区乡村：市镇的建设（尤其是居住区）须穿插农业生产区（如农田、森林等），从而使郊区乡村起到景观和自然保护的作用；②新型乡村：即多功能乡村，包括生产、居住、休憩、旅游、景观和自然保护等。

---

① 冯建喜，汤爽爽，罗震. 法国乡村建设政策与实践——以法兰西岛大区为例.《乡村规划建设（辑刊）》2013年，第115~126页。

针对前一类型，需特别控制土地的过度开发；针对后一类型，需要持续改善和提高基础设施、公共设施水平，以容纳新迁入人口。

3. 乡村地区基础设施的完善

第二次世界大战后法国在全国范围内开始建设和完善乡村地区的基础设施，经过几十年的建设和优化，城乡间生活水平的差距已不明显，如完善的水电网（自来水集中供应达到99%）、通讯网络、发达的交通网络等。在法兰西岛大区，目前已形成由地铁、区域快速铁路（RER）、郊区铁路、高速公路、国道、省道、市镇道和乡村公路组成的交通网络，公交线路已覆盖大部分乡村地区；轨道交通以巴黎为中心向乡村地区延伸，连接绝大部分的乡村"节点地区"，并与乡村地区公共交通统一交通票；公共服务和基础设施根据人口密度差异和离城市的远近辐射乡村地区，公共服务还包括针对农业的教育、职业培训。

4. 乡村空间的多样化功能

在法兰西岛大区的乡村空间建设中，首先，农业空间仍处于被扶持和保护的行列，农业除生产功能外（如给大都市区城市提供新鲜蔬菜、花卉等），还具有景观和生态保护等功能（区域绿色规划的结构包括：大都市区绿轴、大都市边缘区绿带、大都市区外围乡村绿环以及绿色联系带）。其次，提出"绿色旅游"的概念，把自然、文化空间与健康的生活方式相结合。大区拥有4个区域自然公园和众多公园、运动场所，以及一些文化型旅游资源（如城堡、名人故居、博物馆等），通过步行道、自行车道、观光水道相连接。另外，除乡村独栋住宅和二套房外，其他类型的乡村居住方式也得到鼓励，如农舍、家庭旅馆、露营等。

（七）法国乡村建设政策演变

战后法国的乡村政策和乡村规划带有鲜明的阶段性特征。①第二次世界大战后初期至20世纪50年代末，主要为促进农业现代化和农村基础设施建设；②20世纪60—70年代，在上一阶段物质型规划的基础上，增加了社会、生态、旅游等方面的考虑，由全国范围普适性的乡村发展聚焦到扶持一些较为薄弱的乡村地区；③20世纪80年代至今，伴随着地方分权和欧盟资金的介入，乡村地区的功能更加多样化，乡村政策和乡村规划也更加分类化、多元化。

他山之石——国外乡村发展经验与启示

战后法国乡村建设出台了很多政策，旨在推动乡村的发展，具体见表2-2。

表2-2 战后法国主要乡村规划、政策

名称	时间	涉及的内容
莫奈规划	1947—1952年	主要集中在农业机械设备更新上
第二次全国规划	1954—1957年	提高农业生产率、组织农业市场；推动乡村剩余劳动力向工业部门转移
农业指导法	1960年	把农业发展纳入整个经济与社会发展中，提出建立农业与其他部门"等价"关系；保护农民收入，建立土地与乡村整治公司；调整家庭农场规模结构
乡村行动特别区政策	1960年	为乡村设施提供贷款、资助乡村小型产业
农业指导法补充法	1962年	建立农业结构行动基金，为退休农民发放退休金，改善对农村青年的培训，建立生产合作组织，加强与欧共体政策协调
乡村更新区	1967年	以消除隔离为目标优化基础设施，保持和优化公共服务和信息服务；优化劳动力培训；促进农业部门现代化；发展和优化乡村工业和服务业
山区经济区	1967年	发展山区基础设施，实现农牧业生产现代化，植树造林，加强水土保持，保护森林资源，限制非生产性建筑占地，改善山区生活环境和保护山城等
区域自然公园	1967年	保护自然空间，寻求乡村生活和城市休闲之间的平衡
乡村整治规划	1970年	旨在推动乡村经济发展和优化乡村设施：社会经济发展（包括农业、林业、手工业、工业、住房、旅游等）；设备；保护乡村空间（通过土地占用计划）
土地占用计划	1970年	明确土地功能，以避免农业空间被蚕食性开发
跨部乡村发展与整治基金	1979年	主要包括四类优先项目：安置青年劳动力、复兴企业和开垦；保证农业和森林自然空间的管理；促进旅游潜力；发展通讯等设施
跨市镇发展和整治宪章	1982年	给予市镇更大的自由权，包括乡村整治规划（经济、社会、文化等方面）
乡村发展规划、设施优化	1980年	由欧洲农业担保基金（FEOGA）资助，主要针对发展规划较落后地区、山区

续表

名称	时间	涉及的内容
乡村复兴区政策	1995年	把乡村分为郊区乡村、新型乡村和落后乡村，针对不同类别给予不同的扶持
自然和乡村空间公共设施规划	1999年	主要针对城市化地区扩张后的自然、乡村地区的可持续发展
优秀乡村中心政策	2005年	主要目标为提升乡村空间的价值，包括提升自然、文化、旅游的丰富性；以可持续发展为目标，管理自然资源；为新驻人口提供服务；通过创新促进工业、手工业、地方服务业的发展

三、19世纪以来法国的乡村城镇化与城乡关系的转变

（一）工业化冲击

直到1914年，甚至1945年之前，法国都是一个"古老的、以农立国的法兰西，即表现为集镇、村庄、村落、分散的住所的法兰西"。作为一个典型的农业大国，整个19世纪，法国乡村人口在总人口中仍占绝大多数。19世纪上半叶是法国人口增长时期。1811年，法国乡村人口约为2340万人，占总人口的79%；1841年，乡村人口增长到2690万人；1866年达到3050万人，占总人口（3800万人）的70%。19世纪上半叶工业化的展开，也没有迅速改变法国的城乡人口结构。在欧洲早期工业化国家中，法国的城市化程度远落后于周边的英国和荷兰，甚至落后于后起之秀德国。根据1866年的统计，法国共有市镇37548个。其中，乡镇（即人口少于2000人的市镇）34767个，2000~10000人的城镇2595个，人口超过10000人的城镇186个，超过20000人的城镇仅有73个。如果以城市人口占总人口的比例来衡量城市化程度，英国早在19世纪中叶城市人口便已过半，2/3以上的法国人都居住在城市。法国的人口在1851—1975年间增长了1600万人，城市人口增长了4倍以上，乡村人口反而下降了1050万人。由此可见，在一个世纪的时间里，城市化扭转了法国传统的城乡体系，缓慢而彻底地改变了法兰西古老的空间结构和面貌。正如彼得·克拉克所言，"农业的主导地位逐渐消退。城镇经济生活

不再像之前一样依附于农村，而是逐渐由国家和国际势力所主导"①。

不过，尽管相对滞后，工业化和城市化的双重作用，对历经大革命之后仍执守农业传统的法国乡村社会产生了较大的冲击，乡村在"被城镇化"的过程中开始直面现代化。一些乡村工业发达的地区逐渐发展为工业城镇。里尔东北部的鲁贝是从大乡镇发展为工业城市的成功典型。在利穆日（Limoges）的东南面，路易十八的前首相德卡兹公爵于 1826 年建起一座由银行家、贵族和商人共同投资管理的煤矿企业，到 1840 年成为法国第四大工业企业。之前小小的德卡兹维尔（Decazeville）则发展成一个 8 000 人口的小城镇，孤零零地坐落在乡村世界中。居民大都是矿工，住在简易房屋中，有来自英国的全职工人，也有来自附近乡村且仍从事农业生产的半熟练工人。

位于城市附近的乡镇随着城市本身的急剧扩展，也会转变为城郊或工业中心，纳入城市共同体的范围。有些城市郊区的人口增长速度甚至快于城市本身。1836—1856 年间，巴黎、里昂、勒阿弗尔和里尔的城市人口年均增长率在 0.4% ~ 1.3%，郊区的人口增长速度则高达 3.9% ~ 7%。这些郊区到 1870 年左右已与城市中心密切联系在一起，成为城市的一部分。另一个直观的体现是法国学者所称的"乡村人口外流"。七月王朝时期，人口增长对乡村资源的压力与日俱增，出现了乡村人口外流的第一个高峰。

1830—1850 年间，每年平均有 4 万 ~ 5 万人离开乡村迁往城市。季节性的人口流动在 19 世纪中叶则高达 50 万人，后者是 19 世纪上半叶农村人口迁移的主体。不过，以季节性为主的人口流动"并不是具有现代意义的人口城市化运动，它们本质上是一种在传统社会框架内的人口流动"。真正意义上的农村人口向城市迁移的高峰出现在 19 世纪下半叶。工商业发展给城市提供更多就业机会，对劳动力需求增加；同时，以巴黎为中心的铁路交通网的修建，为劳动力迁移和流动提供了便利。根据莱维·勒布瓦耶的统计，1841—1851 年乡村移民人数为 84.9 万人，比前一个十年翻了将近一番，1851—1861 年规模继续扩大，达到 126.5 万人。19 世纪 50—60 年代是乡村人口外流的高峰，每年约有 13 万人从乡村流向附近的城镇或巴黎。此后，一直到第一次世界大战之前，乡村人口外流的规模均保持在年

---

① 熊芳芳. "乡村的复兴"：19 世纪以来法国的乡村城镇化与城乡关系的转变. 《历史教学问题》2018 年第 1 期，第 28 ~ 35 + 138 页.

均10万人以上，根据工业发展的节奏略有波动。到1911年左右，2 000人以上的城镇中居住的人口已从1851年的25.5%增加到44.2%。同期不仅乡村人口的相对比重下降，绝对数量也有所下降：从1851年的2 700万人减少到2 200万人。虽然季节性移民仍然大量存在，但永久性移民无疑是19世纪下半叶乡村人口外流最突出的特征，我们可以将之看作乡村城镇化的一种表现[①]。

（二）走出乡村

对农民而言，走出乡村、变为城里人并非易事。背井离乡的理由多种多样，但去往哪里？从事什么职业？如何在城市中定居下来？这些应该是离乡者所面临的挑战。根据保罗—安德鲁·罗森塔尔（Paul-André Rosental）对44 534份婚姻登记的样本分析，在19世纪的人口迁移中，远距离的跨区流动只占7.5%，其中20%前往法兰西岛，而且大都来自北部的诺尔省和巴黎盆地东部省份。

1803—1849年，跨区流动的比重仅为3.9%，1880—1902年达到12.4%。乡村人口流动存在地方差异。1881—1891年间，以1881年人口为基数，外流人口比重超过10%的地区主要集中在经济相对落后的省区，如西部的阿摩尔滨海省，西南部的多尔多涅省、科雷兹省、朗德省、阿列日省，以及南部的阿韦龙省和洛泽尔省等，这些地区外流人口均占到本省人口的15%以上。比重介于10%～15%的省份主要位于法国中部一线和中央高原南部。北部的法兰西岛和上诺曼底，东部的香槟地区，中部的卢瓦尔河地区，南部的地中海沿岸地区，以及阿基坦的大西洋沿岸地区则是移民流入最多的地区。位于卢瓦尔河沿岸的安德尔—卢瓦尔省（Indre-et-Loire）是一个移民接收区，1906—1911年间移民净流入占人口比重为17.8%，但这里人口少于2 000人的乡镇人口净流出高达19.3%；紧邻法兰西岛的马恩省比率分别为2.1%和71.7%，可见这一地区乡镇中的人口大量流向城市。

大多数乡村移民都在有限的地理范围流动，或受雇于乡镇工厂，或前往临近市镇，以之为跳板再进入大城市，寻找更好的工作机会。很多回乡

[①] 熊芳芳．"乡村的复兴"：19世纪以来法国的乡村城镇化与城乡关系的转变．《历史教学问题》2018年第1期，第28～35＋138页．

的人会带回待人接物的新风尚，寄回信件、报纸和各种新奇的玩意，提倡新的生活品位。有些回乡度假或退休后回乡定居的人，会带回城里的各种观念和时髦：他们开始使用餐盘，炫耀新自行车，把房子粉刷一新，装上电灯。在方言盛行的地方，会说几句法语也被看作是"城里人"的象征。

这种影响还体现在教育日益受到城市移民和农民的重视。很多移居到城里的农民发现读写和算术不仅对工作有帮助，还可与家人保持联系。即使自己没有机会再学习，也会将希望寄托在子女身上。因此，19世纪下半叶教育的普及既有乡村本身的需要，也有政府和教育人士的推动。

尽管到19世纪末，法国的土地占有结构并未发生本质的变化，仍以小土地所有为主，但乡村世界已缓缓打开通往现代化的大门。然而，20世纪上半叶接连两次世界大战打断了这一进程，直到第二次世界大战结束，法国乡村社会的发展才重回正轨①。

（三）乡村的复兴

战后30年是法国经济发展的黄金时期，也是法国城市化加速发展的时期。1946—1980年，法国人口从4 000万人左右增长到5 300万人，城市人口在总人口中所占比重从53%提高到75%。尤其是1954—1968年间，城市人口大幅度增长，年均增长率从1851—1954年间的0.9%上升到1954—1968年间的2.5%。到1975年，50%的人口居住在5万人以上的城市，20%的人口居住在20万人以上的大城市，1/6的人口居住巴黎地区。这一时期，城市向郊区的扩张较19世纪下半叶更为突出，尤其是为应对城市人口膨胀带来的住房、交通、服务设施等供应不足的问题，城市不断蚕食周围的乡村空间和农业用地，城郊乡村地带逐渐被纳入城市范围。巴黎城市面积在1962—1968年间扩展了13%，从1 457平方千米增加到1 651平方千米。同期，超过5 000居民的城镇总面积从30 169平方千米扩展到46 687平方千米，增长幅度为52.2%。法国南部艾克斯（Aix）的城市人口从1954年的4.8万人增长到1975年的11.5万人。位于城西南6千米的米勒区原是一个2 500居民的村庄，面积约为3 000公顷，1967年之后逐

---

① 熊芳芳．"乡村的复兴"：19世纪以来法国的乡村城镇化与城乡关系的转变．《历史教学问题》2018年第1期，第28~35+138页．

第二章　法国乡村发展历程

渐被纳入艾克斯的城郊发展规划区中。到 1974 年，已有 700 公顷土地为市政或投资者所购买，另有 150 公顷土地属于城市规划带，共占该区面积 1/4 以上。城市用地需求激增带动了周围土地价格攀升，城郊农民出售土地的情况非常普遍。奥尔良地区以蔬菜、果园和苗圃种植为主，供应巴黎的市场。人口增长很快打破了城乡之间的平衡，新的公路、住宅和超市等配套服务设施向城市周边扩展。

由此带来的一个显著变化是工业乡镇和农业乡镇职能的分化，"城市化"这一概念也因此得以扩展。不仅出现了"郊区城市化"等术语，而且城市规划中专门提出了所谓的"工业或城市人口聚居区"，专门用来指代在城市或工厂工作、在乡镇中居住的人群所形成的聚居区。1962 年，有 6 544 个乡镇被包括在此类聚居区范围内，1968 年增加到 6 608 个。在 812 个范围较为明确的聚居区中，有 479 个既包含乡镇也包含城镇，有 84 个则完全是乡镇。

20 世纪 70 年代之前，大多数远离城市聚居区的乡镇人口持续外流，其年均人口增长率从 1954—1975 年保持在 -0.8% 左右。与此同时，位于城市聚居区周围的乡镇人口则呈上升趋势，1954—1962 年年均人口增长率为 0.27%，1968—1975 年提高到 1.28%，1975—1982 年达到 1.93%。1975—1982 年，超过 20 万人的大城市人口平均下降了 5% 以上，郊区人口略有增长，但速度也有所放缓，唯有城市周围乡镇的人口增长比率最高。不过，自 20 世纪 60 年代中后期，以农业生产为主的乡村地区也开始悄然发生变化。统计数据显示，1975—1982 年，远离城市聚居区的乡镇年均人口增长率从此前的 -0.8% 变为 0.5%。这一时期，城市年均人口增长率仅为 0.2%，乡村地区则高达 1.07%。部分地区乡村人口的回升出现得更早。在罗讷—阿尔卑斯大区，自 1968 年起，除卢瓦尔省之外，其他几个省乡镇人口增长率均从负增长变为正增长。伊泽尔省和上萨瓦省的乡镇人口增长率分别高达 1.06% 和 1.55%。

无论是城市近郊工业乡镇人口的增长，还是较为偏远的农业乡镇人口的缓慢回升，"乡村的复兴"自 20 世纪 70 年代后成为普遍现象。"乡村的复兴"包括郊区的城市化，更多用来指代与"乡村城镇化"相伴随出现的人口向乡村的回流。乡村吸引力的增加得益于乡村地区基础设施和生活条件的改善。法国政府从 20 世纪五六十年代推出一系列农业和乡村改造计

他山之石——国外乡村发展经验与启示

划,并设立"乡村更新区""山区经济区",出台"乡村整治规划",主要针对发展较为落后的乡村地区,着力于改善地方基础设施,推动农业发展的同时,尤为注重服务业、住房和旅游业的发展。除道路、交通的改善外,早在20世纪20年代,电力便已在法国大部分乡村普及。自来水的普及始于20世纪50年代,1954年自来水仅惠及41%的乡镇,1966年达到68%,1980年左右,98%以上的乡镇都安装了自来水。商业、邮电等服务体系也日趋完善。乡村生活条件日益便利,不同于城市的自然空间和田园风貌,吸引了越来越多的城市群体前往旅游或定居。

1966年,法国乡村接待游客总数为440万人,1970年达到706.6万人。1969—1970年的调查中,35 718个被看作乡镇的村庄,有17 200个左右都接待游客,也就是说50%左右的村庄都发展旅游业,其中有5 000~5 500个旅游乡镇接待的季节性游客人数超过其常住人口的50%,海滨乡镇的这一比例更高。此外,越来越多的本国或外国人在乡村中购置房产,作为退休住所、度假别墅,或是房产投资,在法国称为第二居所,第二居所往往成为乡村旅游业住宿接待的主体。乡村中第二居所的数量在1954年为33万套,1962年增加到63.8万套,1968年达到74.6万套,占乡村住宅总数的13%。法国南部的普罗旺斯是仅次于巴黎的法国第二大旅游胜地,这里第二居所的购置数量自1975年之后20多年的时间翻了一番,1999年为41.5万套,占法国第二套住宅比例的16%,位居全国之首。一些地处偏僻的村庄也同样受到城里人的青睐。圣伯纳(St-Bonnet-le-Froid)是位于中央高原上卢瓦尔省的一个小山村。1968—1990年,这里的居民人数从145人增加到180人。外地人在此购买第二居所的数量增长了45%,而当地新建民居的数量仅增长了15%。村里建有24家店铺,其中有3家宾馆、5家餐厅,70%的人都从事与旅游业等第三产业相关的工作。"乡村复兴"带来诸多结构性的影响。乡村人口的回升,尤其是定居者的增加和休闲旅游业的发展,对乡镇的基础设施和服务业等配套设施提出了更高的要求,也促使乡村更为注重保护自身特有的自然和文化景观,增强吸引力。在1968年,法国乡村中超过80%的房屋都超过50年历史,50%的房子甚至超过100年。

20世纪50年代兴起的"法国农舍"运动,使大量因人口外流被空置的房屋得以重新利用。这些旧房也成为乡村的建筑遗产,在不改变外观的基础上对之加以改造。此外，新的道路、住宅、服务中心和公共活动场所的修建，在乡村中形成新的居住区。乡村这一曾以农业生产为主的空间，获得了新的商业价值，日益成为"逆城市化"时代新的居住、消费和休闲的场所。

与此同时，乡村的社会经济结构也出现了较大的转变，乡镇的功能日趋多样化。农业生产者在大多数乡镇的比例有所下降，乡村社会结构呈现出多样性。根据1975年的统计数据，农业劳动者（含农业雇工）占乡村劳动力的比重为41%，其他职业者占59%，其中工商业老板15.4%、自由职业者13.6%、雇员13.1%、工人48.7%、公职人员6.4%。有些以旅游业为主的乡镇或工业乡镇，非农人口所占比重更高。根据贝尔纳·凯泽（Bernard Kayser）的研究，法国乡镇可以划分为三种类型：一是小型的老龄化农业村庄，居民主体多是老一代的农民和退休人士。二是位于城郊、完全从属于城市的工业乡镇，主要从事工业生产或提供居住等服务。在这两者之间，存在一种新型的、与城市有着共生和互动关系的乡村世界：有为市场而生产、农业生产者占主体的农业乡镇；有社会结构多样、非农产业占主体的综合性乡镇；也有以定居或休闲娱乐为主的旅游乡镇。1996年法国国家统计局专门调整术语，将法国的市镇区分为城市主导型空间和乡村主导型空间。从这一层面而言，到20世纪末，乡村似乎取得了与城市相对等的位置。

通过对法国乡村城市化过程，以及其后的逆城市化过程的回顾，我们可以作出如下总结。

19世纪下半叶和20世纪下半叶是法国乡村城镇化发展的两个关键时期，在乡村社会经济功能转型的同时，城乡关系也呈现出不同的特征。19世纪的工业化浪潮，开启了法国从传统乡村社会向现代城市文明的变迁之路。直到20世纪60年代之前，城市主要以一种"掠夺者"的形象出现。工业的发展、城市的扩张，不断挤压、蚕食农业生产空间和乡村景观，同时也将大量农民从乡村中剥离出去，为城市的经济发展提供劳动力。不可否认的是，这种"掠夺"客观上缓解了乡村人口过剩、土地资源不足的窘况，也打开了传统乡村社会通往现代化的大门。交通道路的改善、通信工具的日渐普及，以及外流人口从城市带回的新观念，将乡村与外部世界联系起来，在推动农业生产方式现代化的同时，也带来了乡村生活方式、教育文化和思想观念的转变。但究其实质而言，城市在这一过程中居于主导地位，乡村日益成为城市发展的附属空间，城乡关系体现出一种二元的对立性。

自 20 世纪 60 年代之后，法国乡村在历经一个半世纪的人口外流之后，重新成为现代人定居生活、休闲娱乐的偏爱之地。"乡村的复兴"带来了城乡关系的新变化，作为"掠夺者"的城市开始"反哺"乡村，城市和乡村从对立走向互动和互利。过度城市化带来的一系列"城市病"，衍生出一种对乡村生活和自然景观怀旧探幽之情的"思乡病"。"重返乡村"带来了乡村的复兴，赋予乡村空间以新的经济、社会和文化功能。一方面，乡村生活方式的日益现代化，代表着对城市价值观的认同；另一方面，乡村也力求保持其不同于城市的生活空间和文化特质，这种独立性正是其魅力之所在。便利快捷的城市生活与休闲放松的乡居时光，共同构建起现代法国人的日常生活图景。

若干世纪以来，以小城市为中心的"地区"网状布局依然存在，作为桥梁，将乡村与城市以更密切的方式联系在一起，两者之间的"鸿沟"似乎趋于消解，尤其是布罗代尔所说的"乡村的重要性"再度被凸显出来。与此同时，也要看到这种"复兴"给乡村空间带来的挑战。城市的扩张对农业用地的侵占，外来者的涌入对乡村自然和人文景观的破坏……乡村如何避免再度为消费主义的热潮所"蚕食"？相比于马克菲所说的 19 世纪下半叶乡村文明的顶峰，20 世纪下半叶法国的乡村社会无疑更为现代化，但如何保留住他所看重的往昔乡村"丰富多样的人文和自然环境"，这才是后城市化时代值得深思的问题①。

四、法国乡村发展对中国乡村振兴的启示

与英国有所不同的是，中法乡村的相似性要远好于中英之间，即同样的小农占主要地位的经济格局，所不同的是和英国与法国一样，都是不必通过牺牲农业与农村来推动乡村的发展，只是工业化过程中，其乡村发展

---

① 熊芳芳．"乡村的复兴"：19 世纪以来法国的乡村城镇化与城乡关系的转变．《历史教学问题》2018 年第 1 期，第 28~35+138 页。

因为人口大量迁居城市而存在短暂的不理想，短暂的二元的对立性，但是法国城乡之间总体上始终贯彻城乡协调发展的格局，对中国乡村振兴具有借鉴意义。

（一）大都市区周边乡村功能的多样化是一种必然趋势

乡村建设需要尊重乡村的功能发展，关注城乡功能的互补。乡村经济的发展并不意味着牺牲生态环境和文化，很多看似矛盾的东西其实都可以统筹考虑并解决。西方国家的经验已经证明，把经济发展与其他"非经济"建设如生活环境、社会平等、尊重历史传统、多元文化等分开考虑的思维模式是错误的，这些方面已经成为一个区域全球竞争力的重要组成部分。要发展良好的经济，更需要有良好的生活质量，而良好的生活质量又要求有适当的自然、社会、政治和文化环境。把生活质量，特别是可持续性、平等和包容等问题提高到实现经济富裕的高度，是21世纪区域和城市发展的范式，以统筹的眼光看待乡村建设显得日益重要。

（二）重视基础设施和社会服务设施

乡村社区的建设要把创造比城市更优美、舒适的生活居住环境放在首位，为农民营建宜人的人居环境。应加大投资力度，提高基础设施、公共服务设施的配套水平，这既是经济发展和社会进步的一个重要标志，也是推动乡村社区建设高瞻远瞩的实践。基础设施是保证乡村居民享有与城市居民同样生活品质的核心内容，是乡村其他各项功能能够实现的根本。几乎在所有的西方国家中，基础设施都被给予最高的优先等级。道路是保证乡村同外部交流的必要条件，污水处理和垃圾回收是保证乡村整洁卫生的基础，安全设施（如消防）则是保障居民生命财产安全的根本。这些基础设施是促进乡村发展、维护乡村环境和保障高质量乡村生活以及实现乡村其他功能的基本保障。这些方面既是中国农村与西方国家农村最根本的差距，也是今后中国乡村建设需要进一步加大力度的方面。

（三）乡村建设需要规划的有效指导

规划能够统筹各部门的资源，进行统一的建设，而不是各个部门各自为政，缺乏统筹，造成很多不必要的浪费。法国各个时期的乡村建设都是在规划的指导下进行的,而中国现在的农村建设还存在"条块"上的分割。很多时候,农委、建委、林业局、水利局、交通局等都在同一个乡村做各自独立的专门规划,相互之间缺乏协调,一个区域内各个地方的乡村建设也缺乏统筹协调。这固然与现有的体制有不可分割的关系,但是统一的规划,协调各部门、各区域的利益应当是未来努力的方向。

第三章　德国乡村发展历程

德意志联邦共和国位于欧洲中部，东邻波兰、捷克，南接奥地利、瑞士，西接荷兰、比利时、卢森堡、法国，北接丹麦，濒临北海和波罗的海，是欧洲邻国最多的国家。截至2016年，德国总人口8 267万人，每平方千米人口密度为226人，是欧洲人口最稠密的国家之一。主体民族是德意志人。德国2018年共有农业用地1 664.5万公顷，约占德国国土面积的一半，其中农田面积1 173.1万公顷。农业相当发达，机械化程度很高。2018年拥有农业企业26.7万家，以中小企业和家庭企业为主，平均占有土地62.4公顷，其中生态农业企业1.99万家。2018年农林渔业就业人口61.8万人，仅占国内总就业人数的1.39%。2018年农林渔业产值227.1亿欧元，约占国内生产总值的0.67%。

14—15世纪，处于欧洲大陆中心地带的德国经济发展较快，工商业的兴盛带动了农业的进步，农耕面积不断扩大，农奴逐渐变成为租种地主土地的自由农民，实物地租和货币地租取代劳役制度得以普遍推广。但16世纪初，业已趋向瓦解的农奴制度又重新恢复和加强，农民的生产积极性降低，严重阻碍了农业生产力的提高。

在法国革命的影响和拿破仑侵略战争的压力下，普鲁士政府对封建农奴制度进行改革。1807年颁布"十月"敕令，宣布取消农民对地主的人身依附关系。1811年颁布"调整法令"，规定农民要摆脱封建义务，须向地主交纳巨额"赎金"。这次改革对农奴关系的废除并不彻底。1848年的资产阶级革命迫使德国加快农业改革，1850年新《调整法》规定在地主土地占有制的基础上，无偿取消农民次要的封建义务，而与土地占有直接相关的主要封建义务要由农民向地主赎买。到1865年，普鲁士约150万农户办理了赎买手续，其他各邦的赎买过程也大大加快。

19世纪70年代初，农奴制在德国大部分农村被废除，取而代之的是容克地主经济。所谓容克，是指普鲁士东部及中部各省的大土地占有者，他们的祖先是封建时代的贵族。他们通过赎买从农民那里获得了巨额赎金和大量土地。同时地主庄园和富农农场通过采用新技术逐渐挤垮中小农户，使许多农民破产而沦为雇农。19世纪60年代，小农户虽占全国农户总数的71.4%，却仅拥有耕地总面积的9%，而占农户总数28.6%的大地主和富农拥有耕地总面积的91%。在拥有较多资金和土地的基础上，多数容克按照资产阶级经营方式经营庄园，形成了列宁所说的农业中资本主义发展的"普鲁士式道路"。

普鲁士式的农业生产关系保留了大量封建残余。在土地占有关系上，存在容克大地主土地所有制，小农户在数量上却占绝对优势。小农无力扩大和改善经营，而容克地主却花费大量土地和资金修筑豪华的别墅、广阔的围猎场和风景林区；在租佃关系上，租佃不占主要地位，资本主义大租佃农场未得到发展；在雇佣关系上，长期保留着半封建关系形式的残余，到1918年才在名义上宣布废除"仆人制度"。这种落后的农业生产关系，使德国农业生产发展缓慢。第一次世界大战前夕，德国所需要的1/3的小麦、一半油脂、大部分的肉和鱼、全部的棉花和天然橡胶等依赖从国外进口。普鲁士式资本主义发展道路一直影响到20世纪德国农业社会的发展。

一、德国近代农村发展历程

德国17世纪中叶至20世纪初的农村社会发展过程，可分为农奴制恢复和强化时期、农业中资本主义发展时期与垄断资本形成后时期三个阶段。

（一）农奴制恢复和强化时期（1648—1807年）

德国在30年战争（1618—1648年）结束后分裂为许多独立的诸侯国家。易北河以西地区，农业经济结构和毗邻的法国大体相似，封建依附关系已较松弛，农民虽然在经济上还要忍受领主的剥削，但大多已陆续赎得人身自由。易北河以东地区的封建领主，适应西欧市场对农产品需求的增加，用扩大出口供应来增加货币收入。这时又进一步强化对依附农民的剥削，在领主自营地面积增加与劳役制剥削扩大的基础上，"领主农场"制也有所发展。领主在夺占农民份地扩展其自营领地的同时，还强制农民服沉重劳役，每周多达3~4天。农民的人身也都归领主支配。

普鲁士农奴制的强化，不仅使农奴处境日益恶化，陷入中世纪早期不曾有过的无权地位，同时也严重地阻碍了农业生产力的提高和工业的发展，使德国到19世纪初在政治和经济上都是欧洲落后的国家之一。通常德国的农业以易北河为界，但这条界线与易北河并不完全重合。位于上游的萨克森和波西米亚地区虽在易北河的西岸，但也具有东部传统的特点。而地处易北河以东的什列什维希—霍尔斯坦的部分地区却和西部相似。位于东部的勃兰登堡选侯国于1701年建立起普鲁士王国，通过侵略和扩张，到了18世纪后半叶和奥地利大公国争夺对几百个德意志小邦统治权。为求富国强兵之道，同时也设法缓和农民因不堪忍受领主的压榨而引起的反抗和逃亡，腓特烈大王（Frederick，theGreat，1712—1786年，1740—1786年在位）提出要适当减轻农民劳役和其他负担，但遭到领主的普遍反对，所以仅在国王直辖的领地上实行。在那里农民的私有权得到承认，农民强制劳动得到一些减轻。19世纪初，拿破仑战争中作战失利的普鲁士王国，为了图存并力求强大，意识到改革的迫切性与重要性。从1807年开始进行农奴改革。改革的基本环节就是把过去的农场领主制改为容克式经营。在农业中部分保存封建势力的前提下发展资本主义①。

（二）资本主义发展时期（1807—1871年）

德国的农奴制改革，在1807年和1810年先后由出任普鲁士首相的斯泰因（1757—1831年）和哈登堡（1750—1822年）提出，故又有"斯泰因—哈登堡改革"（见普鲁士农奴制改革）之称。根据改革的法令废除了农民对领主的人身依附，并允准农民在缴纳巨额赎金（大约为年租的25倍）或者把自己的部分份地（不少于1/3）让给领主，才能获得原来耕种的份地。结果是使农民遭受双重掠夺，农民把自己的大部分份地让给领主，同时又要缴纳巨额货币作为赎金。改革虽有利于领主，但仍遭到抵制。原来预定两年完成的改革到了19世纪20年代后期，才在部分上层富裕农民中得到实施。至于下层农民的解放则在1848年革命之后。1850年3

---

① 中国农业百科全书·农业历史卷.北京：农业出版社，1995年，第38~41页。

月，当局又制定了新的普鲁士土地法。根据这个法令，过去加在农民身上的沉重劳役虽被取消，但农民却仍要支付相当于 25~30 倍的年均地租，作为赎金才能取得份地；原来公有共用的草地利用权则被剥夺。改革后的农民处境没有得到根本改善，但对德国农村中资本主义经济的发展确是个推动。在以领主庄园的大地产为主的地区没有出现土地的分散现象。原来的领主在侵占更多土地的基础上，改变了经营方式，成为带有资本主义性质的容克式地主。1845—1858 年，普鲁士的公有草地和牧场从 800 万公顷减少到 440 万公顷，减少的都转入地主手中。农民向领主交出的赎金累计达 1 790 万塔勒（约合 10 亿马克），成为德国原始积累的重要源泉之一。绝大多数的农奴获得自由后，人身不再依附于领主，但由于当时德国工业发展不足，有的丧失了土地的农民不能被吸收到工厂劳动，不得不仍以雇工的方式依附于土地，为领主提供劳役租得小块土地来谋生。在德国的其他地方，改革是按另一种方式进行的。受法国资产阶级革命影响最大的莱茵区，早在 18 世纪末就已消灭了农奴制。巴伐利亚的农奴制于 1808 年废除。西部德国的农民在赎买自己的代役劳务后，绝大多数都成了原来耕种的土地所有者，并从农奴变成了农民[①]。

（三）垄断资本形成后的德国农业（1871—1914 年）

普法战争（1870—1871 年）后普鲁士统一了德国，成立了容克与资产阶级联合专政的德意志帝国。德国的工业革命在 19 世纪 60 年代末已在一些地区完成。但资本主义工厂工业在德国全境的普及发展却是在德国统一后的 80 年代末才实现的。与英国圈地运动、法国的"解放小农"的方式不同的是，德国实施的是以普鲁士为代表的"改造小农"的方式，原有的封建统治阶级在资本主义的改革中起了主导作用。通过自上而下的改革，农奴制被废除了。容克地主由此得到了巨额赎金及大量土地，逐渐按资本主义方式经营庄园。农业中的资本主义沿着"普鲁士式的道路"发展，在德国的大部分农村取得了决定性胜利，但是保留有若干封建残余的这一进程，也给德国的政治生活和经济发展留下了若干消极不利的影响。德国农村中破产的农民大批流入城市，而且原来在东部的也有向西部工业发达地

---

① 中国农业百科全书·农业历史卷. 北京：农业出版社，1995 年，第 38~41 页.

区求生谋职而迁居的。德国工业在世界总产中的比重从1870—1890年占据第三位,1910年已跃居第二位。垄断资本在德国形成,德国资本主义在19世纪末进入帝国主义阶段[①]。

二、德国乡村重振运动的过程、措施与特点

德国早在1850—1855年间城市化率就超过30%,进入城市化快速发展阶段。在1890—1895年间城市化率超过50%,进入以城市为中心的发展阶段。在1955—1960年间城市化率超过70%,进入后城市化时期。由于1871年统一之前德国大小城邦林立、长期处于四分五裂状态,加之后来国家空间规划和区域政策有意识地引导工业企业向小城市和镇布局,从而使德国城市化呈现出一个突出特征,就是城市的分布和规模结构非常均衡,以小城市和镇为非农人口的主要承载空间。目前德国人口规模为8 200万人,有大小城市2 000多个,其中,生活在10万人以上城市的仅占全国人口的31.7%,生活在2 000人以下村庄的约占全国人口的8.5%,其他60.6%的人口生活在2 000人到10万人的镇和小城市。大部分城市和镇以都市圈的形式联结在一起,既在空间上分散布局,又在经济上紧密相连。例如,德国第九大城市杜塞尔多夫市区人口只有57万人,但以其为龙头的500千米半径范围内却聚集着1 150万人口。这种城市化格局有利于促进城乡互动、带动乡村地区发展。

尽管如此,德国进入城市化快速发展阶段后同样面临乡村发展危机问题。在城市化率30%~50%的发展阶段,也就是19世纪中叶至19世纪末,农村人口大量流入城市、大片土地出现荒废,乡村景观和生态环境遭受工业化城市化的破坏。在城市化率50%~70%的发展阶段,也就是20世纪初至20世纪60年代,人口和就业向城市的集中导致乡村人口进一步减少,乡村"空心化"更加严重,村庄衰落趋势更加明显。在城市化率超过70%以后,也就是20世纪60年代以后,无计划的"返乡运动"导致农村地区建筑密度增大、交通拥挤杂乱、土地开发过度、土地使用矛盾加剧,工业化思维的建设改造破坏了农村原有的村落形态和自然风貌。21世

---

① 中国农业百科全书·农业历史卷.北京:农业出版社,1995年,第38~41页.

纪以来，由于人口老龄化以及乡村公共服务的规模不经济，美丽乡村仍然难以避免人口衰减、经济活力下降的问题，德国面临人口"再城市化"、乡村"再振兴"的新挑战。

（一）乡村重振运动过程

乡村重振运动在德国有数百年的历史。德国人通常把16世纪中期始于施瓦本肯普滕侯爵领地的"土地重划"运动视为乡村重振运动的发端。当时乡村发展面临着生产和居住两大困境：随着新开垦土地增多和三圃制的推行，许多农民的耕地被分割散落各处，严重影响耕作效率；传统的封闭型集中定居模式容易引发大规模火灾。施瓦本肯普滕侯爵领地的"土地重划"就是要对耕地进行整合清理，使各户农民耕种田地连片，农民就近安家，从而提高耕种效率，用单个农户定居取代了封闭式集中定居点。这一合理化进程在开明专制时期进一步强化，一定时期内使乡村摆脱了发展困境。

19世纪上半期，德国新旧势力博弈激烈，政治局势剧烈动荡。逃避现实、遁入田园的浪漫主义情结大行其道，美丽古朴的乡村成为人们的向往之地。巴伐利亚王国建筑总管古斯塔夫·A.福尔赫尔趁势在德国发起了"乡村美化运动"，提出改善耕种环境、建设和维护乡村景观及特色建筑、重振乡村生活。福尔赫尔为此成立了巴伐利亚乡村美化协会并出版了《巴伐利亚建筑和农村美化月报》，这一运动得到安哈尔特·德骚侯爵利奥波德三世和著名作家歌德等人的热心支持，对于德国乡村古建筑的保护等产生了重要影响。

19世纪中期到20世纪初，德国快速发展为工业化国家，城镇人口超过农村人口，成为国家主体居民。为了遏制乡村的边缘化趋势，重现乡村生机，捍卫乡村传统，乡村重振运动重新展开。针对大量农村人口流入城市的情况，德国政府建立移民委员会，用租赁地产的方式增加中小农户数量，推进农村居民点建设，强化乡村吸引力。1886—1919年，仅普鲁士就为移民建立了4.5万个配备住宅和畜舍的小农场。与此同时，面对工业化和城市化对乡村景观的破坏，发起以保护乡村自然景观为中心的"家乡保护"运动。各邦政府成立"自然纪念物保护"委员会，限制乡村地区工业污染，在德国形成了以保护乡村自然景观为目标的"自然纪念物""自然保护区"和"国家公园"三级体制。

在20世纪上半期,经历了两次世界大战的德国人,面临着深刻政治、经济和社会危机,但他们对乡村的关切并没有淡化。第一次世界大战后,魏玛共和国为了解决经济困难,接纳和安置战败后因割让领土而失去家园的难民,乡村重振集中于移民垦殖和定居点建设。为此,政府曾专门颁布法令且投入巨资,在高沼地带和荒地上建设居民点和公用设施,并对这些定居点进行经济补助。结果,魏玛时期每年建成的农家庭院多达4 300套,为乡村地区注入了巨大活力。

第二次世界大战结束后,在美英法三国占领区之上建立起来的联邦德国,一方面工业飞速增长,把大量农村劳动力吸纳进城市和工业领域,另一方面延续乡村重振传统,试图通过在乡村投入具体项目建设,创造就业岗位,激活乡村生机。

1955年,联邦政府颁布作为农业及乡村政策基本纲领的《农业法》,要求通过价格保护、直接津贴、田地整治、迁移安置和保障性社会政策等一揽子"绿色计划",促进农业发展、增加农民收入、改善生活品质。

由上可知,到20世纪50年代为止,德国各个时期的乡村重振运动大多属于现代化进程中的一种被动应对和努力,没有从根本上解决乡村发展危机问题。

联邦德国乡村重振运动的"革命性"转变。20世纪60年代,联邦德国的乡村重振运动出现根本性变化。这一时期,由于经济高速增长,富裕的中等阶级开始成为最大社会群体,消费取向从追求物质产品数量转向更高生活质量享受的"后物质主义时代"。与这种变化相适应,乡村重振进入了"优化乡村整体功能结构"的"革命性阶段"。换言之,乡村要改变被动发展局面,主动、有机地融入现代社会。它不仅是农产品供给者,而且要跨越城乡界线,安置非农业居民、建设休闲度假和旅游区,在社会、经济和文化方面与城市互通融合。1965年联邦政府推出新的"乡村发展计划",1976年又将"乡村重振"和"促进乡村发展"明文列入法规,提出制定村镇整体规划,改善乡村生活和环境,使农村人口生活和福利达到全国平均水平。

新的乡村重振运动较之以往特征明显。其一,它突破了随机性的单一项目促进形式,被精心规划设计为整体性联动工程。原先单一性促进乡村发展的项目被纳入乡村总体发展规划中，包括土地规划在内都必须捆绑施行。其二，联邦政府提出了提升农业生产效率、改善乡村生活品质和增强乡村吸引力的总目标，各州则根据实际情况制定出了各自的乡村重振规划。其三，乡村重振规划有明确的执行"路线图"。乡村重振的具体规划由乡镇一级提出，当地居民和地产所有者共同参与实施。其四，欧盟、联邦和各州给予充裕资金支持。在欧盟层面，"欧洲促进农村地区发展农业基金"、欧洲农村发展"引领项目"等都是重要资金来源。后者仅2000—2006年就投入2.5亿欧元支持德国乡村重振项目。在联邦层面，1969年通过《"改善农业结构和海岸保护"共同体任务法》，规定通过补贴、贷款、担保等方式支持改善乡村生产生活条件，保护乡村景观和自然环境，建设基础设施等。联邦农业税占国家总税收的2%，农业投入却占国家预算的7%，投入力度可见一斑。各州投入资金力度也非常大，巴伐利亚州仅1982—1986年用于乡村重振的资金就高达3.3亿马克。

最后，乡村重振通过竞赛成为一种全国性运动。为了推动全社会关注乡村重振，联邦德国从1961年开始举办三年一次的全国性"我们村庄更美丽"竞赛。参赛村庄要着力于绿色设施和鲜花的美化，以增强吸引力。竞赛分为县、区、州和联邦四级平台。首先是村庄报名登记并做汇报。然后是评选委员会考察参评村庄，评定金银铜牌村庄；获得金牌者升入更高一级平台竞争。最后极少数村庄进入由联邦食品和农业部负责的全国评比，获胜者冠以"金牌村庄"称号。1998年以后竞赛更名为"我们村庄明天会更好"，竞赛取向从表象性"美丽村庄"向内涵性"乡村生活品质"转变。除了鲜花和绿草，村庄的经济、文化和传统受到更多关注。竞赛理念从只关注生态环境的"浅绿"向强调"经济发展、社会进步、环境友好"的"深绿"转变。

新的乡村重振效果明显，乡村变成了德国现代社会的有机组成部分。它使农业生产效率大幅提高，德国生产的土豆、牛奶、肉类等主要食品自足有余，粮食安全得到确保；农户收入也大幅增长，仅政府各种补贴就占到农民收入的一半以上，从而大大提高了农民的生产积极性。更重要的是，乡村功能得到优化。乡村不只是粮食生产者，还是自然景观和传统人文景观的维护者，生物多样性的保护地，人们舒适生活和休闲旅游的去处。乡村的如画风景和古朴宁静环境吸引着越来越多的人来此定居，呈现出勃勃生机。

（二）乡村重振运动主要措施

在不同发展阶段，德国应对乡村发展危机的做法有较大差异。在城市化率30%~50%的发展阶段，主要是通过建立移民委员会，建设农村居民生活点，增加中小农户的数量；通过发起"家乡保护"运动，保护乡村自然景观。在城市化率50%~70%的发展阶段，德国经历了两次世界大战带来的深刻危机，第一次世界大战后促进乡村地区发展的重要举措是开展移民垦殖和定居点建设、以安置战败后因割让领土而失去家园的难民，第二次世界大战后促进乡村地区发展的重要举措是通过项目建设以创造就业机会、通过一揽子的农业支持政策以增加农民收入。在城市化率接近和超过70%以后，应对乡村衰落的做法更加全面系统，以下进行重点介绍。

1. 以产业的"逆城市化"增加乡村就业机会

第二次世界大战结束后，大规模重建使城市成为经济和生活的中心，加之农业机械化使大量劳动力从农业中解放出来，乡村人口大量减少，缺乏生机活力。针对这种情况，1954年和1955年原联邦德国先后颁布《土地整治法》和《农业法》，推动小规模农户退出后的土地流转集中、发展农业规模经营，推动完善乡村基础设施、提高乡村生活水平。通过完善产业基础设施和功能区布局规划，强化小城市和镇的产业配套与服务功能，增强其对大企业的吸引力，让在小城市和镇工作、回乡村居住成为理想的工作生活方式，形成了产业和人口的"逆城市化"发展趋势。德国排名前100名的大企业，只有3个将总部放在首都柏林，很多大企业的总部设在小镇上。这在很大程度上带动了乡村的现代化，促进了城乡的均衡协调发展。

巴伐利亚州在促进大企业向小城市和镇布局、推动城乡协调发展方面取得的成效更为明显。1965年原联邦德国颁布《联邦德国空间规划》后，该州遵循"城乡等值化"理念制定了《城乡空间发展规划》，按照城乡居民具有相同的生活、工作、交通、公共服务等条件的目标规范建设活动。乡村条件的改善，加之土地和税收优惠政策的推动，一些大企业积极向乡村腹地转移。例如，20世纪70年代初，位于巴伐利亚州的宝马公司将主要生产基地转移到距离慕尼黑120千米之外一个叫做Dingolfing的小镇，为周边100千米的乡村地区提供了2.5万余个就业机会。

2. 以"村庄更新"提升乡村生活品质

经历了工业化驱动的"逆城镇化"阶段后，德国乡村人口结构已由传统的农业人口为主转变为非农业人口为主。把这些人留在乡村，除了就业外，还需要增强乡村绿色生态环境和特色风貌对他们的吸引力。顺应这一时代潮流，1969年联邦德国颁布《"改善农业结构和海岸保护"共同任务法》，通过补贴、贷款、担保等方式支持乡村基础设施建设，保护乡村景观和自然环境。1976年对《土地整治法》进行修订，突出保护和塑造乡村特色。1977年由国家土地整治管理局正式启动实施以"农业—结构更新"为重点的村庄更新计划，主要内容是在保留原有特色基础上整修房屋和强化基础设施，使乡村更加美丽宜居。

经过逐步演变，村庄更新计划已成为"整合性乡村地区发展框架"，旨在以整体推进的方式确保农村能够享受同等的生活条件、交通条件、就业机会。村庄更新计划包括基础设施的改善、农业和就业发展、生态和环境优化、社会和文化保护4个方面的目标。村庄更新计划主要由政府支持推进，其资金50%来自欧盟，25%来自联邦政府，剩余25%由市级政府筹集。当地政府通过土地整治项目，鼓励地主将土地优先卖给政府，以便于整体规划乡村建设，并以此保障为居民提供较为便宜的住房和为产业提供低成本的用地。但在具体实施过程中，是在强化美丽乡村共同愿景的基础上，以居民广泛参与项目决策、规划设计和自主改造的方式自下而上推进实施，积极引入专业机构提供设计、评估、认证、促进合作等方面支持，形成多方联合参与推进乡村建设的行动者网络。对于私人住宅的改造，采取自主申请、公开遴选、后补助支持的方式给予支持，达到期望要求的私人住宅可以获得20%~40%的补助支持。一个村庄的改造一般要经过10~15年的时间才能完成。

3. 以欧盟"引领项目"（LEADER项目）促进乡村地区综合发展

从整个欧盟来看，乡村人口的减少以及乡村年轻人失业率的提高已经成为一个突出问题。尽管德国总体上乡村失业率处于较低水平，但德国部分地区的乡村劳动力缺乏非农就业机会的问题也依然存在，尤其是东德地区。比如，在萨克森州乡村劳动力中从事非农产业的比例只有15.2%，而临近的下萨克森州因为有大众的带动，乡村劳动力中在非农部门就业的比重则达到 81.3%。德国联邦农村发展项目是联邦政府人口战略的重要构成之一，将应对人口结构变化、提升乡村生活质量以及塑造年轻人的乡村作为其重点。对于缺乏乡村就业机会的劣势地区，德国将欧盟农村发展项目更大幅度地向农村社会发展领域倾斜。从《2014—2020 欧盟农村发展项目计划》中，萨克森州获得的支持资金为 113 877.67 万欧元，其中用于六大方向中的包容社会与当地发展的支持比例达到了 40.4%，而在下萨克森州用于包容社会与当地发展的支持比例仅为 25.1%。

包容社会与当地发展最主要的项目是"农村地区发展联合行动"项目。该项目创立于 1991 年，最初是一个区域性农村发展的实验项目，采取"自下而上"的方法让当地民众参与农村地区发展的决策和管理，2007 年被纳入欧盟农业政策的重要组成部分，经过不断发展在各地成立了地方性行动小组（简称 LAG），联合广泛的利益相关者共同推进农村社会发展。由于 LEADER 项目充分调动了当地民众和各类专业服务主体的积极性，获得比较好的政策效果，在 2014—2020 的项目期内 LEADER 的方法从地区发展项目扩展到所有的欧盟结构投资资金项目中。

4. 以创新发展推动乡村"再振兴"

通过实施村庄更新项目，德国大部分乡村形成了特色风貌和生态宜人的生活环境，乡村成为美丽的代名词。但由于乡村人口老龄化和人口数量的减少，使得基本生活服务因缺乏市场规模而供应不足，生活便利性下降又导致人口进一步从乡村流出。特别是医疗服务的不充分使越来越多的老年人卖掉乡村住房到城市居住，现代生活服务设施和就业机会的不足使年轻人越来越难以留在乡村。面对保持乡村活力的新问题，德国又出现乡村"再振兴"的需求。

2014 年 10 月 29 日，德国联邦农业与食品部提出了新的农村发展计划，其目标是支持农村创新发展，让农村成为有吸引力、生活宜居、充满活力的地区。该项目包括 4 个板块：①未来导向的创新战略样本和示范项目。资助农村发展的利益相关者针对特定问题提出创新解决方案，基于专家对这些创新实践项目的评价，为未来农村发展政策设计提出建议，关注的主题包括保障基本服务、改善内部社会发展、增强中小企业发展所需要的基础设施、发展新形式的乡村文化、应对变化与挑战。②乡村提升项目。支持 13 个结构劣势区域积极应对人口结构变化、增加区域价值和保障乡村就业，为每个区域提供1 500万欧元支持。③"活力村庄"和"我们的村庄有未来"的竞赛奖励。④研发和知识的转移，让乡村能够获得创新资源，并支持乡村发展领域的研究创新。为有效推进乡村的进一步发展，德国联邦食品与农业部将促进乡村可持续发展作为其重要任务，2015年专门成立了乡村战略司。

（三）乡村重振运动特点

1. 土地合并带来规模化效应

目前的德国国土面积中83%是植被和水面，农业用地占总面积的51%。走进德国，乡村所见的是大面积的农林地非常壮观地连成了一片，整块的农场与森林相连，从山脚开始蔓延，一直蔓延到小镇居民集中生活区边上，这样接天碧色的景观让人们感到分外震撼。如加特林根镇下辖的罗劳村，整体面积6.5平方千米，中心集中生活区域不到1平方千米，周围都是整块的农场和山林。类似的情况在斯图加特市区也能见到，作为德国最著名的葡萄种植区和葡萄酒产区，在河谷地区看到的是一个一个山头围成圈、连成片的葡萄园，一垄一垄在山坡上列队的葡萄架远远地延伸开去，看不到尽头。从城市向葡萄园的过渡非常自然，果农们将两三层的住宅和小花园集中建在山脚到山腰的位置，山腰以上大片土地都留给了葡萄。

但是，大规模的农场不是一开始就有的，而是土地不断合并的产物。20世纪初，德国就以法令结束了农村的自由发展状态，1936年颁布的《帝国土地改革法》详尽规定了农村给排水设施建设、土地合并、荒地开发等事宜；20世纪50年代开始又先后通过《农业法》《土地整理法》，允许土地自由买卖，促进土地合并，鼓励农场规模化经营。直到现在，德国的土地合并仍在持续进行中，联邦统计局最新统计结果显示，截至2016年，德国共有275 400个农场，经营管理着全国1 670万公顷的农业用地，农场数量比2013年减少了9 600个。

土地合并给农场发展带来规模化效应，也让大规模使用农业机械成为必然。行走在乡间，随处都能见到单人驾驶的除草车、在陡峭的山坡上如履平地的农药喷洒车，以及可以翻土、施肥、修枝等的多功能农用车，这极大地提高了德国农业生产效率。

德国法律严格限定了土地类型和用途,农业区、工业区、生活区泾渭分明,虽然是土地私有,但是农业用地只能从事规定的农业项目,农场主不能随心所欲地改变土地用途,农业用地既不能自建住房,也不能做工商业用途,即便空着什么都不做,也得种上草而不能使泥土裸露在外。各级法律法规对生态农业、农业自然保护区、国家森林公园有着详尽的规定与规划,并得到严格执行。在罗劳村的南部就有一座巴登州著名的自然公园。

2. 城乡等值化发展而非同质发展

由于高度的土地集中和机械化水平,德国农业从业人员占全国就业人数的比重只有2.1%,这极少的农业人口素质却不低。在德国,年轻人完成基础教育以后,必须经过专门的农业技术培训和实习才能从事农业生产,而农场主或农业企业主还必须取得专门的从业资格,目前全国已经有10%的农民具有高等教育学历。

更多生活在乡村的居民并非农业从业者。以加特林根镇为例,全镇1万多居民中,大多数都在本镇或是附近镇的公司、工厂工作。斯图加特地区是德国经济发展最好的地区之一,伯布林根—辛德尔芬根经济区是德国非常著名的工业区,像戴姆勒—奔驰、IBM、博世等大家耳熟能详的国际知名公司的总部或工厂都位于这一区域,加特林根镇就有约40%的居民是戴姆勒工厂的员工。伯布林根县的宣传标语是"欧洲硅谷",很多受过高等教育拥有硕士、博士学位的高科技人才生活在这里。

虽然是乡村,但这里有媲美城市的现代生活水准。居民家中所有生活电器一应俱全,暖气、电热毛巾架等时髦的配置在这里习以为常,电力、直饮水、燃气、网络、有线电视等的基础供给,污水、垃圾的处理也与城区一样,甚至许多居民家中还有专门的垃圾分类装置。小镇的交通非常方便,除了有两条高速公路以外,还有非常便捷的S-Bahn列车,从加特林根到伯布林根—辛德尔芬根地区,开车或是搭火车一般都在15分钟左右,火车去斯图加特中心车站约30分钟,每30分钟一班(高峰期15分钟一班)。镇中心与罗劳村之间约2千米距离,有1条公交线、1条预约小巴线路和共享汽车(2007年由一家私人公司投放有偿使用)。除此以外,小镇拥有从幼儿园到中学的整套教育系统,医院、养老院、教堂、图书馆、餐馆、超市、娱乐中心、室外游泳馆也是一应俱全。即便在罗劳村，1 700左右的村民也拥有自己的幼儿园、小学、教堂、牙医诊所、可容纳400人的室内场馆和1个森林游乐场。此外，在不到1千米的范围内，还集中了超市、汽车行、电器行、餐馆、宠物美容店等18家生活服务类商家，生活非常便捷。

德国乡村的现代化与政府在20世纪60年代推行的"城乡等值化"发展密切相关。同样面对城乡发展失衡的问题，同样面对城市化的路径选择，德国选择了小城镇方案和城乡"等值"发展而非"同质"发展的道路。1965年德国颁布《联邦德国空间规划》，以法律形式规定乡村建设要赋予乡村居民与城市居民一样的生活、工作、交通等条件，在保持乡村原有社会结构的同时，加大对道路管线等基础设施的建设，教育医疗等公共服务的供给，在城乡生活水准等值的前提下达成区域之间有益的互补。这不仅使得乡村可以吸引人，更使得乡村能够留住人。

3. 坚持和保留乡村文化特色

在德国的乡村，经常能够看见一些传统又具历史风情的景观，比如动辄数百年历史的教堂，拥有陡峭的屋顶、木框外露的山墙的传统住宅等，街边小店大多风格各异，其中不少年头久远。其实，就乡村而言，最难能可贵的就是在现代生活之中同时保持的地方历史文化基因，这增加了乡村的纵深感与独特性。加特林根之所以是加特林根并不在于每年产生多少GDP，而在于自15世纪中期就屹立于此的圣维特教堂（这是德国目前保存最完好的哥特式晚期乡村教堂），在于记录罗劳村230年发展历史的砂磨机博物馆，在于历经180年仍然可使用的烘焙坊，还在于施瓦本霍夫别墅和弗里德里希·西伯格纪念碑。

这种对文化和乡村特色的坚持与保留也不是与生俱来的，德国的乡村建设也经历过盲目追求功能、简单复制城市的阶段。第二次世界大战以后，由于乡村有廉价的劳动力、便宜的地价及国家相应的补贴，大量工业项目引向农村地区，德国乡村一度陷入人口密集、交通拥挤、土地过度开发的困境，同时为了配合工业设施的迁移而兴起的新村建设陷入片面追求功能化的陷阱，大量乡村原有景观和历史遗存遭到破坏。20世纪70年代以后，德国人认识到乡村文化失落的后果，重新修订了《土地整理法》，将立足保持乡村原有文化形态和重视生态发展的"乡村更新"计划列入条款，20世纪90年代以后在可持续发展理念的影响下，更提出"村庄即未来"的乡村建设口号，大力发掘乡村地区的生态、文化价值，在旅游、休闲产业方面取得了巨大的成功。

当然，人们所看到的美好乡村生活仅限于德国南部，在广大的东北部农村，衰落和凋敝依然严峻，乡村建设这一宏大事业，某种程度而言，决定性因素可能还在乡村之外。即便如此，德国南部农村以土地整理为切入点，附着乡村建设整体目标，以法律规划为保证，坚持可持续发展和文化特性保护，以及以城乡等值化理念为指导的乡村现代化建设，依旧给我们以极大启示。

4. 注重生态可持续发展

其发展非常注重乡村社区的可持续问题，汉诺威 Kronsberg 生态社区就是一个典型。该社区位于汉诺威东南部城乡交接带，规划设计理念为："通过营造舒适、节能的乡村生活，增加居民的生态文化享受。"其成功建设经验集中体现于城乡"可持续"发展中，这种"可持续"理念突出表现在环境可持续、文化可持续和经济可持续等方面：环境可持续性体现在使用太阳能、生物质能等绿色能源，以及新材料和新技术调节室内温度以实现低能耗甚至零能耗，结合社区绿化使用绿屋顶、雨水花园、草沟、人工湿地等进行雨水收集和洪水调蓄，使社区绿地具有生态、休闲、美化环境的多重功能。文化可持续性包括社区发展过程中对传统文化标识、景观特色、生活方式的集成和融合，通过社区景观与区域标志性文化建筑相呼应，增强社区居民的文化和社会归属感，指导新建住宅布局、结构和外观，使之与城乡社区原有风格相融合，通过现代化的内部设计和设施满足居民的生活需求，通过向社区居民提供公共活动空间、菜地等延续农业文化脉络，满足居民生活方式转换过程中的心理需求。经济可持续性主要体现为通过产业布局和交通设计为社区居民提供不同距离的就业机会。"可持续社区"充分利用空间和生态智慧，提升社区生态环境调节能力和环境质量，降低建设用地对环境的影响，增加社区的生物多样性和生态文化元素[1]。

---

[1] 夏宏嘉，王宝刚，张淑萍. 欧洲乡村社区建设实态考察报告（一）——以德国、法国为例.《小城镇建设》2015年第4期，第81~84+93页。

三、德国乡村发展对中国的几点启示

德国促进乡村振兴方面的经验与做法,可以从中得到以下一些启示。

(一)均衡的城市化和生产力布局更有利于乡村地区发展

德国走出了一条以小城市和镇为主的城市化道路,通过空间规划和区域政策引导工业向小城市和镇布局,为"在乡村生活、在城镇就业"的人口迁移模式提供了可能,带动了乡村地区的发展。特色小镇是值得仿效的乡村振兴的抓手,各地宜从地方出发,打造有特色的小镇,带动经济与旅游发展。

(二)土地整治是促进乡村振兴的重要平台

德国在城市化进程中始终重视乡村土地整治,将其作为解决乡村发展问题的重要切入点,在不同发展阶段赋予其不同功能。早期主要推进农地整治,解决细碎化问题,以利于机械化和规模经营。后来把基础设施和公共事业建设作为乡村土地整治的重点。20世纪70年代以后,在乡村土地整治中突出景观和环境保护。土地整治不仅需要法律的保障、规划的引领、政府机构和资金的推动,而且需要土地产权人的配合。例如,巴伐利亚州不仅制定了农业结构调整方案(AEP)、土地整治法实施办法、村庄更新实施条例,而且专门制定了土地产权调整条例。德国的经验表明,随着城市化的发展,乡村土地利用结构、布局、功能都会发生急剧变化,单纯靠土地市场难以适应这种急剧变化,需要政府以法律、规划、建设项目的方式介入。

中国当前的农田整治也在开展,国土资源部2003年颁布实施了全国土地开发整理规划,确立了新增建设用地土地有偿使用费、耕地开垦费、土地复垦费和土地出让收入用于土地开发部分的专项资金。财政部、国土资源部分别与河北、内蒙古、吉林、黑龙江、江苏、安徽、江西、山东、湖北和广西等10个省份举行整体推进农村土地整治示范协议签字仪式,标志着中央与地方财政共同投入、整体推进的农村土地整治工作正式启动。各地结合自身情况,使这一工程正积极向前推进。例如,四川的"金土地工程"、浙江的"千村示范万村整治工程"、江苏的"万顷良田建设工程"、湖北的"高产农田示范工程"、江西的"造地增粮富民工程"……如今,各地已将农村土地整治作为农村建设和城乡统筹发展的有效抓手。这项工程对于乡村社会的发展无疑具有重要意义,值得继续推进。

(三)不同发展阶段乡村衰落的内在逻辑不同,促进乡村振兴的策略也必须相应调整

德国作为工业化的先行者,经历了城市化的完整过程,其在不同发展阶段面临的乡村发展问题不同,应对策略也有较大差异。特别是在城市化率70%前后,这一点更为明显。此前,主要以农业支持保护对冲农业比较效益下降,以基础设施和公共服务建设对冲城乡生活条件差异的扩大;此后,更加注重以空间规划和区域政策对冲城乡工业的效率差异,以生态环境和乡土文化对冲城乡生活繁华程度差异的扩大。

(四)促进乡村振兴需要营造社会氛围

德国不仅通过颁布《土地整治法》《农业法》《联邦空间规划》等法律法规、实施村庄更新计划和欧盟"引领项目"等投资建设活动以促进乡村振兴,而且注重为乡村振兴营造氛围。例如,在民间自发开展乡村社区美化竞赛的基础上,1961年联邦德国农业部将其转化为全国性的乡村竞赛制度,每三年举办一届"我们村庄更美丽"竞赛,2007年更名为"我们村庄明天会更美好"竞赛,从注重外在美转向注重内涵美。开展这个活动,既引起全社会对乡村发展的关注,也有利于激发各个村庄建设美丽家园的积极性。

乡村振兴已经被认为是全社会发展一局的重要棋子,没有乡村的发展,就没有全社会的发展。"小康不小康,关键看老乡"已经为各级政府部门的共识,扶贫攻坚已经进入收官阶段,而脱贫再进入小康,需要全社会的氛围,才能走得久远,乡村发展才能见效。

(五)乡村发展要循序渐进

德国村庄更新的周期持续时间较长,但是所发挥的价值和起到的影响都是深远的,对于乡村治理来说,这种对村庄循序渐进的发展步骤更能使

农村保持活力和特色。循序渐进型模式针对经济社会的快速发展，政府需要不断调适现行的乡村治理目标、方式和手段，以求实现农村社会的整体效益，因此是一个长期的发展过程。在循序渐进型的乡村治理模式下，政府通过宏观上的规划制定和综合管理，依靠制度文本和法律框架促进农村社会的有序发展。

中华人民共和国成立以来经历了较长时期向城市倾斜发展的方略，目前已经开始着力于乡村振兴，走均衡发展道路，但是任重道远，需要我们持之以恒，不懈地努力，方能有所收获。

第四章　美国乡村发展历程

美利坚合众国（United States of America），简称美国，是一个由欧洲白人移民驱逐本土印第安居民而建立的国家。美国由华盛顿哥伦比亚特区、50个州和关岛等众多海外领土组成的联邦共和立宪制国家。国土面积963万平方千米（加上五大湖中美国主权部分和河口、港湾、内海等沿海水域面积），人口3.2亿人。美国是一个原本印第安生活的土地。距今7万年前，全球性冰期出现，连接新旧大地的白令海峡被冰川覆盖，欧亚大陆东北部狩猎的人们通过海峡上面的冰川来到美洲，他们被今天的人们称之为印第安人。后来这些新来的人们逐渐经由北美洲到中美洲和南美洲；大约距今10 000年前，又有另一批亚洲人移居到北美北部，即后来的爱斯基摩人。而最早到美洲的白种人大概是维京人，有人认为他们在距今1 000年前曾到过北美东海岸。后来，当哥伦布到达他认为的新大陆时，居住在美洲的印第安人约有3 000万人。然而，现在居住在美国、加拿大地区的印第安人只有150万人。这是因为随着欧洲人口的迁移，不断消灭本地印第安人。这一过程开始于哥伦布发现美洲以后。15世纪末，西班牙、荷兰等国开始向这里移民，英国则后来居上。1773年，英国已建立13个殖民地。1775年，爆发了北美人民反抗英国殖民者的独立战争，脱离英国统治。1776年7月4日，在费城召开了第二次大陆会议，由乔治·华盛顿任总司令，通过《独立宣言》，正式宣布了美利坚合众国的成立。独立战争结束后的1788年，乔治·华盛顿当选为美国第一任总统。南北战争之后，美国的资本主义经济得以迅速崛起。19世纪初，美国开始对外扩张，历经两次世界大战后，美国国力大增，是当今世界上唯一的"霸权"超级大国。

一、美国农业基本特点及规模化农场的形成

（一）美国农业的特点

今天的美国是世界最大的农业国，同时又是当今世界农业现代化程度最高的国家。美国是世界粮食生产大国，同时还是第一大粮食出口国，美国粮食出口量占世界粮食贸易量的 1/10 以上，全球的玉米和大豆贸易中，美国占了一半，全球小麦贸易美国占了将近 1/5[①]。

美国农业成就的取得主要源于以下几点。

其一，美国农业高度机械化、现代化，劳动生产率高。美国从 1870 年开始，城市人口超过农村人口，在这以后随着城市化的进程，农村人口不断减少，至今占 2% 都不到。这些都是因为机械化程度不断增长，农村人口向城市转移，农业不仅没有萎缩，而是越来越发展，农产品生产不仅能满足本国 3 亿多人口的需要，而且每年都有大量出口。1947—2016 年，美国人口从 1.45 亿人增加到了 3.3 亿人，但农业就业人员却从 789 万人减少到 246 万人。2016 年美国就业总人口 1.58 亿人，农业人口仅占 1.55%。由于劳动生产率高，美国农产品价格相对比较便宜。

其二，家庭经营和规模经营相结合。美国农业普遍实行家庭农场制度，经营主体是家庭，适合农业生产的特点，便于调动经营积极性。农场主经营农业也是一种职业，必须具备农业生产技术和经营知识，并且经过考核取得经营资格证书，因而能保证科学技术在农业中的应用，经营现代农业。家庭农场实行规模经营，每个家庭农场平均经营耕种 2 000 亩地，完全使用农业机械耕作，科学种田。劳动生产率高，使用人工费用少，成本低，农产品质量高，所以农场主可以取得规模效益。

其三，政府对农业和农场主的补贴多。经营农业面临自然灾害风险和市场风险，各国对农业都实行补贴政策。美国对农业的补贴由来已久，早在 1922 年、1929 年和 1933 年分别颁布了《谷物交易法案》《农产品购销法案》和《农业调整法案》，对美国农业发展起了重大的推动作用。美国

---

① 陈潇. 美国农业现代化发展的经验及启示.《经济体制改革》2019 年第 6 期，第 157~162 页。

政府对农业实施直接的货币补贴，政府充分考虑到农民的利益，对农场主实施补贴，确保农业收入有可靠的保障。同时在税收、保险、贷款等项目上也给农业经营者各种优惠。美国还建立农产品价格保护机制，制定保护价，如果农产品的市场价格低于保护价，政府把差价补偿给农场主。政府的补贴政策，不但保障了农业经营者的收入，而且也促进了农业现代化和规模化经营，大大提高了农业生产力。

由于上述独特的地理条件与资源优势，所以美国的乡村发展一直处于世界领先的地位。

（二）美国乡村的规模化家庭农场产生

欧洲人殖民美国，将其乡村建设的传统带入到美洲。可以说，北美乡村建设是西欧特别是英国乡村建设的翻板，只是因为方式略有不同。英国在圈地运动中赶走的是乡村贫民，而北美则是驱赶当地印第安人，同英国圈地运动驱赶同类人种相比，北美驱赶印第安人则毫无人性可言，导致几百万印第安人死亡，北美大农场才逐渐展现在他们的子孙面前。

1607年，由英国人组成的一个约100人的殖民团体，在乞沙比克海滩建立了詹姆士镇，这是英国在北美所建的第一个永久性殖民地，开启了西欧人移民北美的历史，原居民印第安人开始其悲惨的命运。在此以后150年中，陆续涌来了许多的殖民者，定居于沿岸地区，其中多来自英国，也有一部分来自法国、德国、荷兰、爱尔兰、意大利和其他国家。欧洲移民通过大规模屠杀印第安人，抢夺其财物，大规模占领印第安人的土地。18世纪中叶，13个英国殖民地逐渐形成，它们在英国的最高主权下有各自的政府和议会。这13个殖民区因气候和地理环境的差异，造成了各地经济形态、政治制度与观念上的差别。

殖民地时期的土地最初是归英王授权的大公司垄断经营，早期的移民大多是作为契约奴移居而来。为了鼓励移民自费迁居，1619年制定赠予土地的"人丁权"即每个迁来定居的农民可得到50英亩（1英亩≈0.4公顷），同来的也可得到同数的土地，而马里兰等地人丁权所规定限额有的可多达100~150英亩。1663年马里兰废除了人丁权，随后各地相继效行。土地要通过购买才能取得。但移民多数是自行占用，1726年宾夕法尼亚就有10万以上的移民居住在没有地契的土地上，当局和土地投机商人只能承认其"先买权",即准许在耕种若干年后存有积蓄时再行付款。当时宾夕法尼亚的地价是每 100 英亩为 10 英镑,1738 年改为 15 英镑。而马里兰每百英亩只收 5 英镑,弗吉尼亚则为数更少,以吸引不少移民迁向这一地区。1761 年英国政府曾设法限制在西进的土地上进一步购置土地,1763 年英王曾发出要划出若干地区为印第安人保留土地的公告,但这保留只是暂时的,制止迁入印第安人土地的设想并未得到认真贯彻。

  农业发展依赖土地,耕作规模在某种意义上决定了发展的格局。美国建国是建立在殖民政策之上。其农场形成是乡村发展的基础。而土地问题是农业发展与现代化进程中最为根本的问题。稳定、高效、充满活力的农地制度有益于激发农业生产者的积极性,推动农业现代化的进程。欧洲殖民者在向美洲移民的过程中,逐渐将印第安人的土地转变成为自己的土地,剥夺了土著的生存权,建立起大规模的家庭农场,成为美国立国的基础。

  由于地广人稀,再加上不断的领土扩张,独立后的美国联邦政府手中持有大量尚未开发的公地,最多时达 14 亿英亩,为美国顺利解决农业发展中最为关键的土地问题、培育并长期维系家庭农场为主的农地制度创造了重要物质基础。

  美国土地问题的解决主要是通过土地立法的形式实现的。从联邦政府成立到 20 世纪 30 年代,联邦政府制定并通过了一系列涉及公地处理的法案,对西部公地的出售、无偿赠与等处理方式进行了详细的规定。美国独立之初,其国土向西直达到密西西比河,包括原来的 13 个殖民地以及俄亥俄和西北地区。在此之后的 50 年里,通过购买、战争等手段,美国国土一直延伸到大西洋沿岸。由于殖民地时代英王授地时,有些殖民地的西部边境并不确定,所以,包括弗吉尼亚在内的东部一些州,通过当初英王颁发的特许状,宣称拥有这些土地的主权。

  基本上,佐治亚宣布拥有北纬 31°~35° 的土地,包括现在亚拉巴马和密西西比州的大部分;北卡罗来纳宣布拥有现在的田纳西;弗吉尼亚宣布拥有现在的肯塔基,以及俄亥俄、印第安纳和伊利诺伊的部分地区。纽约州、康涅狄格和马萨诸塞也宣布拥有俄亥俄河以北的领地。而且各州对自己西部土地的边界界定,以及各州之间的土地权利要求存在复杂的重叠关系。上述 7 个州因宣称拥有西部土地主权而被称为土地州(landed state),

而马里兰、宾夕法尼亚、新泽西、特拉华、罗德岛和新罕布什尔这6个州由于没有西部土地权利要求而被称为"无地州"。独立战争结束后，经过一番讨价还价，各土地州都把自己的土地割让给了联邦政府，形成了最初的联邦公共土地。

通过长期大规模地出售、赠与和无偿分配联邦公地，美国最终实现了联邦公地的私有化，从而为以家庭农场为主的农地制度的产生与长期维系和发展奠定了基础。

在美国土地立法过程中，土地立法者充分表现出自己独有的创造性与远见：首先，在独立之初，美国的土地立法者坚决地摒弃了英国殖民统治者遗留的封建土地制度，如长子继承制度，否定了政权主体通过强制手段榨取农民土地收益的各种可能性，最终确立了市场机制在解决农民与土地关系问题上的主导地位。其次，土地立法者在处理面积辽阔的公地和制定土地立法的过程中，对普通民众的倾斜力度不断加强。联邦政府的公地处理政策经历了从最初以增加财政收入为主，转向出于以加快西部开发为目的，而鼓励个体农场主的边疆拓居的转变过程。

这一点主要反映在两个方面：一是公地的最小出售面积不断缩小，从最初的640英亩逐渐缩小到320英亩、160英亩、80英亩和40英亩，这一过程前后经历了40年时间。二是土地的最低出售价格不断下降，从每英亩2美元下降到每英亩1.25美元、0.125美元，最终到1862年《宅地法》确立了免费分配联邦公地的原则。土地最小出售面积的不断缩小和土地价格的不断下降（直至免费）有助于培育拥有适度规模土地的家庭农场主，与此同时减少大土地所有制和土地投机的发展。

从1785年的《西北土地法令》到1862年《宅地法》的通过，美国的土地立法前后经历了三个阶段。第一个阶段从联邦公地的形成到1820年土地赊卖制度的废除。在此期间，土地最小出售面积从640英亩下降到80英亩，地价从每英亩最低2美元下降到1.25美元。这个时期土地制度最显著的变化是土地购买分期付款制度的盛行。这一制度由1800年的《土地法令》确立，由1820年的《土地法令》废除。分期付款购地制度在一定程度上解决了中小购地者资金不足的问题，促进了自有家庭农场的发展。另一方面，由于购地者缺乏足够的经济实力，因此拖欠购地款的现象比较严重，联邦政府承受了巨大的经济压力，最终1820年《土地法令》废除了分期付款制度。1820—1841 年是美国土地立法的第二大阶段。在这个阶段，一方面联邦政府通过了一系列对拖欠购地款的购地者实施救济的法案，对无力偿付购地款提供延期偿付、推迟没收、免除欠款利息、转移付款以及退还被没收的购地款等救助手段。另一方面新的土地立法继续缩小最小土地出售面积。其中，1832 年的土地法令将土地最小出售面积缩小为 40 英亩。这成为联邦土地出售的最小面积，此后再没有缩小。说明当时的政府考虑到土地零碎的问题是农业发展的重要阻碍，从而限制少量土地的出卖。

这个时期土地立法最大的成果是 1841 年永久《优先购买权法》的通过。这个土地法令使西部占地者的占地行为完全变成了合法化。

1841—1862 年是美国土地立法的第三个阶段。19 世纪中叶，土地出售和赠与刺激了大规模的土地投机，但是真正的边疆拓居者却并没有得到足够的土地，因此通过先占（pre-emption）和其他的方式，个体农场主不断地在争取向他们倾斜的土地政策，从逐级降价法（Graduation Act）到先占权的合法化，最后到《宅地法》（Homestead Act）颁布，联邦土地政策终于从着眼于财政收入转变为以推动西部的移民开发为重点。在这个阶段，争取免费土地的立法运动不断深入发展，最终 1862 年《宅地法》的通过标志着免费分配联邦公地原则的最终确立。表 4-1 分别列举了 1785—1862 年美国联邦政府关于西部公地的主要立法。

表 4-1　1785—1862 年美国联邦政府关于西部公地的主要立法

年份及法令	每英亩最低单价	最低购买面积	授地条件及方式
1785 年西北土地法令	1 美元	640 英亩	现金支付
1787 年西北土地法令	1 美元	640 英亩	1/3 现金支付，余额在 3 个月内付清
1796 年土地法令	2 美元	640 英亩	30 天内付一半，余额 1 年内付清
1800 年土地法令	2 美元	320 英亩	30 天内付 1/4，余额 3 年内分期付清，利息为 6%
1804 年土地法令	2 美元	160 英亩	赊购条件同 1800 年法令，现金购买每英亩优惠价 1.64 美元
1820 年土地法令	1.25 美元	80 英亩	现金支付，停止信贷销售
1830 年土地法令	1.25 美元	160 英亩	允许未经授权的先占地者可以最低价优先购买 160 英亩土地，此法案每年修订一次

续表

年份及法令	每英亩最低单价	最低购买面积	授地条件及方式
1832年土地法令	1.25美元	40英亩	再次确认先占权,但仅可现金支付
1841年先占权法	1.25美元	40英亩	仅可现金支付,正式承认先占权,不再每年修订
1854年逐级降价法	12.5美分	40英亩	价格随土地上市时间逐年递减,从每英亩1美元(10年未销售)到12.5美分(30年未销售)不等
1862年宅地法	免费	160英亩	10美元注册费,连续居住5年即可获得所有权。也可以每英亩1.25美元现金提前获得所有权,但须连续居住6个月以上

《宅地法》的主要内容是:从1863年1月1日起,任何未参加过南方叛乱的男子或妇女,凡为一家之主或年龄在21岁以上者,不论其为美国公民或已经请求入籍而尚未被批准的新来移民,均可用10美元的登记费申请在西部国有的自由土地上领取160英亩的土地,耕种5年后,就可取得这块土地的所有权①。《宅地法》的内容较过去的土地法令相比,它是一个很大的进步,它是北美独立战争胜利以来美国土地政策向民主方向发展的继续,它宣布将过去的土地出售政策改为现在的无偿分配政策,解决了劳动人民多年来一直盼望的土地问题,受到了农民的拥护。

当然,这个《宅地法》有非常大的歧视与不公。第一,它规定得到土地的,只限于美国的白人和来自欧洲的移民,而黑人、印第安人以及来自亚洲的移民,均被排除在外,没有满足这些人特别是黑人对土地的要求。第二,它允许私人以每英亩1.25美元的价格购买土地,从而被大资产阶级分子所利用。许多大资产阶级分子与土地管理人员相勾结,冒名领取大量土地,攫取了远比小农多得多的土地。第三,在实施《宅地法》的过程之中,美国政府在分配土地给居民的同时,还以大片土地赠送给大铁路公司,使他们攫取了比农民多4倍的土地。

《宅地法》的颁布更重要的是促进了美国农业资本主义沿着"美国式

---

① 佟佳凡.《宅地法》对美国农业生产发展的作用初探.《辽宁师范大学学报(社会科学版)》1990年第1期,第84~88页。

道路"发展,其意义重大。

首先,《宅地法》的颁布,创造了数量众多的白人移民土地所有者,加快了西部开发的步伐。《宅地法》实施后,刺激了美国东部和欧洲的移民如潮水般地涌入美国西部。从 1820 年到 1860 年 40 年间外国移居美国西部的移民就有 500 多万人,而 1881 年至 1890 年 10 年间则高达 525 万人,并使密西西比河以西地区的总人口在 1870 年达 688 万人,1890 年增到 1 678 人①。

从 1861—1914 年,共有 2 700 万人移入美国,相当于 1885 年的美国总人口。自 1868—1900 年,美国政府根据《宅地法》拨出的西部土地就达 68 万份,其总面积为 8 000 万英亩。《宅地法》的实施,使大地产迅速瓦解,到 1900 年只剩下了 23 万个。与此相反,独立家庭农场的数目增加了,西部就有近 200 万户家庭农场,其土地面积达 2 亿多英亩,超过了英国、法国、德国和意大利领土上家庭农场面积的总和。一些黑人也根据 1866 年颁布的《南方宅地法》获得了土地①。

有统计表明,1860 年美国南方只有 37 万小农户,然而到了 1900 年,即增加到 136 万户,其中也包括黑人农户。美国史学家詹姆斯·艾伦认为:"一个人数有限的黑人小土地所有者阶级在改造时期形成了。"1900 年他们有 18.6 万户。可见,《宅地法》推动了"西进",在不到 30 年时间内,西进运动大功告成,"美国式道路"在美国全国范围内取得了初步的胜利①。

其次,《宅地法》的实施,最终使小农破产。在资本主义制度下,根据《宅地法》获得土地的农民,并不能摆脱贫困和破产,他们很快发生了分化,少数上升为农业资本家,而绝大多数的农民为债务所逼,往往不得不把他们的土地抵押或出卖给农业资本家或土地投机商,又成为赤贫者,变成出卖劳动力的佃农或农业工人。

据统计,拥有自己的农场的所有者在全部农户户主中所占百分比日益减少:1880 年为 74.5%,1890 年为 71.6%,1900 年为 64.7%。与此相反,佃农数目在增加:1880 年佃农在全国农户中占 25.5%,1890 年占 28%,1900 年占 35%,他们的农场大部分在 20 英亩以下。据统计,到 1900 年全国农业雇佣工人总计有 200 万人左右,占当时美国农业总人口的

---

① 佟佳凡.《宅地法》对美国农业生产发展的作用初探.《辽宁师范大学学报(社会科学版)》1990 年第 1 期,第 84~88 页。

20%以上,如果加上来自农民家庭成员的工人,1900年雇佣工人则为410万人。这就为"美国式道路"奠定了坚实的基础①。

第三,《宅地法》的实施,促进了国家管理农业的行政机构进行改革。在南北战争前,美国农业事务一直由专利局处理。1862年5月林肯总统签署了《农业部组织法》,建立了农业部,从此扩大了联邦农业行政机构的职能和活动范围。1864年美国政府又成立了"移民局",颁布了《鼓励移民法》,同时没收了南方奴隶主80万英亩土地,由"移民局"接管,使奴隶主损失了20亿美元。到1881年,农业部下面已设有农业化学局、昆虫局、统计局、植物局、森林局、果木和蔬菜局;1884年建立了牲畜工业局,随后又建立农业实验站管理局,1899年农业部提升到相当于内阁其他"部"的地位①。

第四,《宅地法》的实施,推动了农业机械的发明和应用。《宅地法》实施后,美国西部广大领土开拓起来,1850—1900年美国耕地面积增加了3.5倍,从11 300万英亩猛增到41 400万英亩。

这就使美国地多人少的矛盾更加突出,迫使美国农场主和科技人员改进生产工具,竞相发明和使用各种新式农业机械的积极性和创造性空前高涨。1865年美国有各种类型的收割机25万台,当时各种收割机的平均收割面积为每天10英亩。1878年约翰·阿普耳比发明了"盘绕扎谷机",使收割的速度提高了8倍。美国农场所拥有的收割机、脱粒机、播种机等农具和机器的价值从1850年到1900年间增长了5倍,从1.52亿美元增加到7.5亿美元①。

第五,《宅地法》的实施,加速了农业技术人才的培养。早在1857年,密歇根州在州府的直接资助下,创办了美国第一所农业学院。《宅地法》颁布后,1862年,美国国会正式通过《莫里尔赠地学院法》。该法规定,以1860年人口调查为依据,按各州在国会中众、参议员的席位,每席授予3万英亩土地。各州利用拍卖土地筹集资金,至少创办和维持一所设有农业和机械课程的学院。截至1916年,接受赠地而创办的高等农业院校达68所之多。

《宅地法》的实施,也大大推动了农业科学研究工作,加快了农业技

---

① 佟佳凡.《宅地法》对美国农业生产发展的作用初探.《辽宁师范大学学报(社会科学版)》1990年第1期,第84~88页。

术人才的培养。1875年康涅狄克州建立了第一所农业实验站，取得了很好的效果。1877年美国国会又通过了《哈奇法》，由政府拨出研究经费，在各州普遍建立了农业实验站，并为各县配备了农业技术推广人员。

推广站以各种方式，把新的科研成果和新的技术及时迅速地推广到广大农民中去，提高了农民的科技文化水平。由于《宅地法》的实施，大大提高了美国农业劳动生产率。

19世纪的最后30年，美国农业生产平均年增长率达3%，美国农业产量增加了3倍，美国农业就业劳动力在全国劳动力中的比重由1860年的50%下降到1910年的30.9%，而每一个农业劳动力供养的人数由1850年的4.7人增加到1910年的8.1人，按人口平均计算的粮食产量上升到1 200千克以上。

美国由南北战争前的落后农业国变成世界上最大的粮食产地国。列宁在1915年对美国这段时期农业生产发展的速度给予了很高的评价，特别指出："这个美国在很多方面都是资产阶级文明的榜样和理想。"

从南北战争后到第一次世界大战前，美国农业生产发展的速度十分惊人。1866—1913年，美国主要粮食作物小麦的产量增长342%、玉米增长200%、燕麦增长300%，大麦增长78%。美国主要经济作物棉花增长600%、烟草增长210%、棉籽增长630%、亚麻籽产量增长730%。其中，美国的玉米、小麦和棉花分别占资本主义世界生产的66%、23%和58%。美国成为向世界提供粮食的主要国家之一。美国在短短的48年内，农业生产发展这么迅速，除了美国有发展农业生产的自然条件、国内政局稳定等客观因素外，其根本原因就是美国资产阶级利用国家政权的力量，制定了正确的农业政策，颁布了符合当时移民要求的《宅地法》。这里最为关键的是美国形成了上百亩规模的家庭农场，构成了美国农业发展的基础。

不过，在19世纪70年代后，随着《宅地法》的大规模实施，西部土地的开发出现了诸多问题。例如，有些土地适于农业耕作，因此《宅地法》规定的160英亩免费宅地显然适用于农业生产（甚至有些地方80英亩的宅地实际上都足够用于农业生产），而有些地方的土地并不适于农业耕作，只适用于放牧，因此160英亩的宅地标准显然难以适应放牧的需求。除此之外，还有一些联邦公地由于地处偏远、土地贫瘠，故而无人问津。19世纪末期，随着联邦公地的私有化，联邦政府手中持有的地质优良的公地基本上出售或分配殆尽。在这种情况下，对西部公地的处理与开发急需制定新的具有长远眼光的政策。

在这一背景下，从19世纪70年代开始，联邦政府开始调整传统的公地政策，制定了一系列新的土地立法用于处理西部的公地。这些立法不再仅仅局限于获取收益，或者刺激边疆定居者前去开发，而是从国土资源的宏观层面，希望对西部土地进行合理的管理、开发和利用，并对土地资源进行充分保护。表4-2列举了1873—1934年美国联邦政府关于西部公地的主要立法。

表4-2　1873—1934年美国联邦政府关于西部公地的主要立法

年份及法令	每英亩最低单价	最低购买面积	授地条件及方式
1873年《育林法》	免费	160英亩	在160英亩地块上育林1/4，即可获得该地块所有权，1878年，将育林面积调整为1/16
1877年《荒地法》	1.25美元	640英亩	灌溉3年，即可购买此块土地。1890年减少为320英亩
1878年《木材砾石法》	2.5美元	160英亩	出售拥有林木和矿藏资源的土地给真正的定居者和矿业利益集团
1904年《金凯德法案》	免费	320英亩	无法灌溉地区的授地面积增加到320英亩
1909年《扩大宅地法》	免费	320英亩	干旱地区连续居住并耕作5年可获得地块
1912年《三年宅地法》	免费		原先《宅地法》免费授地的居住年限要求由5年改为3年，每年只需在宅地上住满7个月
1934年《泰勒放牧法》	免费		对远西部地区的牧业进行合理规划管理；宅地法和其他所有公共土地处理法案中止执行

综上所述，从1785年《西北土地法令》到1934年《泰勒放牧法》的一个半世纪中，联邦政府通过出售、赠与、宅地法及其他方式，处理了所有14亿英亩西部公地中将近85%份额的土地。其中，现金销售和宅地法成为联邦政府处理西部公地并推动公地私有化的最重要方式（共计处理了将近5亿英亩土地）。这些公地构成了美国家庭农场土地制度的核心与主体。

据统计，1860年美国家庭农场的数量为200万个，1920年则增长到640万个，到20世纪末，家庭农场占有美国全部农场数量的89%，占有全国 81% 的耕地面积、83% 的谷物收获量、77% 的农场销售额。由于西部占据国土面积将近 2/3，因此西部的家庭农场成为美国农业生产的中坚力量。长期稳定、充满活力的家庭农场制度为美国农业现代化的顺利推进奠定了坚实的物质基础。

二、美国家庭农场的发展和技术的改进

美国的农业主要由家庭农场来实现其所有的功能。家庭农场能够稳定发展，并且能够在劳动力减少的情况下实现产量提高，主要原因是技术的改进。

（一）家庭农场生产技术不断进步

1830—1845 年间，铁犁已普遍应用。在许多地方还推广使用一种能快速犁地的多铧犁。条播机的生产始于 1841 年左右，但是到 1860 年前后推广有限。玉米、棉花等籽粒较大的种子，适于用机械播种，而饲草、小麦、水稻、烟草等小粒种子，仍都要求手播才能保证作业质量，而田间管理的间苗移栽等作业，机械操作一时也还不配套。1840 年左右，乘式跨行的玉米中耕机开始在玉米地里使用。1836 年试制成功联合收割机，30 年代还出现动力玉米脱粒机。家畜饲养因优质饲料的种植、割草机械及存储设备的改进，大家畜大都改为舍饲，冬季饲喂时除了玉米、麦麸还保证有足够的燕麦秸秆及干草，使牲畜体质得到了明显改善。在奶牛业发展的基础上，黄油、干酪等奶制品加工成为专业化的生产，使产品质量、规格划一，产量也有了增长。配合农畜产品交易的增长，牲畜集市和仓储体系都应运兴起，买卖农畜产品的现货和期货的交易所也开始出现。交易所使农场主和商人间多了个投机者，但能减少价格波动的投机性。1848 年在芝加哥建立贸易局，以便实现在一个正式的中央市场上买卖谷物。其他菜蔬和畜产品也进入交易机构。此外，大宗商品在规格上的规范划一，以及贮藏装运技术的革新改进也推动了这一时期的农业生产。廉价而快捷的运输条件为扩展美国国内外市场起到了保证作用。由于耕地的扩大及技术进步，1800—1860 年，美国农业生产总值约增长 5.4 倍。平均年递增 3.1%。在此基础上农产品成为美国最主要的出口物资。1859 年占出口总额的

80.5%。1860年美国工业虽已跃居世界第三位,但美国仍是一个农业国,在工农业净产值中,农业占63.8%。

(二)农场规模化经营程度不断提升

1950年,美国农场总数量565万个,到2015年农场总数降至206.7万个,农场数量降幅63.42%,但单个农场的平均规模却扩大了1倍多。这一过程并不是均衡发展的,农场数量减少的速度逐步放慢,进入20世纪90年代以来,农场总数已逐渐趋于稳定。据美国农业部公布数据,2015年美国共有206.8万个农场,其中接近99%是家庭农场(表4-3)。同时,鉴于美国农业劳动力价格增势明显高于土地、机械等要素价格的上涨速度,因此,美国农业具有节约劳动力使用、降低劳动力对农业生产贡献率的趋势,促使家庭农场不断通过科技与机械投入扩大规模,农业人口的减少也不会对农业生产造成障碍,反而促使美国单位农场规模化经营程度不断提升。

表4-3 美国农场总量、土地规模和平均面积(2007—2015年)

年份	农场总量(万个)	土地规模(万公顷)	平均面积(公顷)
2007	220.50	37 282	169
2008	218.45	37 167	170
2009	216.97	37 126	171
2010	214.95	37 048	172
2011	213.12	36 997	174
2012	210.98	37 005	175
2013	210.20	36 982	176
2014	208.50	36 940	177
2015	206.80	36 900	178

数据来源:美国农业统计年鉴。

(三)大规模农场占据明显主导地位

美国大规模家庭农场占据着全国农业生产的主导地位,并呈现出规模越大、机械化水平越高,区域化与产业化相结合的特征。美国小规模家庭农场数量接近9成,但其经营的土地面积还不足半成,为48%,其创造的农产品产值比重也仅占 24%。而大规模农场尽管只占农场总数的 2.9%，却是全美农产品市场的主要提供者，占据着 23% 的土地经营面积，农产品供应量占据 42% 的市场份额。可见，经营的规模化可以有效促进农业产业化、机械化，促进农业产值提升。

（四）大农场的规模竞争优势较明显

从财务情况来看，农场大规模化生产有利于农业收益的提升，通常表现为农场规模越大，农场的财务绩效越佳。以玉米、大豆、小麦农场为例，将其种植规模划分为 40 公顷以下、40~101 公顷、101~202 公顷、202~405 公顷、405~809 公顷和 809 公顷以上。通过统计发现，家庭农场的规模越大，其净收益率越高，小规模家庭农场的净收益率较低甚至是负值。由此反映出，美国农场的规模经济效应十分明显，大规模农场促成了较低的生产成本和较高的利润回报率。另外，每公顷收获面积上的劳动投入和资本的使用量随着农场规模的扩大呈现出明显的递减趋势，可见，随着家庭农场规模的扩大，农场越来越表现出高度机械化和集约化特征。

（五）家庭农场能实现较高收入水平

美国家庭农场的收入水平一般较高，2000 年以来的美国家庭农场收入已明显超过城乡居民家庭的年平均收入水平，而且两者收入差距处于持续扩大的状态。据美国农业部统计资料显示，2015 年家庭农场收入是城乡居民年平均收入的 1.51 倍。另外一方面，美国家庭农场主要收入渠道多元化，分为农事收入与非农收入。通常情况下，家庭农场规模越大，其农事收入比重越高。而农场主的非农收入又包括了来自非农自主创业或自工自用者的收入，或者利息、股票利息、社会保障、政府项目、抚养费、抚养老金、不动产或信托纯收入及个人退休金等，进而有效地保障了美国家庭农场较高的收入水平。

三、美国政府的农业支持政策推进了乡村的发展

美国政府的农业价格和收入支持政策，是美国农业政策的核心部分，其基本目标是通过政府计划削减生产的农场主提供最低保证价格，使农场

主获得与其他行业投资者相比拟的利润率，以便达到既控制生产又保证农民获得较稳定收入的目的。20世纪初期，美国农业发展的基本矛盾已从农业生产与家庭消费需要之间的矛盾转变为农业生产与市场之间的矛盾，市场成为决定农业经济兴衰的主要方面。农业经济的繁荣或萧条主要取决于市场而不是取决于生产①，20世纪30年代的大危机是这一矛盾的表现形式，因此美国政府采取措施。其一，限制农业生产，控制市场供应量。政府通过估计当年某一农产品的市场供求和年终库存情况，以及下年度国内外市场需求情况确定下一年度美国该品种农产品的播种面积和总产量、休耕面积的比例和对于农场主因停耕土地而造成的损失给予补贴的比例。通过市场供求关系的估计确定政府补贴的高低，如果估计下一年度市场需求大，政府补贴就低一些，以鼓励农民扩大耕地面积；反之，政府补贴就定得高一些，以吸引农场主更多的休耕土地从而达到减少粮食产量的目的。政府通过控制农业生产使农产品价格维持在一定的水平上，既可以保证取得合理利润又可以防止因农产品价格过高而损害消费者利益。为此政府还建立了自己的农产品储备用以调剂市场供求关系和价格。其二，扩大农产品的需求，尽量消耗掉增产的农产品。主要措施：①扩大农产品的工业用途。如把玉米深加工成酒精等。②扩大农产品出口。政府制定了扩大出口计划采取了一系列措施：向农产品出口商提供出口补贴或对外赠与，用以降低农产品的出口价格，增强它在国际市场上的竞争能力；向农产品进口国提供各种形式的贷款和贷款保证，或用以货易货等方法帮助美国农产品出口商开拓海外市场，通过双边或多边谈判及协议促进贸易伙伴国降低关税和非关税壁垒，疏通扩大农产品出口的渠道②。上述农业政策的意义如下。

（一）农业基础设施的政策为农业及相关其他部门发展提供了基础条件

许多发展中国家的经验表明，从农业发展的过程中遇到的首要障碍是基础设施的缺乏。俗话说"十里不贩薪，百里不贩粮"。缺乏交通基础运输设施农产品无法卖出，所以美国政府集中精力主导并帮助私人公司发展运河、铁路、公路、仓库、电力供应等设施满足农业和其他部门发展的需

---

① 李典军. 美国农政道路研. 北京：中国农业大学出版社，2004年，第198页。
② 徐更生. 美国农业政策. 北京：中国人民大学出版社，1991年。

要。基础设施的共同点是投资大、收效慢，必须是国家投资经营，个人企业难以单独承担。美国的交通运输网是在政府带领和支援下建设起来的。早在19世纪一二十年代到四十年代由纽约州政府率先在州内开凿第一条运河——伊利运河开始，在国内掀起了运河建设高潮。铁路也是重要的基础运输设施，美国的第一条铁路于1830年开始营业以后，铁路的快速和廉价赢得了人心，此后在美国掀起了建设铁路的热潮。1862年通过了太平洋铁路法，决定修建一条贯穿整个美国的大铁路。该铁路在美国的犹他州接轨完成[1]。建设铁路热潮一直持续到20世纪20年代。20世纪初汽车问世以后美国政府又在原有大路的基础上大规模修建公路，特别是在20世纪30年代经济大萧条期间，政府组织了大批失业工人修建了遍布全国的公路网。

（二）推动农业科技发展和应用

美国农业发展的历史包括机械技术、化学技术、生物技术在内的三大技术革命。美国是个移民国家，历来缺乏劳动力，急需省力的各种生产工具。19世纪30年代末开始，在美国出现了由手工工具向畜力机械过渡的农业技术革命的高潮。新的技术革命在犁、耙和收割机等方面取得了突破，使得农业生产迅速发展。

美国实现农业现代化在19世纪末20世纪初，第一台可供使用的汽油拖拉机是1892年生产出来的，此后不断改进。1900年总共有5台汽油拖拉机，1914年增至17 000台[2]。在南北战争至第一次世界大战前这一时期，美国已开始重视生物学农业科技进步且在一些方面取得了令人满意的进展。表现为种植业在施肥、培育和引进良种等方面的进展；畜牧业在饲料、育种、饲养和防治病等方面的进步，以及冷藏保鲜技术和农产品加工业的发展。正是由于机械、化学和生物技术的发展使农场主可以以较少的人力和土地生产出更多的农产品，从而从农业中转移出更多的劳动力来支援工业和其他部门[3]。

---

[1] 徐更生.美国农业政策.北京：中国人民大学出版社，1991年.
[2] 陈华山.当代美国农业经济研究.武汉：武汉大学出版社，1996年，第791页.
[3] 詹明月，陈赛蓉.美国农业政策对中国农业发展的启示.《福建商业高等专科学校学报》2009年第6期，第1~5页.

(三) 推动建立了农业教育、科研和推广的配套体系

1862年以来,美国逐步形成和完善了一个农业教育、科研和推广的体系,它为美国农业科技的发展和应用做出了重大贡献。政府把教学科研和推广三者融为一体的做法是:一方面,每年政府以巨额开支支持农学院和农业试验站,保证美国农业生产技术在世界上处于领先地位;另一方面,由于农业科学技术的突飞猛进,美国政府特别重视加强对农业生产者的教育和培训,农业生产者可以随时在附近的社区学院内听课,补充和更新自己的知识;再一方面,在教学和科研人员从事技术和推广实践的过程中,把生产中存在的问题带回来,作为新的研究课题,从而保证科研与生产紧密结合。保证了农业生产的顺利进行。美国农业科技发展的政策目标,始终是为适应农业生产发展的需要,研究和发展农业科学技术,并通过教育和推广培养能掌握现代科学和管理技术的农业劳动者,把先进科技转化为生产力,提高劳动生产率,增强农产品在世界市场的竞争力[1]。

(四) 税收政策给予农业极大的优惠

在历史上美国主要靠出售土地获得收入因而农业税很轻。为了提高农场主对农业投资的积极性,美国的农业税收政策中对农场主的农业投资提供下列优惠政策:①延期纳税。如可以将一部分尚未出售或虽已出售但未收到现金的产品延至下一年度纳税。②减税。如对于用于购买机器设备、生产用房及饲养1年以上的牲畜等开支可以作为资本开支从当年收入中全部扣除而不需要像工业那样在很长时间内分期扣除。③免税。按法律规定出售农业固定资产的所得可以免除60%收入的赋税只需按40%纳税。此外,与非农业遗产相比,在农场遗产的纳税方面也有较大的优惠。1986年的税收改革法中对农业税收作了较大的变动,取消了一部分优惠,但是由于各种赋税有升有降对大多数农场主来说赋税负担无很大的变化[2]。

---

[1] 詹明月,陈赛蓉. 美国农业政策对中国农业发展的启示.《福建商业高等专科学校学报》2009年第6期,第1~5页.

[2] 徐更生. 美国农业政策. 北京:中国人民大学出版社,1991年.

（五）环境保护政策保护农业资源

美国政府的环境保护政策主要体现在以下两个方面：第一，土壤的保护。1935年4月，在干旱的南部地区出现了可怕的尘暴，吹走了几个州耕地的肥沃表土以后，美国国会认识到土壤流失问题的严重性，于同年4月下旬通过了土地侵蚀法，授权在农业部内成立水土保持局专门负责处理水土保护事宜。1936年国会通过了《土壤保护和国内配额法》，代替1933年的《农业调整法》。为了保护土壤，新法律把作物分为消耗地力的和增强地力的两种。其中前者正好是生产过剩的谷物、棉花和烟草等作物。法律规定，凡是把土地从种植消耗地力的转而种植增强地力的（如豆科作物和牧草等）农场主，可以从政府那里得到一定的补贴[1]。这个计划的意义在于美国政府把土壤保护作为农业政策的一个重要组成部分。第二，空气和水资源的保护。20世纪60年代末至70年代初，美国的许多河流里几乎鱼虾绝迹并且通过水和土质的污染影响到作物生长，最后威胁着人类和整个生物界的安全和生存。20世纪70年代初，美国连续制定了几个水资源和土壤资源清洁和保持法律以后，在禁止生产和使用一批剧毒农药的同时狠抓了包括城市和农村的各种污染源的治理工作。到20世纪70年代末80年代初，美国的生态环境有了根本性的好转，一度鱼虾绝迹的河流又逐渐恢复了以往鱼虾成群的盎然生机，农村生活也有了生机[2]。

（六）美国通过信贷计划为农场主提供优惠贷款，保证农业生产的顺利进行

美国的农业发展过程中逐渐由劳动密集型转向资本密集型，因此农业生产需要越来越多的资金。政府农业信贷政策的目的是组织政府、合作社和私人的借贷资本及时地为农场主提供资本发展农业生产。

美国在1916年通过了美国第一个《联邦农业信贷法》。决定在联邦政府提供部分资金的情况下成立合作社性质的联邦土地银行，专门为农场主扩大农场提供长期抵押贷款。1923年国会又一次通过法律成立联邦中间信

---

[1] 徐更生．美国农业政策．北京：中国人民大学出版社，1991年．
[2] 詹明月，陈赛蓉．美国农业政策对中国农业发展的启示．《福建商业高等专科学校学报》2009年第6期，第1~5页．

贷银行，先是为商业银行提供短期农业贷款贴现，后又为生产信贷协会提供资金以供应农场主的中、短期生产信贷，从而为1933年通过农业信贷法奠定了基础，建立了生产信贷体系和合作社银行。这样在1916—1933年间就形成了包括各种功能的三种信贷合作社，这是由政府牵头把农民联合起来相互调剂解决农业生产所需的部分资金的有效办法。1933年以后又先后成立了政府的农业信贷机构和扩大了原有机构的农业信贷业务，并以直接贷款形式支持农业生产，资助农产品储存设施、农村住房等社区开发项目。此外，政府还为私人银行提供农业信贷保证等[①]。

四、美国的乡村生活运动

美国内战结束后，由于奴隶制问题的解决和西部边疆的大开发，美国社会迎来了一个经济和社会飞速发展和变化的时代。到了19世纪末20世纪初，美国的工业生产能力已跃居世界首位，城市化进展也很迅速，城市人口比例已接近总人口的一半。然而快速的工业化和城市化也导致了一系列新的社会问题的出现：政治腐败、经济垄断、城市贫民窟的扩张等。为了解决这些问题，美国社会各界的有识之士组织了各种各样的改革运动，这些改革运动被后世的史学家称之为"进步主义运动"。进步主义运动开始时关注的问题主要集中在城市，然而由于美国当时仍然处于从农业社会到城市社会的过渡阶段，乡村人口当时仍占美国总人口的一半以上，因此，许多改革者逐步意识到了乡村问题的重要性[②]。

（一）西奥多·罗斯福总统与乡村生活委员会

1. 西奥多·罗斯福总统对乡村问题的关注和认识

面对诸多的社会问题，社会急需解决的工业和城市领域的问题，是作为一名政治家的罗斯福首先考虑的，因此，当时乡村问题在进步运动兴起之初，并没有受到罗斯福特别的关注。

---

① 詹明月，陈赛蓉. 美国农业政策对中国农业发展的启示.《福建商业高等专科学校学报》2009年第6期，第1~5页。
② 史磊. 美国的乡村生活运动.《中国青年社会科学》2017年第3期，第135~140页。

罗斯福重点关注乡村问题始于1907年，这首先与第二年所要举行的总统大选有关，他很重要的一个动机是争取农民对共和党的支持。其次也与其对自然的热爱之情是分不开的。罗斯福从小就对自然风景和奇观充满向往，进入大学之前，他的理想一直是做一名博物学家。尽管后来选择了从政，但他的这种热情并未减退，而是融入了他的政治思想和行动当中，他以后所支持的自然保育运动就是很好的证明。此外，罗斯福对乡村问题的关注也受到了一些乡村改革者的影响。利伯特·贝利等相关专家积极向罗斯福呼吁，敦促他关注乡村问题。罗斯福的好友、时任森林局局长的吉福德·平肖也多次要求总统对乡村问题予以重视，他向罗斯福提出了由总统出面成立一个总统委员会的提议，因为这样可以避开国会的刁难。罗斯福很快接受了这项提议，并在1908年4月约见贝利等人，讨论成立乡村生活委员会的事宜。

2. 乡村生活委员会的任命及其活动

1908年8月20日，罗斯福任命的乡村生活委员会正式成立，其成员最初包括：主席利伯特·H. 贝利，农林学家康奈尔大学农业学院院长凯恩·L. 巴特菲尔德，乡村社会学家、马萨诸塞农业学院院长沃尔特·H. 佩基，农业和教育界权威《世界工作》杂志编辑吉福德·平肖，著名进步主义改革者美国农业部林业局局长亨利·C. 华莱士等。

罗斯福希望委员会能在自己卸任之前，也就是1909年3月之前的几个月内，向政府提交关于乡村生活问题的报告。这个任务使得委员会每个成员都感到压力颇大。经过一番讨论，委员会决定采取以下三种方式完成对乡村信息的采集：其一，委员会的每个成员在自己研究的领域做好独立的调研工作，最后向委员会汇报；其二，1908年11—12月间，在30个乡村举行听证会，听取村民对于乡村建设的意见；其三，以委员会的名义向乡村居民和与乡村生活有关的组织发放调查问卷，村民地址由农业部帮忙提供。到了1908年12月，罗斯福总统向全体乡村居民发起号召，让他们在12月5日这天到自己所在地区的乡村学校举行集体会议，讨论美国乡村的现状，并向委员会反映自己的意见，这可以看作是第四种形式。在这四种形式中，发放调查问卷是委员会获取乡村信息的主要手段，而对问卷结果的综合分析也是他们评估美国乡村现状的主要依据。

根据农业部提供的地址，乡村生活委员会从1908年10月起，总共对外寄发了55万余份调查问卷，最后收回约11.5万份，回收率在当时看来还算不错。问卷总共包括12个问题，涉及农舍、乡村学校教育、农民收入、乡村通讯条件、组织化产销、农业劳工、乡村信贷服务、乡村卫生状况、农民的社交和娱乐生活共9个方面的内容。问卷调查的对象当然主要是农民，但委员会从一开始就把"开放的乡村"作为调查范畴，邮递员、乡村教师以及与乡村相关的工商业人员等也在调查问卷的范围，并且还占到大约30%的比例。

回收问卷的原稿现在已经不得而见，它们被威尔逊时代的农业部长D. 休斯顿下令损毁。不过，还有9.4万余份的问卷被委员会整理并编制成表，并且保留在与贝利有关的文献中。

从这些保留下来的资料统计来看，引起乡村居民普遍不满的问题主要有：组织化营销发展缓慢，农业劳工供应不足，乡村学校教育不尽如人意，乡村的社交和娱乐生活匮乏。此外，对于经济收入问题，回答满意与不满意的人数大致各占一半，其中不满意的回答主要来自南部地区。而对于乡村的卫生条件等5个问题，多数农民则表示目前还比较满意。

举行听证会是乡村生活委员会获取信息的又一重要途径。听证会邀请了许多地方政府官员和专家学者到会旁听，而会上的主体是农民代表。他们每人在规定时间内向委员会陈述自己对于乡村问题的看法，也可向委员会直接递交文字材料。1908年11—12月，委员会共在全美各地举行了30场听证会。

（二）乡村生活委员会提出的乡村问题及解决措施

1. 美国的乡村问题

乡村生活委员会在1909年1月按时向总统提交了报告，报告总共分为3个部分，分别为概论、乡村生活中存在的主要问题和现在需要付之行动的改善措施。概论主要介绍了委员会成立的目的和将要采取的主要行动，报告的后两部分才是主要内容。

报告第二部分列出了当时美国乡村生活中所存在的6项主要问题：对土地工作者固有权利的漠视、公路问题、土壤退化及其影响、农业劳工问题、乡村卫生健康状况和妇女问题。

第一个问题是对土地工作者固有权利的漠视。这包括4个方面内容：

①投机占地。这主要是针对租赁制和遥领地主而言的。委员会认为土地应该属于那些真正从事耕种并以其为生的人,这样才能更好地发挥其价值。而租赁制和遥领地主的存在则导致效率低下。委员会建议通过法律途径限制占地规模,特别是在对全美 7 000 余万亩沼泽地的开发利用中,更应该防止类似情况的出现。②对水资源的垄断控制。委员会认为,河流对于农民来说作用重大,在灌溉、运输和能源等方面都占有重要地位。而现在,法律规定的获取水资源的途径过于简单,致使"乡村地区 33% 被开发的水力资源都集中控制在 13 个公司和利益集团手中",这对于乡村发展是极为危险的,因为"农民要想成为自己财产的主人,就必须占有水和土地两种资源"。因此委员会呼吁对全国水资源的控制展开调查,保证农民拥有水源。③对森林资源的浪费和控制。委员会认为,对公众来说,乡村的林地资源"在控制水资源,防止水土流失,阻挡风沙和增加地区吸引力方面都有着重要价值"。因此委员会建议建立森林保留地,合理开采森林资源,同时也要像对水资源一样,防止森林资源受到垄断控制。④贸易限制。委员会在报告中写道,在听证过程中,大多数农民都在抱怨"运输公司和中间商一方存在的不公正、不公平和歧视"问题及一些中间商对农产品销售额的分享超出了自己的服务应得额的问题。针对以上 4 个方面的问题,委员会还提出了当时需要采取的几项针对性措施,包括尽快实现乡村免费邮递、全面深入调查商业活动、彻查税收与农民福利的关系,以及通过立法途径来保护农民固有的权利等。

第二个问题是缺少良好的公路交通条件。这是报告中提到的"在听证会中,教育和好的道路是被农民最经常提起的两项要求"。良好的道路交通不仅有利于农产品上市,也有助于提高乡村的社会地位。报告认为,对于该问题,当前主要是如何组织和资助修路工作。当然联邦政府应该承担一定的资助责任,而现在首先要在联邦政府中建立一个道路服务机构,以此来制定一项全国性的计划,并协调联邦和州之间的工作。

第三个问题是土壤流失。这里说的土壤流失主要指土壤被过度开垦而导致肥力下降。委员会认为肥沃的土地是农民精神和社会生活的必要保证,尽管合理开垦肥田未必意味着高尚的思想和良好的社会,甚至可能导致对土地的贪婪和拜金主义。但是,如果没有一定的财产保障,高尚的思想绝不会觉醒。因此必须倡导科学种田,并改变单一的作物种植体制,建立多样的、自我循环的农业种植体制,以此来保存和改良土地肥力。

第四个问题是农业劳工问题。在委员会看来,这个问题不仅限于农业领域,由于美国经济的持续快速增长,各领域都存在对劳动力的大量需求。具体到农业领域,租赁制的发展、乡村人口向城市的迁移等又加重了这个问题。委员会认为,当前劳动力减少的趋势是不可改变的,要解决该问题,"目前唯一的现实方法只能是改进农业耕种方式",从而减少对劳动力的需求,同时可以把较少的劳动力转化为乡村的常住劳动力。在委员会看来,最好的农业劳工是常住劳工,只有常住劳工才会关心乡村社会的发展,那些短工和佃农是不会真正关心乡村发展的。委员会还呼吁雇主主动关心劳工生活,改善他们的生活条件,缩短工时。社会组织也要积极投身为劳工提供教育、通讯等方面的服务,特别是要帮助工人们戒除酗酒的坏习惯。

第五个问题是乡村的卫生健康问题。委员会认为,乡村的住房和一些公共场所的基础卫生设施都比较差,再加上环境的污染等问题,使得疾病的传播非常容易。同时,乡村地区的医疗条件也远比不上城市,药物和医生都比较缺乏。对于该问题的解决,委员会认为首先是要加强基本卫生常识的教育,使人们明白疾病原理等知识。他们主张在乡村学校教育中开设相关课程以实现此目标。其次,州和地方政府还要改进对乡村社区公共卫生的监控,"联邦政府也应被授权向有需求的地区随时派出自己的卫生官员,以做好对公共卫生的调查和监管。"

第六个问题是乡村妇女问题。委员会认为,"乡村生活的成就在很大程度上取决于妇女这个组成部分"的参与。而现在,她们不仅要持家,还要帮助丈夫做一定的农活,生活负担太重,生活内容单调,因此急需减轻她们的生活负担,并丰富她们的生活内容,使她们有"充足的时间和精力去参与社区的重大事务"。要达到这一目的,委员会认为还是要靠"乡村生活的普遍提高",包括家庭中的协作精神、家务的简化、生活设施的改善等,其中最主要的两项是要让男人们了解妇女问题和加强妇女间的合作精神。

2. 解决措施

针对第二部分提出的这几项问题,报告第三部分提出了现在需要采取的主要行动,主要包括5项内容:农业和乡村生活调查、改变教育方向、合作工作、发挥乡村教会的精神作用、提高个人思想水平和地方领导力量。在委员会看来要改善乡村生活，首先必须展开全面的农业和乡村生活普查。委员会认为，"除非我们完成一番对整个乡村的详细调查，否则我们在建设美好乡村生活方面不可能取得最优秀和最持久的进展。"委员会建议在已做的地理调查的基础上，对乡村地区的土地、交通、市场、种植体制和居民的经济社会状况等14个方面的问题做进一步深入细致的调查。委员会不仅强调调查的范围要广，更加强调调查要注重细节，并抓住当前问题的核心。此外，这项工作要在全国范围内广为推广，各级政府之间、政府和各种社会组织之间要互相配合，共同做好调查工作。

乡村生活委员会把教育看作是改进乡村生活最重要的手段，认为"现在所有问题的解决最终都取决于教育问题"，而对教育的改革则主要通过对乡村学校的改革来实现。乡村教育首先是获得有关农业和乡村知识的最主要途径，委员会根据贝利等人的思想，主张将自然学习、乡村经济学和社会学引入现有的学校教育，此外，家庭经济学和医疗卫生知识等也应该置于学校的课表之中。委员会还认为，乡村学校不仅是教育机构，也应该成为乡村社会活动的主要场所。"由于学校是由公款支持，并且是一个与政府和社区相联系的机构，它应该成为一个自然的组织中心"。因为当它成了中心后将起到整合各种改革力量的作用。委员会最后还进一步提出，教育要融入普通村民的日常生活中去，成人教育也要得到应有的关注。学校教育是为乡村培养后备人才的，现在那些正在耕植土地的人也应该进一步接受教育，以解决当前的燃眉之急。为此，委员会大力倡导开展全国性的农业教育推广工作，通过短期培训、建立农业示范田等方式，向成年的农民提供科学教育。各类农业学院和各地的农业试验站应成为主要的成人教育服务机构。

委员会的第三项建议是倡导乡村居民合作，这"不仅是为了增进他们的经济利益，使他们能同其他已经组织起来的人竞争，也是为了他们自身的发展和形成一种有效的社区精神。"在委员会看来，当前存在的农民合作组织或被少数寡头控制，不能代表多数成员的利益；或组织联系不紧密，很少举行活动；或主要集中在经济合作领域，忽视了社会方面的合作。因此急需建立一些由村民自己控制的、合作紧密的乡村社会组织。而对于目前存在的经济合作组织，委员会特别强调发展乡村合作银行和信贷机构，以求用有限的资金为农业的发展提供资助。对于组织工作的开展，委员会强调自愿原则，认为政府只能通过法律途径为组织的成立提供方便，而非直接插手农民组织。

改革乡村教会也是委员会主要关注的问题。尽管在问卷调查中委员会回避了这个敏感的问题，但最终还是将该问题写入了报告。在委员会看来，"当前乡村社区的最大精神需求是更高的个人和社区精神"，而教会正是提供这种精神需求的主要机构，应该成为乡村精神生活的支柱。但目前，乡村教会却面临着诸多困难：教派林立，财力严重不足，没有固定的牧师。这些都导致了现在的乡村教会只是做一些礼仪方面的工作，无法深入村民的生活中去，因而也就无法满足村民更高的精神需求。对此，委员会建议主要从两方面进行改革：一是支持乡村教会的联合运动，使教会摆脱教义的分歧，共同服务于乡村的精神生活建设；二是为乡村教会培养专门的、专业的牧师。关于牧师问题，委员会认为，乡村牧师应该成为社区的主要领导人，这就要求他们必须常住在乡村，并且了解有关农业和乡村生活的相关知识，而要达到这样的要求，就必须提高乡村牧师的薪金水平，并组织他们进行相关专业的培训。

委员会的最后一项建议是关于改革领导权的问题。在委员会看来，他们所做的工作只是指导性和建议性的，乡村生活的改善最终还是取决于村民自己，特别是乡村中的青年们。因此，乡村生活运动的更高目的就是要建设一个富有吸引力的乡村社会，从而使得乡村能够留住并吸引更多的青年人。

乡村生活委员会的工作引起了社会的巨大反响，也为罗斯福总统和委员会的成员赢得了巨大荣誉。一位农妇曾给罗斯福总统写信，称赞"他是受到了神明的启示而去努力理解农民生活的苍凉"。乡村生活委员会的成员们也收到了很多赞美信。委员会报告出版后，美国的传媒领域掀起了一股讨论乡村问题的热潮。

（三）乡村运动改革及其影响

报告出台后，乡村运动改革者们主要进行了4项改革乡村的工作。

第一，进行全面的乡村社会调查，以求更加全面地了解美国乡村社会存在的问题。在乡村生活委员会报告的指导下，调查的范围也从纯粹的农业问题，如农业技术、产品市场和土地问题等，转向了包括乡村教育、道路交通和乡村教会建设等问题在内的全面调查。比如1910年沃伦·威尔逊在其领导的长老会国内传教团内部，组织成立了教会和乡村生活部，并在各地的分团中也成立了类似的部门，专门负责乡村生活和教会的调查工作。1910—1912年，该部门在印第安纳等10个州展开了一系列的大规模乡村生活调查。这一系列的调查相当全面，在调查对象上，它既包括对个别有代表性的郡的具体调查，又包括对县所在地区的调查。在调查内容上，它既包括对农业和乡村经济生活的调查，又具体突出了对乡村社会生活和教会的特别关注。在调查范围上，它既囊括了美国东部、中西部、远西部和南部各个地理区域，又重点关注中西部地区。

第二，改革乡村教育。改革者和各地的教育督学合作，对分散的乡村学校进行合并，并对合并后的学校进行标准化评估，评估的标准包括5项内容：校园和附属建筑、校舍的物质条件、室内设施及供给、课程设置和教学质量。改革活动也得到了许多州议会的立法支持，如1919年艾奥瓦州议会通过了《艾奥瓦标准学校法案》，规定每年主要由州财政拨款，向进入"标准学校"学习的学生提供6个月的资助。资助分为两部分，一半用于学生支付教师的薪金，另一半主要用来购置学习器材等物品。除了学校教育改革外，乡村改革者们还积极倡导乡村教育推广工作，对正在从事农业的成年人进行短期的职业培训。

第三，组织农民召开讨论各种乡村问题的会议，引导农民组织化合作。早在罗斯福乡村生活委员会成立之前，一些乡村改革者已经以通过召开乡村生活会议的方式，引导农民进行合作化的生产和销售了。乡村生活委员会成立后，各州纷纷效仿成立本州的乡村生活委员会，专门负责召开乡村生活会议。到1914年，共有14个州组织召开了关于本州乡村生活问题的会议。与此同时，跨州的乡村生活会议也开始兴起。

第四，革新乡村教会，改善农民的精神生活。早在19世纪末，美国就有部分教士开始关注乡村教会问题，并从事相关的改革活动。这个时期的乡村教会改革主要围绕教会联合、牧师培训、提高牧师待遇以及建立乡村牧师常驻制展开。美国当时几个主要的教派，如长老会、卫理会、摩拉维亚派和基督教协进会等，他们都不同程度地卷入到了乡村改革的浪潮中。这些教派纷纷成立有关乡村教会改革的部门，进行乡村调查，然后进行了一系列的改革实验。罗斯福乡村生活委员会成立之后，各个教派纷纷成立了与乡村工作相关的部门，着手在部分乡村辖区内建立"示范教会"。卫理派在1916年成立了乡村工作部，他们在全国的教区中选择了几个区作为试点，通过提供高薪水和牧师公寓的方式，招募派内牧师来做全职的乡村牧师。乡村工作部则负责联系各农业学院，为新来的牧师提供培训，共有1 200名卫理派牧师参加了培训。在示范工作取得了一定成效后，工作部扩大试点范围，建立了40个地区性的乡村生活社团。这些乡村社团服务的教会负责对该地区的乡村社会做全面的调查，并在之后制定出该社团的改革计划。两年后，已有十来个社团的教会拿出了自己的改革方案。这些教会大都致力于主动服务乡村社区，他们加强了不同派别教会间的合作，改善社区的医疗卫生条件，建立教会图书馆，丰富居民的文化娱乐生活。在一些经济条件比较好的社团，教会提高了牧师的薪水，吸引了很多年轻人入会，使得教会的社区服务水平有了很大提高。

五、美国的乡村建设

（一）郊区建设

从20世纪20年代开始，美国城市化加速发展，城市的规模进一步扩大，城市压力过大，从这个时候开始，城市人口就逐渐向郊区转移，郊区建设如雨后春笋般冒了出来，美国开始大刀阔斧地搞郊区建设，在美国政府的主导下，郊区建设如火如荼地开展起来。美国政府提出并落实了一些有效的措施，主要有代表性的有：住宅向郊区扩散的优惠政策、大力援助公路建设政策等。这些都在很大程度上减轻了城市的负担，促使居民以及其住房、大量工商业都向郊区分散，这对于平衡城乡之间的矛盾起到了至关重要的作用，为城乡一体化发展做了很好的铺垫，起了很好的过渡作用。

20世纪50年代以后，在美国郊区建设取得一定的成效之后，美国开始不断完善其城乡一体化的进程，郊区建设逐步演变成美国的小城镇建设。因为随着郊区建设的不断发展扩大，郊区建设已经不能满足社会发展的需要，人口还要向郊区以外扩散，从这个时候开始，美国开始大规模地

他山之石——国外乡村发展经验与启示

实施小城镇建设,协调城乡之间的矛盾。

第三产业的兴起,使得人口更加向城市周围扩散,郊区人口的比重越来越大,城市人口不断流失。根据统计,截至2003年,美国50个州,3 043个郡县,35 153个市镇(美国的镇也称作村),城镇化水平就高达85%,其中占300万及以上人口的城市只有13个,20万~100万人这个区间内的中等城市有78个,但是3万~10万人口的小城市就有878个,3万人口以下的小城镇则多达34 000多个,也就是说,拥有10万人以下人口的小城镇是美国的主体部分,占美国城市总数的99.3%,美国目前大约有70%以上的人口都集中在小城镇①。小城镇的发展壮大已经使得美国基本上实现了城乡一体化,小城镇建设成为协调城乡发展的有效纽带,不断完善着美国统筹城乡发展的理论和实践②。

"城市化—郊区化—一体化"是美国探索城乡统筹发展的"三步走"进程。郊区建设、小城镇建设是美国在遭遇到城乡矛盾过程中的统筹城乡发展的具体做法,也可以说美国的"郊区建设"是美国在统筹城乡一体化发展过程中的中转站,是实现城乡统筹发展的有效措施,而小城镇建设则促使了美国城乡一体化发展的顺利实现,都具有非常重要的意义。

从20世纪20年代开始,由于美国中心城市发展的规模不断膨胀,产生巨大的人口压力、环境压力以及生存压力,人口开始不断向郊区转移,后来随着美国政府一系列的政策都开始倾斜于美国的郊区建设,因此一度呈现出美国郊区人口的增长比例赶超了中心城市人口的增长率,特别是在20世纪70年代,第一次出现了美国郊区的人口多过于城市的人口③,这在以前任何时候都是没有过的现象,足以见得郊区建设在美国社会发展中的作用是越来越重要。美国的郊区发展,刚开始好像只是简单的人口转移,但是后来逐渐转变为发展重心的转移,郊区建设的成效都是跟美国政府的主导作用分不开的。

在工业化、城市化发展的过程中,农村人口不断向城市涌入,城市发展就暴露出一系列的问题,城市人口膨胀,城市拥挤,环境恶劣,城市人

---

① 李萌. 国外的小城镇建设——以美国为例. 中国社会出版社, 2008年, 第22页.
② 肖依. 城乡统筹发展中的农村建设:国外经验与启示——以英国、美国、日本、韩国、印度五国为例. 华中师范大学硕士论文, 2011年, 第21~23页.
③ 白国强. 美国郊区城市化及其衍生的区域问题.《城市问题》2004年第4期.

口生活的环境和质量越来越差等,这些给城市发展带来巨大的压力,面对这么多的城市弊病,美国政府开始发展城市周边的郊区建设。在美国政府主导下,郊区建设发展得非常快,美国政府提出并落实了一些有建设性的措施来不断推动美国郊区的发展,主要表现如下[①]。

其一,大力援助公路建设政策。美国作为一个工业高度发达的国家,工业化的成就给人的生活带来极大的便利,加上每年财政对公路等基础设施的建设,使人们住在舒适的郊区的可能变成了现实,公路和交通事业的发展使郊区建设迈开了很好的第一步,这也是美国以工补农方面的重大成效。

其二,住宅向郊区扩散的优惠政策。在城市蜗居,不如来郊区享受舒适的生活环境,在城市问题暴露的同时,人们已经认识到这一问题,加上美国政府适时地提出了住宅向郊区扩散的优惠政策,使得人们可以在郊区安居乐业。美国政府的这一优惠政策,针对一般居民在郊区买房,政府还会给他们一定的资金援助,对于买不起房的群体提供贷款援助,这些对美国的郊区化起到了有力的推动作用。

其三,完备的郊区基础公共设施建设。美国政府非常重视郊区的基础设施建设,每年的财政都会大量投入对郊区公共设施的投资,对于有能力投资的企业和个人,政府还会给予奖励与回报。这样就有效地保障了美国郊区教育、文化、卫生等公共设施的建设,使得郊区建设不断完善。

美国的"郊区建设"就这样在政府的主导下一步一步开展下来,取得了很大的成效,成功地协调了城乡之间的矛盾,是美国农村建设的成功典范,在建设的过程中也获得了不少经验。

(二)美国郊区居民点的规模

美国乡村居民点的人口规模大约在 6 000 人,美国人口总数 3 亿多,其中不包括 1 200 万非法移民。美国国家统计局对"城市地区"的定义是:每平方千米人口密度达到 386 人,其周边地区的人口密度为每平方千米 193 人,其余地区为乡村地区。

在美国统计中"城市地区"包括两类:"城市化地区"(Urbanized Areas),

---

① 孟祥林. 城市郊区化模式比较与我国的选择——以英美澳日等国为例.《城市问题》2006 年第 5 期。

人口为5万人以上，这个指标从1950年沿用至今；"城市群"（Urban Cluster）人口为5万人以下，这个指标从2000年开始使用。美国1人以上的"城市化地区"和"城市群"共有1 371个。据联合国2005年的统计，美国的城镇化水平达78%。美乡村人口大约为600万人，其中注册农户一般住在自己的农场里，这样的农业人口约为600万人，另外的6 000万人居住在乡村居民点中。美国乡村居民点的用地面积大约为48.58万平方千米，为美国国土面积的5%。城市与乡村建成区一起，占美国国土面积的10%。当美国人开始大声疾呼保护土地资源、保护开放空间，特别是人口稠密地区的开放空间时，他们可能不完全是基于粮食安全的考虑，而是为了维护环境安全和可持续发展[①]。

（三）美国乡村居民点的边界

美国乡村居民点在空间布局上比较随意，向着可能开发的任一方向展开，几乎难以找到它们确定的边界。长期以来，美国的市场经济体制决定了美国人在土地利用上采取自由化的方式，把政府的规划干预减至最低水平。事实上，乡村居民点的公用基础设施，如上下水和供电系统会在某种程度上约束居民对土地的使用。在美国这样低税收低福利的国家，地方市政当局难以承担类似高税收高福利欧洲乡村居民点那样的开支，更不可能达到中国某些发达地区乡村已经实现了的基础设施水平，如道路密度和道路等级。但是，从人居安全的角度看，美国的乡村基础设施综合水平远远高于中国的发达地区。例如每一个乡村居民点都有小型污水处理设施，这些设施是由地方政府委托的污水处理公司进行运行与管理的；每个乡村居民点都有由市政当局委托的私人代理公司来定期收集和处理垃圾。居民点一定有消防栓，原则上还要有消防站。

做到这些不一定取决于资金，而是取决于有没有这样的考虑，以及政府是否负有这种职责与义务。如果乡村居民不受约束地任意盖房，必然会增加公共基础设施建设和运行的成本，这是市政当局不可能接受的。从市场的角度讲，公共基础设施使用的程度越高，成本才会越低。因此，基础设施和公共服务仅仅提供到行政边界内为止，不再向边界外延伸，不能进

---

① 叶齐茂. 美国的乡村建设.《城乡建设》2008年第17期，第74~75页。

入这个基础设施服务系统的住宅是不合法的。如没有消防设施覆盖的住宅，就不能被认为是适合于居住的住宅，因此在美国乡村居民点消防栓随处可见。美国村居民点的更新和开发建设由当地基础设施的承载能力所控制。所以在他们看来，与其使用行政手段来控制农村居民点土地的使用，还不如使用基础设施来约束宅基地的不当使用。乡村居民点内的道路是个例外，它不仅没有约束性，反倒成为乡村居民点任意发展的动力。为美国人热衷于使用私家车，只要有路就可以使用汽车，道路质量如何则无关紧要。美国市政当局所负责建设和维护的只是居民点中很少的几条主要道路，其余均由用户自己负责，乡村居民因此可以不受道路约束而扩大自己的宅基地。因此，那里的乡村居民点道路的硬化率和相关的交通设施安装率都相当低。例如，在美国几乎没有看到乡村居民点中使用太阳能路灯，即使是普通路灯，其间隔也大于35米，倒是有许多没有用水泥铺装的沙石道路[①]。

（四）美国乡村居民点的发展与管理

美国乡村居民点长期受到分区规划、宅基地规范、《清洁空气法》《清洁水法》《濒危物种法》等法规的影响。因为乡民点的建设从区位和形体上都被限制在生态环境允许的范围内，所以美国多村居民点的发展并非"无政府"的。尽管土地私有制从根本上决定了乡村居民点的土地开发与怎样开发、在哪里开发，开发后的用途基本上是由房地产市场决定的，其至于开发密度和形式也在一定程度上由市场决定，但分区规划和宅基地规范的作用不容忽视。美国乡村居民点的土地使用由分区规划所控制，以控制居民点中得一块宅基地的规模建筑；而住宅建设受到居住区规划的控制，包括村庄道路的宽度、道路等级、布局方式。分区规划是一些约束性条款，例如规定了每一英亩土地上的建筑单元数目和建筑面积。通过分区规划，能够管理乡村居民在他们的土地建设什么，也能够明确邻近土地的开发方式，同时还提出对建筑物的一系列要求，如高度、面积、距离宅基块地边界的尺寸以及建筑物的使用规定。一旦市场建立起来后，由分区规划最终决定开发内容和开发形式。早期在乡村地区的住宅建设中并没有分

---

① 叶齐茂. 美国的乡村建设.《城乡建设》2008年第17期，第74~75页。

区规划的控制；后来制定的分区规划，都要得到原有居民的同意，而他们必然会考虑如何保护自己的房地产，这样就有了现在似乎没有章法的村落。如果没有对乡村居民点土地开发的管理，那里的每一个居民都有可能威胁到其他居民的利益。这就是为什么要进行规划控制的理由。给一块土地提供一个合理的开发预期，使这块土地的价值能够保持稳定，进而形成一个相对稳定的土地市场；另一方面规划法规也保护着公众的利益。如果说构建和谐社会是人类的共同理想，那么美国使用分区规划、住宅建设规范和相关的设计标准来控制乡村居民点的发展，在一定意义上推动了乡村社区的和谐。美国的传统乡村分区规划，对土地使用进行了严格的功能间分区，道路通常作为不同功能区的分界线。在乡村居民点，土地使用功能的分离远远大于城市核心区。在老城区里，相关的土地使用常常混合在一起。但是在乡村，主干道和高速公路走廊常常用来划分居住区和农田。道路、开放空间通常成为农业生产区和居住区之间的缓冲地带。而商业功能区也与附近的居住区分隔开来，隔离带通常是道路和景观区。有些人可能对这种功能分区进行批判，但是也应当注意到，许多乡下人仍然喜欢安静的居住区。对于这些人来说，在居住区进行功能混合式的开发，将会破坏街区的特征，威胁那里房地产价值[1]。

当然，这种规范并非只是关于功能分区的，它们通常也把同一种功能，但具有多样性的土地使用进行细分。例如，把住宅区分为公寓区、独户住宅区，甚至把独户住宅区再进行细分，划分的基础是宅基地的大小。因此，有人提出这种划分可能会形成富人区，从而产生社会隔离。但是，从总的方面来讲，分区规划从私人的角度和公众的角度似乎都是合理的，因为它保护了公众的健康、福利，提升了房地产的价值。直到今天，美国的乡村都是按分区规划执行的。当然，新城市规划和新传统规划的倡导者则力主打破居民点的功能分区，主张功能混合。

保护开放空间是美国的一个传统。美国的《清洁水法》第 404 条款规定了向美国全境水体和湿地排放污水和倾倒垃圾的管理办法。因此，即使在深山中的居民点，也没有污水横流、垃圾遍地的现象。除了农田，见得最多的莫过于大规模的湿地[1]。

---

[1] 叶齐茂. 美国的乡村建设. 《城乡建设》2008 年第 17 期，第 74~75 页。

第四章　美国乡村发展历程

　　减低容积率是许多地方政府所采用的一种分区规划方法。按照这种方法，逐步减少一定面积土地上的建筑面积（或者相反，增加一定面积土地上可用于开发的面积）。例如建造一个独户住宅可以使用 0.5~3 英亩土地，这样，住宅与住宅之间的距离可能发生变化，在它们之间可能有更多的开放空间和树木。如果规定"最小后退"，或规定建筑之间的"景观缓冲区"和"宅基地分界线"，那么，可以进一步减少每一块宅基地上的建筑用地总量，在建筑与建筑间保留更多的开放空间。降低容积率的方式在美国十分流行，许多社区正是通过这种方式保护了社区特征①。

　　组团式布局模式是保护开放空间的另一个方法。它可以与规定土地使用的方法同时使用，也可以单独使用。使用组团式布局模式可以在开发时保护地块上已有的部分土地使用功能（例如农田或森林），以供公众使用；或者保护那里的动植物，从而保护社区特征、营造公共开放空间、保护动植物和水资源。从本质上讲，组团布局把住宅开发集中到开发场地的特定部分，把剩余部分留做开放空间。从容纳的住宅单元总数来讲，组团布局可能与均衡布局相同，但是前者创造了更多成片的开放空间。组团式布局创造的开放空间可能属于私人所有，不过它们成为所有居民的共享空间。在一些情况下，通过开放空间的设计，业主协会或土地信用社拥有这些开放空间，并且把它出租给农民，可以用作耕作①。

　　美国乡村居民点几乎谈不上什么民族或地方风格，各种文化都可以共存。不过，在美国东部地区老一些的乡村居民点还有欧洲乡村的特点。联邦住宅局特别支持"新英格兰殖民式"建筑。这样，从缅因州到加利福尼亚，从明尼苏达到佛罗里达，到处都是"新英格兰殖民式"建筑，加利福尼亚和田纳西的乡村几乎与康涅狄格如出一辙。而对有些西部地区和那些新兴的乡村居民点而言，则毫无风格可言，只剩下乏味的工业化建筑风格。没有历史，更谈不上有多少文化，只是功能合乎规范。这种所谓布局上"乱七八糟"的工业化建筑风格，实际上是美国人实用主义意识形态在住宅物质空间上的表现。应当注意的是，在这种看似无章的风格背后，其实有只"无形的手"控制着美国乡村居民点的建筑风格和布局特征，那就是联邦政府的"贷款担保""区位首选"和"建设标准"等政策制度。住

---

① 叶齐茂. 美国的乡村建设.《城乡建设》2008 年第 17 期，第 74~75 页。

宅贷款担保制度不只是一个金融制度，同时也是一个政府贯彻发展导向的机制，事实上它成为政府贯彻自己意志的手段。长期以来，美国联邦住宅局使用贷款担保鼓励在乡村地区建设独户住宅，而不鼓励建设公寓式住宅。联邦住宅局使用一套特殊的标准来决定可以给什么人在什么地方提供什么样的贷款担保，其中最优先考虑的是街区的"经济稳定性"和抵御"社会不良影响"的程度。在联邦住宅局提供的贷款担保指南中明确表示，对那些高密度的老街区，也就是大部分的城市中心区，在提供住宅贷款担保时持谨慎态度。联邦住宅局还设立了新住宅建设最低标准，包括宅基地规模和整个住宅的宽度，这个标准，事实上只认可在乡村地区建设住宅。另外，联邦住宅局公布了标准化的宅基地设计标准，专门和详细地规定了在标准道路两旁的标准住宅。把有较宽马路和较深后退的住宅标记为"好"；相反，把传统的和步行规模的街区标记为"坏"[①]。

六、美国乡村发展的政策特征

（一）重视乡村规制机构的管理职能，注重完善乡村规划法规体系

美国乡村管理机构起源于19世纪20年代。1862年林肯总统批准组建美国农业部（USDA）。此后，根据实际需要逐渐增设或重组相关职能部门，1996年才形成现有美国农业部的组织机构。随着机构设置的演变，美国农业部职能也发生了重大变化。目前，按照美国乡村发展的管理框架，美国农业部下辖的乡村发展署通过3个事务性机构予以执行，即乡村住宅服务局、乡村商业合作服务局、乡村公用事业局，对这3个部门赋予不同的管理职能目标。

美国乡村规划法规体系完善，可分为联邦、州、地方政府3个层级，涉及乡村规划的联邦层级法规包括《农业法案》《土地法》《国家环境政策法》（NEPA）及《住房法》等。但由于乡村地区差异性大，联邦法规一般具有较大的弹性。美国对乡村规划实行严格的功能分区制度，明确划分土地使用类别，通常用道路、景观区和绿化带分隔农业产生区、乡村居住

---

① 叶齐茂. 美国的乡村建设.《城乡建设》2008年第17期，第74~75页。

区、商业功能区等不同功能区。

（二）大力采取激励性措施激活乡村经济

美国政府采取多种措施刺激乡村经济复兴，包括4类计划措施：商业与产业类发展计划（商业与产业信贷担保计划等）、专门性计划（循环贷款计划、乡村小型企业支持计划、乡村商业公司授信计划、乡村经济发展贷款计划等）、合作性计划（增加值生产授信计划、乡村合作发展授信计划、弱势群体生产授信计划、1890土地授信制度创新发起、乡村经济影响合作研究计划等）、乡村能源计划（生物质提取信贷支持计划、高级生物燃料计划、再生动力支持计划、乡村可再生能源计划等）。这些刺激性举措以确保美国乡村高质量的就业机会、乡村商业繁荣及可持续能源供给等，受益群体包括乡村居民个体、乡村公司、合伙人、公共个体、非营利公司、印第安土著、私人企业等。

（三）政府注重乡村公共性服务的供给水平和质量效果

在乡村公共基础设施服务方面，建立了3个领域支持投资计划，即面向乡村电力计划、乡村通信和宽带计划、水资源和环境支持计划。这些计划以促进乡村公共基础设施的多元化投资、乡村居民生活质量的提升，以及乡村生态环境的保障等。2009—2016财政年度美国财政资助乡村发展的各类项目达138.94万个，资助金额为2 534.34亿美元。在具体的行业领域方面，如2016财政年度美国在乡村可再生能源领域资助了1 900个项目，资助额达3.09亿美元；在乡村电力系统升级改造领域资助额达39亿美元，受益547万家农户。农业生产方面的公益服务包括农业科研、农业推广咨询服务、动植物疫病防治、农产品检验与质量控制等。

（四）财政支农政策纳入立法，创新税收措施激励乡村发展

美国把财政支农政策纳入立法，各任期政府的财政支农政策调整都是通过农业基本法的不断修正来实现的。从1933年《农业调整法》到2014年农业法案，美国先后出台20余部农业基本法和100多部专项法，已形成完整的农业法律支持体系。在美国财政支农200多年的发展历程中，财政支农的规模、力度和范围不断强化。

美国一直重视创新税收制度激励乡村发展措施，如针对小于5个雇员的乡村小型企业初创或扩大经营活动的投资需求，美国各州可制订相应的投资税收信贷细则，税收信贷额度可达小型企业投资额度的30%。蒙大拿州制订了针对乡村退休人员的收入税收激励措施，鼓励向乡村社区捐赠个人资产用于乡村社区的公共性事业发展，过去5年已向乡村社区捐赠7 400万美元[①]。

七、美国乡村发展的现状与特征

（一）美国乡村发展的现状

1. 乡村农业经济增长稳定，农产品出口在全球占据主导力量

近年来，美国农业总产值虽然呈现了减少的趋势，但总体保持了较稳定的发展态势，美国农林牧渔业 GDP 由 2000 年的 2 435 亿美元增长到 2016 年的 4 281 亿美元。美国乡村经济开放度高，是全球农产品出口的主导力量，美国农产品出口占全球比重长期维持在 9%～11%，2016 年农产品出口占全球比重的 9.82%。农产品出口额（按 SITC 0＋1＋22＋4 算）从 2000 年的 543.41 亿美元增长到 2016 年的 1 355.79 亿美元。

2. 乡村人口占比有下降趋势，农业经济对美国 GDP 贡献占比不高

美国乡村涵盖了 72% 的美国国土面积，拥有 4 600 万乡村居民，但乡村人口在城乡占比中有持续下降趋势，即由 1980 年的 18.08% 下降到 2016 年的 14.27%。乡村经济约占美国 GDP 的 5%，其中农业只占美国 GDP 的 1.3% 左右。

3. 乡村就业及居民收入较为稳定，就业增长结构具有多样性

第一，美国乡村就业呈现复苏的增长局面，尤其金融危机以后乡村就业有了一定的改观，乡村就业变化率由 2007—2010 年的 -2.0% 扭转为 2010—2015 年的 0.8%。第二，美国乡村就业不仅局限在农业、采掘业等传统乡村产业部门，而且乡村制造业、服务业、贸易也占据相当比重。

---

① 龙晓柏，龚建文．英美乡村演变特征、政策及对中国乡村振兴的启示．《江西社会科学》2018 年第 4 期，第 220～224 页．

2015年农业、采掘业等传统产业部门提供约5%的乡村薪资性岗位,乡村制造业提供的薪资性岗位数为15%,而服务部门领域的薪资性岗位数增长较快,尤其是教育与医疗业(占25%),贸易、交通运输及公共服务业(占20%)及乡村休闲业(占11%)等领域。第三,美国乡村居民近年来收入保持了温和的增长,2015年人均收入和工作岗位均收入比2014年分别增长了2.5%和0.3%。

4. 农场是美国乡村经济发展的重要基础

家庭农场是美国乡村经济发展的重要基础,其占美国国土面积40%以上,农场主要由谷物种植地和牧场地构成,二者面积占农场面积达近90%。在美国农场经济中,大型家庭农场对美国乡村经济具有明显的带动作用,2016年美国大型规模家庭农场(生产经营额:1 000 000~4 999 999美元)个数占比虽仅为2.9%,但农场产值占比达45.2%。

(二)美国乡村发展的特征

1. 基于国情制定增强计划,构建乡村可持续发展体系

从美国发展经验看,在进行乡村规划和建设时从自然环境、资源禀赋、乡村经济水平和人口分布等方面加以考虑。两国为全球老牌发达工业国,乡村相对于城市处于发展滞后情形,周期性爆发的经济危机使得乡村发展面临巨大的压力。为此,针对乡村发展的外部环境以及乡村经济占比不高的现实状况加大了统筹协调力度,制定了系列乡村发展增强计划,以确保乡村人口稳定、经济可持续和构建具有竞争力的乡村生产体系。

2. 注重完善乡村基础设施,提升现代乡村公共服务保障水平

美国乡村规划和建设普遍基于多元目标综合推进,其中改善乡村基础设施条件是普遍的首选。如自2009以来,美国农业部辖下的农村公用事业服务局面向近700万名乡村居民、36.4万个农村企业和3.2万个社区投资建设新的和改进宽带服务设施,同时通过超过6 700个水资源和废水环境处理的乡村基础设施项目,帮助保护了2 000多万乡村居民的健康。此外,支持了5 500多个远程乡村学习和远程医疗项目,提高了美国乡村医疗保健和教育的可获得性和质量水平。

3. 鼓励农业规模化经营,深度挖掘乡村产业发展链条

农业规模化经营是英美乡村产业发展政策的重要内容,目的在于整合

乡村资源，提高乡村经济发展的规模化水平。美国单个农场面积大于100公顷的占近50%。美政府大力支持发展现代乡村高附加值产业，普遍重视发展乡村旅游业，在乡村规划与建设中，注重培育生态型乡村发展理念。

4. 针对重点贫困与偏远乡村区域制定特殊发展计划

美国重视贫困与偏远乡村区域的可持续发展问题，积极倡导发挥政府扶持功能，在政策、资金、制度等各方面提供大力支持。针对最贫困和偏远的乡村区域，在2010年发起了乡村"锋线力量"（Strike Force）额外援助倡议计划。通过该倡议，2016年美国农业部向高贫困乡村区域投资超过8.2亿美元。美国农业部还通过乡村社区经济发展（CED）计划，为贫困乡村提供乡村经济维持发展资助，2016年美国农业部乡村发展中心确定了261个CED目标乡村，向这些地区投资了21亿美元。在2016财政年度，美国还面向印第安乡村和阿拉斯加土著区域投资超过3.65亿美元，用于支持美洲印第安人和阿拉斯加土著区域的住房、乡村社区设施、公用事业和乡村商业等。

八、美国乡村发展对中国的启示

美国乡村发展是以农业在资源禀赋上的独特优势为基础，大农场与机械化耕作，农业就业人口稀少但是效率高，借助于城乡均衡发展的格局，乡村人口不仅仅是农业人口，且在大都市发展的基础上，整体乡村发展趋向于协调，乡村基础设施完备，所以美国乡村一直是与现代化紧密连接，丝毫没有被城市化所抛弃，政府对农业的补贴使得农民的收入基本与城市持平甚至高于城市，中国与之相比，乡村基础条件相距甚远，但是，其发展的思路值得借鉴。

（一）农业补贴政策是乡村发展的基石

美国因为对农业的高科技投入，以及其他种种原因，造成农业本身的成本特别高，实际利润对于农民来说是非常微不足道的。之所以农民还能赚钱，那是因为美国政府对农业进行了一系列的政策补贴的结果，由此分散的乡村发展具备特质基础。

（二）家庭农场规模化经营路径是最佳选择

美国农业的成功除了诸多技术与资源方面的优势外，还体现在以土地规模化经营为目标，以家庭农场为主导形式。说明规模经营，以家庭为经济主体是最有效的农业现代化生产方式。

目前中国农村在家庭联产承包制的基础上，开始实施土地流转，使得实际经营者的经营规模变大，收入会相对增长。农村土地应当通过一系列的政策鼓励，使得经营者有利可图，方能达到乡村振兴的有效实施。

（三）产业发展是乡村振兴的基石

乡村和城市的主要区别在于产业业态的差异，农村是以农业为主体产业形态的，城镇是以工业和服务业为主要产业形态的。随着城乡融合，有些产业业态在城乡之间有一定的交叉和交集，但仍然改变不了城乡各自的主体业态。要实现乡村的振兴，一定要以农业的长足发展为基础，把农业振兴和发展看成乡村振兴的基石是非常重要的。从美国农村发展看，整个农业的发展和振兴，尤其是农业国际竞争力的提升为美国农村发展提供了充分保障。我们在实现乡村振兴过程中，应当借鉴美国的经验，千万不可忽视农业的发展而空喊口号，以免贻误乡村发展的大好时机。

（四）乡村振兴要树立全局观

美国的乡村发展是放在国家发展战略和全局视角下进行的，具有宏大的国际视野，这为美国农业直至乡村发展提供了广阔的发展视野，也为美国农业国际竞争力的建立提供了长足的贡献，造就了今天美国农业发展的国际地位。对于中国而言，我们要充分认识到中国农业发展的优势和劣势。对于优势，要进一步挖掘和利用，把优势进一步转化为生产力和竞争力，让地区农业成为全国甚至全世界有竞争优势的产业；对于劣势，要不断地弥补不足，分析存在的差距及原因，尤其是要注意挖掘其特色，培育竞争优势。在农业发展壮大的基础上，要把整个乡村发展，包括环境、交通、文化等的发展更加完美地结合起来，实现乡村振兴，最终实现农民的"人的发展"。

（五）乡村振兴要以法律为保障

美国社会发展非常注重立法的保障作用，在农村发展过程中也秉承了这一精神，以法律的形式对农业、农产品、农资、土地甚至与农业相关的食品、农村发展政策等做了规范。这样做的好处是能够提升政策和制度的约束力，也保持了政策的前后连贯和一致，避免政策随意变动对发展战略和计划的冲击，具有很强的前瞻性，乡村振兴要借鉴美国的做法，把一些政策理念、方式方法，尤其是乡村振兴战略的核心和要点、思路及目标以法律的形式固化起来，体现战略的法律效力从而提升执行力，这样可以加深中国乡村振兴推进的效力，提升乡村发展实力。

（六）促进劳动力就地转移，创造就业机会

政府应下大力气把培训作为农村剩余劳动力转移的重要环节来抓。努力把技能培训、国内外就业介绍、就业后服务管理融为一体。在培训的基础上，进一步加强职业培训与劳动力转移的衔接机制，让农民既能够进入城市就业，又能够带动乡村的发展。

（七）大幅度提高农民养老金数量，让农民享受真正意义上的国民待遇

如果这一点做不到，农村永远还是向城市输血的角色，难以扭转城乡单向流动的局面，即年轻者向城市流动，年老者向农村流动，农村不能够吸引人们的目光，乡村振兴将会成为一句空话。

向乡村输血的方式除了加大基础设施的投入，在产业政策上向农业倾斜，更加有效有途径的是提高60岁以上农村实际劳动者的养老金数额，这些资金看似一笔不小的支出，但是所产生的实际效果将会翻倍显现，因为除了会产生经济上的盘活，同时还能够减轻农村户籍青年一代的负担，改善代际之间的关系，使得乡村家庭和谐，而家庭的和谐才是整个社会和谐的基础。

第五章 日本的乡村发展

日本是亚洲大陆东缘、四面临海的岛国，国土面积目前约为37.8万平方千米。日本国土由北海道、本州、四国和九州4个大岛及附近的3 900多个岛屿组成，通称日本列岛。

日本因国土面积呈南北延伸的狭长状，跨越维度大，南北气候差异显著。受地理位置、地形和海流的影响，日本气候具有温带海洋性的气候特点，终年温和，基本没有严冬和酷暑。日本是世界上海岸线最长的国家之一，又是多山国家，海岸线总长3.2万千米，山地和丘陵占全国总面积的75%，平原和台地分别占13%和12%。多山使日本耕地面积有限，只占全国面积的14%，人多地少的状况比较突出。1965年，日本农用地为643万公顷，其中耕地602万公顷；1980年农用地减至561万公顷，其中耕地为546万公顷[1]。1990年耕地面积为524万公顷；2000年为483万公顷；2015年为450万公顷。但是，日本粮食自给率却不容乐观。1910年日本粮食自给率高达98%，多年维持较高的自给率，但1965年降至73%，1990年更是跌到48%，2010年只有39%[2]。

日本也是世界上人口密度最高的国家之一，1948年人口达8 000万人，1955年增至8 928万人，1967年突破1亿人大关，达10 029万人，1985年增至1.21亿人。但日本人口老龄化日趋加重。战后初期的1947年，65岁以上老年人口约370万人，占总人口的4.8%；1980年增至1 065万人，占总人口的9%；1985年达1 247万人，为总人口的10.3%[3]。之后持续增加，老龄化问题日益严重。2018年，65岁以上人口比例高达27%，排名

---

[1] 王晓生，赵军山. 战后日本经济社会统计. 北京：航空工业出版社，1988年，第28页。
[2] 温娟. 日本近代农业政策研究. 南京：江苏人民出版社2019年，序章表1。
[3] 王晓生，赵军山. 战后日本经济社会统计. 北京：航空工业出版社，1988年，第36~38页。

他山之石——国外乡村发展经验与启示

世界第一。

在明治维新时期，日本劳动人口中，务农人口占80%以上，且农业人口长期维持庞大的绝对数。1880年务农人口有1 465万人，直到1930年，务农人口的比重才降至49.4%，为1 394万人。1940年为1 355万人，占比44%，1950年略升至45.2%。随着工业化、城市化的加速，务农人口比重在1960年减至30%，1970年又大幅降至18%，为1 025万人，1980年仅为劳动人口的9.8%，为697万人。2000年，务农人口仅有389万人，2015年只有200多万人务农了[1][2]。日本对于农户或农家的定义，是以经营耕地面积为基准的，并根据农产品的销售额对耕地面积进行修正。1950年实行"农业统计调查"以来，在东日本拥有10公顷、西日本拥有5公顷以上经营耕地面积的，原则上就是农户。此外，还规定经营耕地面积在此之下，但农产品销售额超过一定金额的，也属于农户。1960年，日本农户总数有605万户，1970年为534万户，1980年为466万户，1990年为383万户，2000年为312万户[3]。

日本国民收入，战后的1950年人均123美元（美国为1 586美元），与发达国家差之甚远。1975年人均3 909美元，虽不如美国的6 293美元，但已超过英国的3 684美元；1984年超过1万美元，达11 411美元，与美国的14 204美元相差无几[4]。1956—1973年，日本实际国民生产总值年均增长超过10%，堪称世界上的"经济奇迹"。日本农林水产在国民收入中所占比例在明治初期高达64.7%，直至1941年跌至17.1%；农林水产从业人员也从82.3%减至44.6%[5]。战后的1950年，农林水产在国民收入中的比例为26%，1960年降至14.8%，1970年仅为7.8%（在GDP中的比例为6.3%）[6]。2000年在GDP中仅占1.3%[1]。即作为工业化大国的日本，农业在国民生产中的地位已很微小了。但这并不意味着农业、农村在日本

---

[1] 温娟. 日本近代农业政策研究. 南京：江苏人民出版社2019年，序章表1.
[2] 池元吉，张贤淳. 日本经济. 北京：人民出版社，1989年，第13~15页.
[3] 冈部守，章政，等. 日本农业概论. 北京：中国农业出版社，2004年，第28~29页.
[4] 王晓生，赵军山. 战后日本经济社会统计. 北京：航空工业出版社，1988年，第474~475页.
[5] 冈部守，章政，等. 日本农业概论. 北京：中国农业出版社，2004年，第4页.
[6] 王晓生，赵军山. 战后日本经济社会统计. 北京：航空工业出版社，1988年，第62~64页.

国民经社会中可有可无。城乡一体化、美好乡村仍发挥着不可替代的作用。

一、明治维新以来日本农业的发展

在明治维新之前,"日本有纯粹封建性的土地占有组织和发达的小农经济"(马克思、恩格斯《资本论》第一卷)。在德川幕府时代,日本土地全部属领主所有,而与中国的地主制不同。领主分为四种,即德川幕府领地、大名领地、天皇公卿领地和寺院神社领地。与欧洲领主制不同的是,日本封建领主一般不建立庄园,而是将领地零散地交给个体小农经营。占人口80%的农民没有自己的土地,而是作为领主的世袭租佃者,每户平均耕种约2町步(1町步约合9.9公顷)的份地,向领主缴纳一种租税合一的"年贡米",占收成的4~6成,甚至高达8成。农民每年还要为领主服一定的劳役;过桥、行船、割草、砍柴、捕鱼、狩猎、制盐等,都要纳税。全国居民则分为士、农、工、商四个等级。等级身份世代相传,不得改变。但到明治维新之前,已有1/3的农民丧失份地。商品经济、工场手工业都有所发展。

从19世纪60年代开始,日本发生以下层武士和农民为主力的攘夷倒幕运动,推翻了幕府统治,建立起天皇制政权。明治天皇政权建立后,提出富国强兵、殖产兴业、文明开化三大国策,进行了十几年的社会经济改革,即明治维新,从而开启日本早期现代化进程。但日本政治经济中仍保留着浓厚的封建势力和军国主义势力。日本在推进现代化过程中,多次发动对外侵略战争,成为第二次世界大战的亚洲策源地,给亚洲及世界各国人民带来了严重损害。

明治维新时期,日本政府实行土地改革,废除封建制度对农民的束缚,减轻农民的税收负担。1870年,日本民部省提出,士、农、工、商同受国家保护;应承认农民的土地所有权,实行以地价为基础货币地租。在完成废藩置县、废除等级制之后,日本政府于1872年解除土地买卖禁令,向土地所有者颁发地契,承认地主和自耕农的土地所有权,允许土地自由买卖。1871年已允许农民自由种植作物,统一货币地税;1872年废除农民封建义务,给农民以人身和就业自由。这一时期的土地改革,主要通过调

他山之石——国外乡村发展经验与启示

整地税来改变土地关系。1873年7月,政府颁布《地税改革条例》,实行单一地税,地税以土地价格的3%为课税标准,一律由领取地契者用现金缴纳。地税占政府收入的80%以上,成为日本资本原始积累的重要来源。1876年,又进行税制改革,废除了德川时期的大多零杂税,并将税收分为国税和地方税两种。1888年,为增加财政收入,缩小农民与工商业者的税负差异,开始建立所得税,对年收入300日元以上的个人按1%~3%分5级累进税率征税。经过多次改革,日本农业的税收负担不断减轻。1878—1882年,农业税负在税负中的比例高达91%(非农税负仅为9%);1908—1912年期间,农业税负比例降至54%,1918—1922年进一步降至41%,非农税负超过了农业;1933—1937年农业税负只占26%[①]。

1870年后,日本政府还从欧美引进农业机械,尝试大农场经营方式,但受耕作条件和水稻生产的制约,未能见效。1880年后,日本政府推行"老农化经营方式",在东京、札幌等地设立农业学校和试验站,总结、改进老农的生产经验和技术,加以推广,注重良种、肥料、耕作方式和水利灌溉系统的改进;1896年设立府县农工银行,翌年又设日本土地抵押银行;1899年通过《土地调整法》,农户参加土地改善计划,并由政府为老农化生产和土地改善计划提供贷款。1900年,政府以农民自发成立的农业讨论会、种子交换会等民间团体为基础,成立日本农协,并通过农协向农户提供贷款和补贴。1870—1912年,农业税负的减轻、财政补贴推动了农业投资的增加,深耕技术、品种改良和化肥使用得以普及,农业有了明显发展。在1890—1910年,每町土地收入由357日元增至439日元[②]。

1910年以后,日本工业产值开始超过农业,农村资本加速流向工商业;日本占领的朝鲜及我国台湾地区的大米大量输往日本,导致日本粮价下跌,农民受困,农村动荡不安,1918年发生全国性的"米粮暴动"。20世纪20年代,日本发生经济危机、关东大地震,农村贫困化加剧,租佃矛盾激烈。为挽救农业危机,日本成立农林水产省,制定政策,稳定稻米价

---

① 王德祥. 明治维新以来日本的农业和农业政策.《现代日本经济》2008年第2期,第43页。

② [日] 大川一司,筱原三代平. 长期经济统计:推计与分析(农林业). 日本:东洋经济新报社,1966年,第226页。

格、调节租佃冲突、支持农村建设。1921年制定《稻米法》，干预稻米购销，稳定市场和农民收入，每年投入2亿日元。1924年制定《租佃调解法》和《自耕创设维持法》，减免佃农地租，保障佃农的耕作权，并推动地主出售土地给佃农。1919年制定《开垦帮助法》，1922年制定《新农协法》，1923年实施《水利灌溉项目补助规定》，资助农民修路、开渠、垦荒，提供生产性贷款，补贴各村的生产和生活自救行动。这一系列措施使农村的贫困问题有所缓解。

20世纪20年代末、30年代初，日本连续发生经济危机，农民备受打击，农村动荡不已。日本政府不得不采取措施，对农业实施财政补贴。1931年颁布《地租法》，废除原有租税条例，将地税由地价改为按租借价课税，使地税变为收益性税收，减轻地税负担。1932年制定村庄复兴计划，拟在五年中每年资助1 000个村庄，截至1934年年底实际共资助5.22亿日元。此外，还资助农村水库、渠道、仓库、道路的建设和教育、工商贸易的发展。1932—1935年，对贫困农民无偿配给或低价出售粮食、提供种子和肥料，为农民提供低息或无息贷款。1936年，建立中央对町村的财政补助制度，要求地方政府降低租税，缓解农民的困苦。1938年，制定《国民健康保险法》，建立包括农民在内的医疗保险制度[①]。此外，1931年日本关东军发动"九一八"事变，占领中国东北，扶持伪满政权。日本政府采取措施，向中国东北派遣武装"开拓团"，实行垦殖计划。向美洲移民，也缓解了日本的农业危机。通过这些措施，日本农业有所发展。1910—1930年，每町土地收入由439日元增至533日元。

就总的趋势看，在第二次世界大战前的1880—1935年间，日本农业的劳动生产率和农地生产率是不断增长的（表5-1）。

表5-1　日本农业产出和农地产出时序指数（1960年为100）

年份	农业产出	比上年增减	每公顷农地产出	比上年增减
1880	28		36	
1890	35	7	43	7
1900	42	7	49	6

---

① 王德祥. 明治维新以来日本的农业和农业政策.《现代日本经济》2008年第2期，第44页。

续表

年份	农业产出	比上年增减	每公顷农地产出	比上年增减
1910	53	11	57	8
1920	65	12	66	9
1930	69	4	71	5
1935	73	4	73	2
1940	73	0	73	0
1945	63	-10	67	-6
1950	71	8	73	6
1960	100	29	100	27

资料来源：[日]速水佑次郎、[美]弗农·拉坦：《农业发展：国际前景》，吴伟东等译，北京：商务印书馆2018年版，第413~417页。

如表5-1所示，如果以1960年指数为100，则日本1880—1920年的40年间，农业产出增加了1.3倍以上；受20世纪二三十年代经济危机和侵略中国的战争的影响，1920—1935年的增速放缓，但15年间也增加了1倍多。从1880—1935年，55年间产出指数增加了1.6倍（复合年增长率为1.76%）。同时期，美国增加0.9倍，英国增加近0.2倍，法国增加0.4倍以上，丹麦增加近1.9倍。再看每公顷土地产出的增长指数，日本1880—1935年的55年间增加了1倍多（复合年增长率为1.29%）。同期，美国土地产出指数无明显变化，30年代甚至有所下降，但平均数较高；英国增加0.3倍，法国增加0.4倍，丹麦增加1.5倍[①]。由此可见，日本农业产出的效率相当可观，在20世纪初期已与欧洲发达国家不相上下。

不过，工农业之间脱节严重，工业发展在国内无法获得充足的原料和市场，这也助长了日本军国主义的对外扩张。日本工业革命在第一次世界大战前夕基本完成，但现代工业与庞大的农业并存、少数先进的工业与大量工场手工业并存，形成所谓"双重经济结构"。明治维新以后地主土地私有制取代了领主所有制，但地税改革保留了全国1/3的佃耕地，助长了土地兼并，使得寄生地主（"不在村地主"）在19世纪末20世纪初迅速发展。寄生地主基本不直接从事农业生产，收取地租，积极投资于城市工商

---

① [日]速水佑次郎，[美]弗农·拉坦. 农业发展：国际前景. 吴伟东等译. 北京：商务印书馆，2018年，根据第413~417页计算。

业；有的寄生地主本身就是大资本家，很少回乡，不太关心乡村事务。虽然寄生地主对日本工商业发展起了推动作用，但广大佃农却承受高额佃租，饱受经济危机的冲击。农村的两极分化现象也很严重。1887—1908年，不足1町步土地的自耕农失地严重，而拥有50町步以上土地的地主不断增加。日本政府改良土地的政策，大地主受益更多。租佃纠纷不断，减租斗争激烈。此外，日本现代工业主要集中于东京、大阪、名古屋、北九州等几个大的工业带，对农村的拉动有限，城乡差距严重。

二、第二次世界大战后日本农地改革和农村基层自治制度

日本在东方发动侵华战争和第二次世界大战，最后惨败。各个产业，包括农业，都处于崩溃边缘。战争结束时，占日本农户3.3%的地主，拥有的土地超过耕地总面积的40%，而75%的农户拥有的土地还不到耕地总面积的25%。70%的农民是佃农或半佃农，每年向地主缴纳的地租约占一年收成的60%，且多为实物地租。日本战败之后，农业生产率大幅下降，粮食奇缺。此时的工业体系被战争破坏严重，无法提供农业生产所需的机械、化肥、农药，他们认识到，唯一的出路是必须从改革制度、改变农村生产关系等方面入手，挖掘生产潜力。

在美国的控制下，日本开始民主化改革。农业也发生了大的改变。1946年，日本颁布《新宪法》，制定《创立自耕农特别措施法》和《农地调整法改正法》，实施农地改革。农地改革的首要目标是实现"耕者有其田"。北海道"在村地主"可保留4町步土地，其他地区在村地主保留1町步，其余土地全部由国家购买。"不在村地主"的土地全部强制征收、转卖。1945年佃农耕地共有237万町步，其中190万町步耕地被国家收购，佃耕地占总面积的比例从1945年的46%下降为1950年的10%。强制征收的佃耕地由国家出售给佃农和其他农地经营者，价格与征地价格相同。受通货膨胀影响，大米价格猛涨了28倍，到1950年，耕地实际售价仅为征收价的5%~7%。以占领军为后盾，通过政府强制，日本形成了庞大的自耕农集团。在这一过程中，寄生地主也设法逃避改革，采取黑市变卖、赠与亲属等各种手段分割地块。农民则通过土地管理运动、农民委员

会、耕地共同管理等组织和运动，与其斗争。日本农协也由此有了雏形。

1950年，农地改革基本完成。约200万公顷土地转移到农民手中，全国耕地总面积中自耕地的比例由1945年的54%上升到1950年的90%，也即绝大多数农地成为自耕地；而自耕农户数由1945年的172.9万户上升到1950年的382.2万户，增加了1.2倍以上；自耕农比例也由31%升至62%。自耕地不足10%的佃农户数，由28%减至5%。耕者有其田、自耕形态为主体的结构终于形成①。总的来看，有75%的农户耕地不超过1公顷；农户总数多达617万户，创日本历史的高峰（明治维新后日本农户常年维持在550万户）；农村人口占了全国总人口8 411万人的60.7%。

1952年，为巩固农地改革的成果，日本又制定《农地法》。该法也把从第二次世界大战前、战中到战后这一时期所形成的农地立法汇集起来，构成一个法律体系。着眼点在于通过保护和强化农地耕作者的地位，对农地进行全面且有力的管制，以期实现维持和发展农业经营的目的。《农地法》经过了6次修改，特别是1962年和1970年的修改，部分放宽管制范围，增进农用地利用事业，促进农地流转②。

这一时期，日本还实行"市町村大合并"。町村原为日本的自然村落（町通常是位于"城"边较为平坦的地区）③。1878年，日本制定《郡区町村编制法》，以町村为行政区划的基本单位；在城市设区，地位与町、村相等；承认区、町、村为自治团体，选举议员组成府、县议会，议决地方税的征收和开支；区、町、村议会也得到认可，从而奠定了日本近代地方自治制度的基础。为加强行政管理，1889年推行"市制、町村制"。1886年开始，为落实4年小学义务教育制，根据一所小学的规模，规定每一町村户数为300~500户。于是，日本实行第一次市町村合并（"明治大合并"），町村数由1888年的71 314个减少到1889年的15 820个。同时实行"市制"，形成39个市。1945年第二次世界大战结束之际，日本市町村总数为10 520个，其中町1 797个，村8 518个。町村制使传统村落以里巷

---

① ［日］关谷俊作. 日本的农地制度. 金洪云译. 北京：生活·读书·新知三联书店，2004年，第3页。
② ［日］关谷俊作. 日本的农地制度. 金洪云译. 北京：生活·读书·新知三联书店，2004年，第178页。
③ 现代日本，全国划分为都、道、府、县，之下有市、町、村。町、村是农村基层管理单位。

或集聚区的形式得以保留，成为小型农户组合（协作组织）。1932年，日本开展"农山渔村经济改革运动"，推进村落建设，历时5年。每年指定1 000个町村，制定重建计划，由政府提供财政补贴，但主要还是依靠町村的自力更生。其主要目的是通过"发扬农村部落固有之美俗，即邻里互助精神"，实现共同体秩序的重组和强化①②。

战后，日本推行民主化，1947年颁布的新宪法《昭和宪法》特别写有"地方自治"一章，以保障地方公共团体的自治。新宪法规定：在地方公共团体设置议会和行政首长，就任公职者全部由居民直接选举产生；地方公共团体有管理财产、处理执行事务、制定条例的权力；只对一个地方公共团体适用的特别法，须该团体居民投票通过。同年，日本又制定《地方自治法》，作为地方政府的组织法。之后，该法历经多次修订，进一步巩固地方自治制度。

根据《新宪法》和《地方自治法》的规定，农村基层町村设议会作为议事和权力机关。市町村议会议长、议员和市町村长均由居民直接选举产生，任期4年。年满25周岁以上者，有市町村议长和议员的被选举权。根据町村人口规模，各町村议员限额12~30名。町村议会为行使职权，可设置各种委员会，分为常任和特别两种。常任委员会针对町村事务而设，如总务常任委员会、土木常任委员会，其职能主要是调查所属部门的有关事务，审查提出的议案、请愿等。其委员任期与一般议员相同。特别委员会主要是为审查议会委托的特别事项而设，一般在议会期中开展活动。根据《国会法》，町村可设4个常任委员会，特别委员会视需要而定。町村议会每年至少召开4次例会，公开进行，允许公众旁听。但如议长或议员3人以上提议，出席议会2/3以上的议员同意时，可以进行秘密会议。町村议会的主要职责是：决定本行政区域内的重大事项，如制定、修改或撤销条例；决定预算、承认决算；有关地方税的征收；缔结合同等。此外，还有权向主持人或其他执行机关要求提出报告，检查事务管理、决议执行及调查町村事务等。

町村议会的执行机关是居民直接选举产生的町村长。此外，还有教育

---

① 焦必方，孙彬彬. 日本现代农村建设研究. 上海：复旦大学出版社，2009年，第31页.
② [日]酒井富夫，等. 日本农村再生：经验与治理. 李雯雯等译. 北京：社会科学文献出版社，2019年，第29页.

委员会、选举管理委员会、人事委员会（亦称公平委员会）、监察委员会、农业委员会、固定资产评价审查委员会等。此外还有町村长助理、会计员、副会计员等其他工作人员。町村长是町村最高行政长官，凡年满25岁以上的本地居民均有资格当选；实行专职制，国会议员和地方议员均不得兼任。町村长有双重地位，既要对町村事务负全盘责任，又要执行国家和其他权力公共团体委托的事务。町村长有权向议会提出立法议案，有权驳回议会超越其权限或违反法令和议会规则而审议的议案及违法选举，有权解散议会。议会也可通过不信任案迫使町村长辞职。许多行政事务由市町村承担，如设置与管理新制的初级中学、市町村消防、社会福利、卫生保健等。此外，法律还规定町村组织不受任何政党影响，保持政治上的独立性。乡村居民点（类似于自然村落）还有一种自治组织"集落"，落实町村的任务，代行部分职权。城镇居民也有自治组织，老住户的自治组织叫"町内会"；新住户则称为"自治会"[①]。这些都是农村自治制度最基层的组织。

1953年，日本制定有效期3年的《町村合并促进法》，以学校为基准，即根据一所初级中学最有效的区域人口规模为8 000人的设想，制定町村的人口规模标准。到1956年，市町村由1953年的9 868个减少至1956年的3 975个，其中町村减少了6 000多个。与此相应，日本也于20世纪50年代初普及了9年义务教育。1956年，日本实施《新市町村建设促进法》，继续推进市町村合并。至1961年，全国市町村降为3 472个。1953—1961年的第二次市町村合并被称为"昭和大合并"。与合并同步的是，义务教育的普及和地方基层自治的深化。

1965年，日本实施《关于市町村合并特例的法律》，继续支持市町村的自主合并，强调稳定地方自治制度。1970—2000年的30年间，全国市町村数量变化不大，从1970年的3 280个增至2000年的3 299个。随着城市化、混住化和人口流动，"村"的数量持续减少，由1970年的689个降为2000年的567个。而"市"的数量则有所增加，由1970年的564个增加到2000年的671个。町的数量则变化不大。不过，2000年后，市町村合并的步伐重新加快，2000—2007年短短几年中，市町村数量减少40%以

[①] 项继权. 外国农村基层建制. 武汉：华中师范大学出版社，1995年，第96~97页、101~104页。

上，由 3 229 个减至 1 804 个。2007 年，日本全国的市、町、村数量分别为 782 个、827 个、195 个。这次合并，被称为"平成大合并"①。从数量排序上看，村、町、市终于演变为市、町、村了。与之相伴的是，城乡一体化和地方分权进一步深化，市町村成为地方的公共团体行政体系，以"自主决策、自负责任"为原则，国家权力进一步下放，凡是地方市町村能办之事，尽可能自办。

在町村等基层自治中，农协发挥了重大作用。早在德川幕府时期，日本农村社会已出现由农民自发组织的各种形式的农业合作组织。明治维新之后，为适应资本主义的发展，出现了与农产品出口有关的合作组织。1881 年和 1894 年还先后成立了官办色彩的大日本农会和全国农事会。1899 年颁布《农会法》，全国农事会成为农会的中央机关，1904 年改称帝国农会。1900 年，日本颁布《产业组合法》，开始在全国范围内建立产业组合，作为农会的附属组织，有销售合作社、购买合作社、信用合作社等。1943 年日本颁布《农业团体法》，产业组合被战时农业团体"农业会"所吸收。"农业会"作为战时统制经济的产物，带有强制性，已丧失农民自发、自主的性质，沦为国家机器的一部分。

第二次世界大战结束后，日本开始民主化改革。随着农地改革的稳步推进，自耕农为主体的小土地所有制确立，耕作者所有权受到保护。农民越来越多地参与到与自身利益有关的事务中来。土地转让的核心机关市町村农地委员会与农民联系紧密，且在村民监督下工作。农地委员会由村民直接选举产生，能自行决定土地收购和转让。广大农民有了民主体验，推动了农村的民主化进程。农地改革为新型农业合作组织农协产生提供了不可或缺的社会基础——耕作权的强化和大量自耕农的出现。为巩固农地改革的成果，防止农民失去土地沦为佃农，占领军司令部（GHQ）于 1945 年 12 月发出照会，要求日本政府成立新的农业合作组织，取代农业经济统制机构农业会②。

1947 年 11 月，日本政府颁布《农业协同组合法》（简称《农协法》），对农协组织（即农业合作组织）的性质、运营和管理作出了详细规定，主

---

① 焦必方，孙彬彬. 日本现代农村建设研究. 上海：复旦大学出版社，2009 年，第 31~35 页。
② 李汉卿. 自主与参政：日本农业合作组织发展研究（1900—1975）. 北京：法律出版社，2012 年，第 38~98 页。

要目标在于实现农协的自由原则、确立农民在农协中的主体性、加强农协在农业生产协同方面的作用、保障农协的自主性，即"自立、自主、互助"。新农协的主要任务是促进自耕农在生产领域的协同，提高农业生产力水平和农民的经济社会地位，从而推进农业现代化和农村民主化进程。1950—1975年，日本农协的发展有所变化。农协组织不断完善和壮大。农协不仅是政府政策的执行者，也是农民利益的代言人。1954年确立农协中央会制度，农协接受中央会的指导，逐渐形成利益整体。尤其是系统共同贩卖体制的确立，强化了利益结合，使农协演化为压力集团。农协通过农业委员会系统、各种审议会合选票，参与农业政策的制定[①]。

具体而言，农协为农民提供产、供、销一条龙服务。在采购方面，农协每年根据所有会员提出的需要制定采购计划，然后统一与生产厂家交涉，争取价格优惠。在销售方面，农协为会员寻找销售渠道，洽谈价格，代理销售。农民只需负责生产，形成"农协+农户"的基本经营模式。

三、日本的农业支持政策

日本政府在战后60年代开始加大对农业的支持。如前所述，明治维新以来，日本政府为实现粮食自给，对农业也采取了一些扶持举措。第二次世界大战结束后，日本粮食危机严重。日本政府在民主化改革中，实行农地改革，重建农协，使农业生产迅速恢复，1950年基本恢复到战前水平。《农地法》则巩固了自耕农体制，有助于夯实农业发展的基础。

20世纪50年代，日本政府为推动以工养农，实行以提高农产品质量为中心的农业支持政策，确保农业为工业发展提供充足的资源。1949年，日本建立新的农产品价格支持和补贴制度，保障农村家庭收入不低于城市家庭的收入，实现粮食自给。1955年，又加大价格支持力度，完善补贴制度，包括农产品价格补贴、农业机械与设施补贴、农业现代化改造贷款利息补贴、农业生产保险补贴。土地制度、粮食管理制度、农协制度等相应建立起来，成为日后农业支持政策的主要内容。

---

① 李汉卿. 自主与参政：日本农业合作组织发展研究（1900—1975）. 北京：法律出版社，2012年，第193页。

第五章　日本的乡村发展

20世纪60年代，日本国民经济增长迅猛，工业化进程加快，大量资源从农业向工业转移，工农收入差距成为一大问题。同时，日本于1955年加入关贸总协定以后，面临贸易自由化对本国农业的冲击。1961年，日本制定《农业基本法》，成为系统的农业支持正式开始的标志。基本目标是：提高农业生产力，缩小乃至拉平农业与其他产业的生产力差距；提高农业从业人员收入水平，使之获得与其他行业人员同等的生活水平。主要通过结构政策、生产政策和价格政策来落实对农业的支持。借助经济高速增长的机遇，扩大非农业的劳动市场，使得农民逐渐脱离农业，从而推动农地供给群体的出现；扩大蔬菜、水果及肉类的需求。生产政策的目的是引导和扩大出现增长趋势的农产品的生产；价格政策主要是对农产品价格提供政策支持，发挥支撑农业收入的作用，亦称为收入政策。结构政策，亦即结构改善事业，通过成套地完善土地基础、大型农业机械以及农业现代化设施，实现"促进农业技术革新和扩大农业生产选择性，资助自立经营模式的培育和发展合作经营模式"的目标。以此为契机，1962年修改《农地法》，放宽对获得农地权利最高面积的限制条件，设立农业生产法人制度，创设农协的农地信托事业制度，建立有利于土地买卖的和出租的"土地信托制度"，允许农民把土地出租给愿意从事农业生产的人，试图培养现代家庭经营模式的"自立经营农户"。不过，受多项农业支持政策的推动，农民务农和兼业经营收入颇丰，而工业化、城市化又推动地价大涨，农民有利可图，转让土地缺乏动力，在整个60年代，兼业化经营更加普遍，专业化农户反而下降。结构政策没有达到预期目标。1961年，日本还将《国民健康保险》普及所有村庄，由市町村具体实施，这也是提高农村生活水平的一个措施。

20世纪70年代以来，以1973年修订《农业基本法》为标志，日本农业支持政策的重点在于促进农业结构的转型，在农业生产、价格、流通等多个领域采取措施，以提高农业生产效率，增加农民收入，改进农村居住环境。1975年对1969年制定的《农业振兴地域法》（即《农振法》）加以修订。1987年出台《村落地域建设法》，要求地方政府制定村落建设计划，使村庄具有现代农业生产和良好居住环境的功能。因此，农业机械化程度迅速提高，农业劳动力比例持续下降，工农收入差距逐渐缩小，农村居住环境明显改善，城乡一体化加速。1975年，农村家庭收入达到86.7万日元,超过城市家庭的76万日元。1980年又制定《农用地利用增进法》,进一步放宽《农地法》对农地的各种限制,由各地集体确立农地利用权,促进农用地租赁带来的土地流动化。因此,并非个别农户间的个别耕地的租赁,而是以市町村为业务主体,集体行使一定区域内的耕地利用权,采取以地区为单位的集体性耕地流动化手段。所谓利用权,指的是规定期限的租赁合同或使用借贷,合同期满时排除耕地法中的更新规定,而是采取自动结束(返还耕地)的方式。从而,土地所有者可以安心地出租土地[①②]。这一时期,"造村运动""一村一品"运动("村落整备")大大推进了乡村发展。

1999年以后,日本政府鉴于工业化进程结束、老龄化严重、务农者减少、农产品自给不足、大规模生产无法实现等现实问题,以《食品、农业、农村基本法》的制定为标志,农业支持政策主要围绕保障国民食物的稳定来源,以合理的价格稳定优质食品供给而展开,鼓励农业的多功能性,确保农业可持续发展,努力改变农业日渐衰落的局面[③]。

综上所述,在明治维新以来的现代化进程中,尤其是工业化、城市化进程中,民主化改革、义务教育制度和地方自治制度、持续的农业支持政策,农业生产力提高,农民收入增加,为日本乡村发展提供了较好的物质的、制度的保障。

四、日本的造村运动

20世纪60年代和70年代初,日本在制造业的引领下,经济快速增长,创造了"日本奇迹"。农民家庭收入也在1975年小幅超过市民家庭。制造业创造了大量就业机会,70年代初期的从业人员多达1 400万人。此外,城市有着丰富的文化资源、迅捷的信息传播。凡此种种,吸引着农村

---

① [日]酒井富夫,等.日本农村再生:经验与治理.李雯雯等译.北京:社会科学文献出版社,2019年,第35~36页。
② 王德祥.明治维新以来日本的农业和农业政策.《现代日本经济》2008年第2期,第44页。
③ 谷征.东亚典型经济体农业支持政策演变比较(1945—2013).北京:电子工业出版社,2016年,第73~74页。

第五章　日本的乡村发展

大批就业人员转入制造业和年轻人纷纷进入城市。1975年，全国农业人口有2 320万人，占全国人口的20.7%，其中务农人口791万人，占全国总人口的7%；1980年农业人口有2 137万人，但务农人口只有697万人，为全国人口的6%、劳动人口的8%，其中又有171万劳动者为65岁以上老人，占务农人口的21.6%（2000年更是高达51.7%）[1][2]。农村留下的主要是中老年人和妇女，形成"地域过疏化"问题。那么，农业如何实现可持续发展，农民家庭收入如何维持与城市大体同步，乡村如何保持或恢复吸引力，都是乡村发展中亟待解决的难题。在这样的背景下，20世纪70年代末，日本农村开始了"造村运动"，乡村发展进入新的阶段。

造村运动的基本步骤是：相关机构（地区管理部门）引导乡村（村落）与之展开合作，推动乡村居民自主协商；根据自主协商的结果，制定乡村的综合性振兴计划（愿景）；除了振兴生产，实施包括生活环境改善在内的必要辅助事业，谋求综合性的乡村建设[3]。造村运动最具典型的，是由大分县知事平松守彦于1979年开始倡导的"一村一品"运动。运动的初衷，就是使每个町村都开发出本町村的一种王牌名产，使之驰名日本乃至世界[4]。主要措施有：培育各具优势的产业基地，增加产品的附加值，促进产品的生产流通，开展多元化的农民教育，创设合理的融资制度，促进农村文化建设等。

（一）"一村一品"运动的背景

首先，"一村一品"运动的产生是与城市化、信息化密切相关。据调查，1980年10月，大分县居民迁出、迁入的人口高达38%，大部分町村居民迁入了城市。在平松守彦看来，人口向城市流动的主要原因是信息化时代的到来。一方面，人们对信息的需求增多，导致不同的人需要交流不同的信息而聚集；另一方面，在信息化时代，信息量虽然很大，但仍然存在难以获得自己所需信息的问题，由于信息不对称，所以信息化时代下的

---

[1] 王晓生，赵军山. 战后日本经济社会统计. 北京：航空工业出版社，1988年，第75页.
[2] 温娟. 日本近代农业政策研究. 南京：江苏人民出版社，2019年，序章表1.
[3] ［日］酒井富夫，等. 日本农村再生：经验与治理. 李雯雯等译. 北京：社会科学文献出版社，2019年，第179页.
[4] ［日］平松守彦. 一村一品运动. 王翔译. 石家庄：河北人民出版社，1985年，前言.

人们就要向信息流通的城市集中，从某种意义上讲，信息化越发达，城市化的进程也就越快，人口越是向城市集中。大分县在这方面的问题比较突出，造成人口稀少的市町村数量相对较多。一方面是城市化快速发展，但另一方面也出现工业城市衰退、人口稀少地区复兴的现象。某些城市甚至出现人口负增长。町村人口减少的速度则有所减慢，甚至有的町村人口开始增加。20世纪80年代，很多青年人在地方安家落户。这也就出现了就地建设町村、求得平衡发展的历史机遇。

怎样使人民安居乐业呢？特别是人烟稀少的落后地区，这个问题更加突出。当时很多人主张应修筑公路，缩短去城市的时间。然而，吸引人们定居的是信息等优质资源。这些才是吸引青年男女的"磁铁"。怎样把町村建设成有吸引力的、不亚于城市的强"磁场"呢？只有振兴工业。但地理条件不好的大分县，难以招揽工人，尤其是在经济发展缓慢的时期，更是如此。那么，充分利用落后地区的资源，发展本地产品的地方工业，也即搞农特产的生产或加工（即所谓1.5次产业，介于一次产业和二次产业之间）。换言之，就是开发地区特产，丰富本地资源。就这样，平松守彦产生了开展"一村一品"运动的想法。

其次，"一村一品"运动的产生还与振兴地方节能产业有关。受石油危机的冲击，大量使用石油的技术应用越来越困难了，从而使大城市建设及其他重大建设项目陷入困境，如填海计划被迫冻结。日本各界开始考虑使用中间技术、不大量使用石油的技术、因地制宜的技术和因地制宜的产业，减少对石油的依赖。加上日本政府调整财政政策，地方财力下降，单靠财政投资贷款难以消灭地区间的差别，各地不得不着眼于提高投资效率，狠抓能发挥地方特点的节能产业。大分县地热资源十分丰富，温泉众多，可以利用其来发电，进行农业生产，如种植甜瓜。平松守彦知事试图把大分县变成节能农业的样板县，下大力气开发利用地热。1981年，在大分县横贯九州公路的分水岭处成功地开发地热，建成利用地热水的试验设施，并试种石竹、甜瓜、西红柿等，效果良好。这是一个充分发挥地方特点的节能技术开发，也是成功地扬己之长的技术开发实例。

与此同时，日本国民的消费心理也在发生变化。消费者由喜欢全国统一规格的标准化大批量生产的产品，转到喜欢个性化的手工产品；人们由追求物质的丰富转向追求精神生活的丰富。"一村一品"运动就是要把握这些潮流，在身边的事物上下功夫，一边开发新技术，一边向加工工业发展。

最后，开展"一村一品"运动，也与倡导自立自助的精神有关。平松守彦发觉大分县人有着懒惰的恶习，爱唱悲调，不思进取。"一村一品"运动要求町村民众完全靠自觉自愿进行，不指望县里给补助。本村的一品是什么，由自己定；产品造出来，也要自己去宣传、储藏、推销，县里也会给予大力支持。但确定本村的一种产品时，需要自己承担风险，自己拿钱来干。"一村一品"运动是一个自主的创造活动①。

（二）"一村一品"运动的兴起

1975年，出生于大分县的平松守彦应邀出任大分县副知事，1979年当选为县知事。此前，他在日本国土厅任职时，主抓农村建设工作，并致力于解决农村人口稀少的问题。他看到家乡大分县因人口稀少而一筹莫展的困境，深感不安，意识到振兴地方经济的重要性。在他看来，地方行政工作应是使人们定居当地，富村兴镇，各地平衡发展。与日本前总理大平正芳提出的"田园城市设想"相呼应，他提出一个"定居圈设想"。而要落实这些设想，先要在各地兴办工业，为青年人提供就业场所，制止人口外流。为当地招揽企业是其中重要的一环。他主张，从京都、大阪、神户三大城市疏散工厂，缓解人口过度集中问题，以大分县为中心建设新产业城市。之所以要以大分县为中心，是试图在依赖低产值的农业生产结构上增加产值高的工业，扩大就业机会，从而振兴全县经济。但是，招揽企业只是开发战略的一个方面，在经济高速发展时相对容易实施。而地方开发的基本原则，在于制定发挥地方特点的振兴政策。建设新产业城市既要符合这一基本原则，也要符合地方开发战略。

平松守彦认为，尽管均衡发展产业是关键，但绝不是先工业后其他，而是农林、水产、工商、旅游五位一体大发展。这是他主持县政的基本目标。目的是建设一个产业与自然协调发展、文化相互交流、人人身心健康的新故乡。当选县知事后，他提出了5项政策：①保护县民身心健康，充实县民心心相印的福利事业；②使地区建设平衡发展，建立完善的交通体

---

① ［日］平松守彦. 一村一品运动. 王翔译. 石家庄：河北人民出版社，1985年，第11~21页。

系；③走在新时代的前面，振兴农林水产业；④振兴工商业、旅游业；⑤培养德才兼备的人才，创造富有特点的地方文化。

就任知事后，平松守彦多次召开恳谈会，同各地青年、妇女、老人谈心，又与各市町村长、议长定期召开县政恳谈会。在1979年11月的一次恳谈会上，平松守彦提出了一村一品运动。他向47位町村长们提出："各町各村都要有自己的王牌产品，要经得起全国的评比，并以王牌为主，可以多花些时间因地制宜地发展新产品。"他又对11位市长提出，"不仅要在产品创新上下功夫，还要在产品的加工和销售等方面积极开动脑筋"。这就是一村一品运动的雏形。不过，当时还不为社会所关注。

刚起步时，平松守彦先花费3500多万日元在县电视上做广告，无偿提供给各市町村，让他们自己编排节目，宣传本町村的特产，也可以录制民谣，给家乡增辉。很快，又做出决定，每周日由大分广播电台和电视台分别播放题为"开创吧，故乡"的町村节目。这样，为一村一品运动创造氛围，介绍其实践活动。先后播放了"梅栗的故乡——大山町""芹河水库钓公鱼"（直入町）、"米水津村的养鱼业"和"对虾和青年之岛——姬岛村"等节目，在县内引起强烈反响。

占全国产量22%的香菇是大分县的王牌产品，产量和质量都堪称日本全国乃至世界第一。平松守彦希望通过一村一品运动，能创造出第二个、第三个香菇这样的名牌特产。不过，这绝不是一朝一夕就能实现的。在他的设想中，一村一品运动是通过地方的自主行动和因地制宜开发产品，至少创造出一种具有特色的产品，来鼓励地方"建设家乡"的热情，使地方建设蓬勃发展，而不是单纯地创造物资。一村一品也可以是"一村二品""一村三品"，或"二村一品""三村一品"[①]。

（三）"一村一品"运动的原则

1. 立足乡土，放眼世界

平松守彦主张，行动虽是区域性的，但眼光却应为国际性的。产品愈具有民族特色，其国际价值就愈高，也越能受到国际上的肯定。当然，地

---

① ［日］平松守彦. 一村一品运动. 王翔译. 石家庄：河北人民出版社，1985年，第4~10页。

域性并不等于国际性,无疑还需要经过精心加工和提炼。需要瞄准国内和国际市场,打造名牌,提高知名度。

2. 自立自主,体现民意

乡村居民是行动的主体,政府不下行政命令,不拿钱包办,不指定生产品种,不统一发放资金,而是在政策与技术方面给予支持,一切行动由各町村自己掌握。这就使各基层单位和广大农民放弃依赖思想,主要依靠自我奋斗。

3. 培养人才,面向未来

"造村"运动并不只是物质性的"造物"运动,更重要的是精神性的"造人"运动,人才培育是运动的最终目标,地方活力是否能带动起来,不仅需要有前瞻性的领导人,也需要集合民众的力量。

造村运动中的"一村一品"运动,实质上是一种在政府引导和扶持下,以行政区和地方特色产品为基础形成的区域经济发展模式。它要求一个地方(县、市、町村)根据自身的条件和优势,发展一种或几种有特色的且在一定销售半径内名列前茅的拳头产品,以振兴"1.5 次产业"。但"一村一品"并不限于农特产品,也包括特色旅游项目及文化资产项目,如文化设施或地方庆典活动等。

(四)"一村一品"运动的主要措施

1. 以开发农特产品为目标,培育各具优势的产业基地

大分县地处日本九州岛东部,全县地形复杂,其中林地占全县面积的七成,除了几处盆地外,几乎没有大的平原。这样的自然条件,使大分县具有种类繁多但产量不大的农特产品,具有自己独特的比较优势。因此,"一村一品"的基本目标就是开发、振兴农特产品,他们在培育农特产品上抓住产地建设、培育名牌两大重点环节。如在产地建设上,强调因地制宜,建立产业基地,以朝地町、九重町、玖珠町、钱津江村、之光村等为代表的丰后牛产业基地;以大田村、国见町、野津原町、潼町等为代表的香菇产业基地;以佐伯市、庄内町、挟间町为代表的草莓产业基地;以姬岛村、鹤见町、蒲江町等为代表的水产品产业基地。

在这一过程中,日本政府也给予了大力支持。

首先，是通过财政转移支付补贴农业。日本实行了各种各样的价格支持制度。如对大米实行成本与收入补偿制度；对土豆、甘薯、甜菜等实行最低价格保证制度；对牛肉、猪肉等实行稳定价格制度；对大豆、油菜籽、牛奶则制定目标价格差额补贴制度；对蔬菜水果、蛋类等实行价格平准基金制度。目的都是保证农民的产品能销得出去，生产成本能得到充分补偿，农业生产有利可图。据经合组织（OECD）估计，日本农业收入的一半以上来自政府的支持。其次，是建立农产品价格风险基金。日本政府除直接进行农产品价格补贴外，还建立农产品价格风险基金，农民和政府各出资30%和70%，由农林水产省负责管理，当农产品供过于求，导致市场价格下降时，基金会大量收购，消化过剩部分，促使农产品价格回升，保护生产者利益；当农产品供不应求导致价格上升时，基金则会卖出储备的农产品，促使价格回落。再次，是加大农村基础设施投入，提高农业资本的收益率。基础设施投资是社会先行资本，先行资本水平越高，直接生产的单位成本也就越低。因此日本投入巨资加大农村基础设施尤其是农田水利设施建设，从而为农业经营者创造良好的投资环境，其资金来源主要是通过财政支付。近几年来，日本政府对农村基础设施的投入都在1.1万亿日元左右。农村基础设施的改善，为实现城乡一体化提供了巨大支持①。

2. 以突破"1.5次产业"为重点，增加产品的附加价值

所谓"1.5次产业"，是以农、林、牧、渔产品及其加工品为原料所进行的工业生产活动，通过这个生产活动增加农产品的附加值。这是因为将农产品生产的一次产业直接提高到加工业的二次产业相对困难，但把农产品略做加工，提高一次产品的附加值则是可行的。因此，地方产业振兴的重点在"1.5次产业"。

与第一产业相比，"1.5次产业"具有的优势在于：①生产专业化。日本传统农业具有零星分散、规模狭小等特点，而"1.5次产业"可以根据市场需求，对农产品进行较大规模的专业化加工，集中储运和销售。②高效增值性。"1.5次产业"投资少、成本低、周期短、见效快，通过改变农产品的物理、化学性质，提高农产品价值，满足消费者对农产品的各种需求。③直接满足最终消费需求。从社会总产品的再生产角度看，"1.5次产

---

① 陈磊，曲文俏. 解读日本的造村运动.《当代亚太》2006年第6期，第31页。

业"生产直接提供人们消费的产品。另外,由于可以把剩余产品和次品如弯曲的黄瓜、有伤点的西红柿就地加工,保证了农产品价格稳定,也就消除了农民对生产过剩的顾虑,有利于提高一次产品的质量。

产业的升级离不开科技的智力支持,大分县设立许多相关的研究指导中心,如农水产加工综合指导中心、菇类研究指导中心、海洋水产研究中心等,在栽种、采收和捕捞等方面给予技术指导和协助。目前日本在全国建有农业科研体系和农业改良推广体系以及农协负责的推广服务体系。农业科研体系由公立科研机构、大学、民间三大系统组成。

2000年日本政府和地方政府的农业科研经费占国内农业总产值的2.2%左右。在农业技术推广方面,日本的《农业改良助长法》明确规定,中央政府应向各都、道、府、县支付协作农业推广事业交付金,即国家将通过有关国税税种征收的财政收入以"交付金"形式支付给地方,地方以一定比例配套,共同作为地方推广事业经费,维持农业推广体系的运行。多年来,这项农业推广事业经费预算稳定在360亿日元左右,约占日本农业相关预算总额的1.4%,其中中央与地方支付比例为7∶3。在科技人员的培养方面,截至2004年年底,日本共有区域农业改良推广中心447个,专门技术员约600人,改良普及员8 765人[①]。

3. 以开发农产品市场为手段,促进农产品的流通

农产品的市场化是推动农业产业化的原动力。日本农协在推动农产品市场化的进程中发挥了很大作用,农协通过兴办各种服务事业,把分散经营的农户与全国统一的市场紧密联结起来,有效解决了小生产与大市场的矛盾。在农产品的生产领域,从农协中央会到基层农协,都制定农村事业发展计划,针对农业经营中的问题制定相应对策,指导农民实施。农业经营指导工作由农协的近两万名"营农指导员"担任。营农指导员必须由农业专门学校毕业,取得国家认证资格,然后由农协作为专业人员雇用。营农指导员的指导范围包括农业生产指导,农田基本建设,因地制宜实行适度规模经营,统一品种、栽培、饲养标准,引进生产资金和优良品种,进行技术交流和技术培训等。在农产品流通领域,农协系统的经济业务主要是购买和销售,农民生产的农副产品的80%以上是由农协为其销售的,

---

① 黄锦龙. 日本农业推广体系改革新动向.《中国农技推广》2006年第6期,第22页。

90%以上的农业生产资料是由农协提供的。在采购原材料时，先由基层农协接受社员订货，再向县级农协订货，最后由全国农协把各地社员的零散需求集中为大批量的订货，直接与生产企业签订优惠的交易合同，以避免中间商谋利。在农产品销售时，根据农民与农协签订的协议，在收获季节，农产品由农协上门收取，销售渠道按照生产者、农协、批发市场、零售店、消费者逐次完成。农产品销售收入由农协存入农户在农协开设的专用账户。农协经销农户产品实行有偿服务，收取低于批发商的手续费。

在大分县，为了促进种植、生产、销售的一体化，农协创办了"吉四六酱菜厂"，使农户农业生产更具有计划性。农户也将自己生产的蔬菜卖给工厂作为生产原料，酱菜厂腌菜用过的酒糟和酱油渣又返回畜产农家，变成牛饲料，促进当地畜牧业发展。工厂本身也是当地妇女的工作场所。1978年吉四六酱菜厂销售额为1.6亿日元，1980年销售额多达3亿日元，并于当年创办第二家分厂①。为了提高大分县特产在其他县市的销售量，平松守彦本人也担任推销员，通过各种可能的渠道促销。例如，如今闻名遐迩的大分县特产名酒"吉四六"麦烧酒，当时并没有知名度。当时大家只知道鹿儿岛、熊本和宫崎是有名的出产地。平松将"吉四六"烧酒送到东京政治人物经常聚集的高级料理店，并将饮法传授给店主。在强力促销之下，大分县的"吉四六"开始广受欢迎，并极具知名度。

4. 以培养人才为动力，开展多元化的农民教育

日本农民教育的供给呈现出主体多元化特征。从总体上看，一是各级农业科技教育培训中心，二是高中等农业院校，三是企业与民间的各类培训服务机构，四是各级农民协会，五是各级农业技术推广服务体系和农业改良普及系统。这种由政府、学校和民间力量共同构成的多主体参与、相互交流、相互补充的全方位供给系统，能够有计划、分层次有重点地开展农民职业技术教育。平松守彦认为，培养出具有国际水平的高素质人才，是使一个地区获得新生的关键。造村运动的最终目标是"造人"，要发掘生活在本地的年轻人的热情和积极性，培养出一大批既具有实践能力而又能扎根于本地区的人才。为了培养人才，大分县政府无偿开办了很多补习班，并派遣讲师授课。课程设置颇为丰富，如农村技术讲习班、商业讲习

---

① ［日］平松守彦. 一村一品运动. 王翔译. 石家庄：河北人民出版社，1985年，第39页。

班、海洋养殖讲习班、妇女讲习班等，只要农民有需要，都可免费参加学习，每日下午5时之后上课，参加的学员从农民、渔民到家庭主妇乃至上班族，各行各业人士皆有。这些讲习班自1983年开设以来，到2002年已经有1991名学员结业，作为一村一品运动的带头人活跃在县内各个地区。现在，大分县已有许多设备齐全、环境幽雅的各类院校。县政府还利用假期组织中学生去外地参观学习，定期派大学生、家庭妇女去国外访问考察，开阔视野。早在20世纪80年代初期，平松守彦就认识到计算机技术的重要性，他号召人们从小学时代就开始学习计算机知识，加深人们对高端技术产业的关心，并在农村举办计算机表演会，让村民参加计算机实际操作，增加对计算机知识的了解。

5. 以创设合理的融资制度为途径，提供农业低息贷款

为给农村产业的振兴提供完善的金融体系的支撑，日本的农村金融体系由政策性金融与农协金融组成。农林渔业金融公库是日本农业政策性金融机构，由政府依据《农林渔业金融公库法》于1953年全资设立，负责对土壤改良、造林、林间道路、渔港等生产性基础设施建设提供贷款，以及对维持和稳定农林渔业的经营、改善农林渔业的条件所需资金提供贷款。20世纪70年代中期，日本粮食生产出现过剩，扶持农产品加工和流通成为农业政策的新重点。90年代初期，日本农产品市场对外开放，公库设立"特定农产品加工资金"，重点支持增强本国农产品的竞争能力。

日本农村金融的另一重要力量是农协金融。农协设有信用部，其业务以分散农户为单位，使得农户能以较低利率进行相互融资，业务范围包括会员的存款、贷款、票据贴现、债务担保和国内汇兑交易等信用业务。农协系统的金融机构按行政区域设置分为基层的协同组合，都、道、府、县的信用联合会，中央的农林中央金库和全国信联协会3个层次。根据《临时利率调整法》的规定，基层农协的存款利率可以高于普通银行。另外，农协金融机构遍布农村，服务工作细致周到，经常组织农协职工走访农户，坚持常年登门服务。因此，农协储蓄吸收了大量农村闲散资金，能以优惠条件向农户发放贷款，而且一般不需要担保。农户贷款的用途并不限于从事农业生产，只要农民需要，都可以向农协贷款，主要包括：农业周转资金、生活资金和工商业周转资金等短期贷款，生产性的设备资金和非

农业生产投资，以及消费型的房屋建设改造和耐用消费品添置等长期贷款①。据统计，农协贷款余额中，对社员发放的农业和生活贷款占80%以上。另外，政府向农业部门投入的贷款资金和利息补贴资金，也会通过各级农协平台发放给农户。

6. 以生活工艺运动为载体，促进农村文化建设

由于人口大量流失，农村空心化、老龄化严重，农村的各项文化传统也随之衰退，于是村民们自行对社会生活进行检讨，重新省思其价值，并开展一系列文化活动。如1998年，三岛町发布《三岛町振兴计划》，提倡"生活工艺运动"，即由町民自己构想，自己描绘"明日的三岛町"。他们宣扬物品的创造并非为了赚取金钱，而是传承与创造文化的行为。所以他们积极地学习三岛町的传统文化，并且将其运用到现代生活中。例如，盛饭用的勺子，以木制来取代塑料，而篓子、盛笼、手提包等也改以天然素材如山葡萄藤等编织而成，以感受自然的美与质感。三岛町每年12月到次年3月是冬季，积雪覆盖，厚达1.5~2厘米，居民无法从事农耕，便在家中制作生活器物。他们于每年的春天举办生活工艺展，让大家将冬天完成的工艺品一同呈现，相互交流，并颁发奖状。5—6月则在森林中举办"工人祭"，鼓励日本各地的工艺制作者前来展览与销售。三岛町在1983年成立生活工艺研究所，同年开始发行《造村运动生活工艺讯息》，分送各地，并在东京举办"三岛町生活工艺品展"。1985年成立"木友会"，组织凝聚生活工艺者。1986年建设完成三岛町生活工艺馆，作为生活工艺传承与推广的基地，老人们也在工艺制作与创作中重新找到了自己生命的意义与生存的勇气。

（五）几个典型町村的"一村一品"运动

在大分县，"一村一品"运动有几个代表性的町村。栽种梅、栗和朴蘑的大山町、养牛的汤布院町、生产酱菜的玖珠町，就是其中的典型。

1. 栽种梅、栗和朴蘑的大山町

大山町位于大分县西部，是个山沟沟。村民多在山沟的水田中种稻子，山坡上的旱地种植麻、小麦、烟草、青芋。1961年人口达到最高峰，

---

① 高伟. 日本农协金融的早期发展概况及启示.《济南金融》2005年第5期，第48页。

有6 485人，之后逐年减少，1970年减至5 118人。当时，即使水田、旱地全部种上稻子，也难以保证青年人留在村里。为减少人员外流，大山町种植劳动强度小、收益大的梅、栗，开展了N·P·C运动，即"种梅、栗发财致富，到夏威夷去旅游"的运动。如果种稻子每16亩可收入15万日元，种梅每16亩收入50万日元，还可节省一半劳力，且梅、栗生长快，见效早。为此，大山町种了梅树9 000株，栗树7 500株，收益可观。去海外旅游的村民逐年增加。

然而，人口外流的趋势并未终止。农村精神生活的贫乏是重要原因。于是，以青年人为中心，大山町开展了第二次N·P·C运动，即"造就富有理想、情操高尚、知识渊博的一代新人"的运动。村长的长子欣治是这一运动的核心。他从庆应大学文学部毕业后，在町公所担任课长。其上大学生的弟弟曾到以色列的集体农庄考察，写了考察报告。欣治读后，很受启发，认为"充分利用狭窄耕地和搞好精神生活，非常适合大山町的家乡建设"。于是，他说服村里的年轻人一起到以色列的集体农庄实习了两个月。他们又以出国进修的人为中心，成立了"知世会"，以此培养视野广阔的人。

1970年，大山町又开展第三次N·P·C运动，即改善居民生活条件运动。当地广泛种植的梅、栗最怕晚霜，晚霜会使一年可能白干。欣治认为，必须搞不受天气左右的周转快的现代农业，才能适应经济形势。经过艰苦的考察，他们在长野县发现了朴蘑。朴蘑种植无须耕地，利用工厂废弃的锯末就可以办成大事。但建一个能调温的栽培室需要2 400万日元，遭到老人们的反对。欣治孤注一掷，辞去町公所的工作，在没有保人的情况下四处借债，经过努力，终于建成栽培室。1973年5月第一次就收获了300袋，每袋100克，廉价卖每袋19日元。当时长野县产的朴蘑每袋40日元，在九州市场占了97%的份额。欣治带领种植户努力提高朴蘑质量，还说服民办广播电台和百货公司，把大山町的农产品全部拉到福冈市百货公司前，白送朴蘑1.5万袋。此情此景通过电视传到了餐馆。从此，大山产的朴蘑名气越传越远。后来，大山的朴蘑在大分县市场占了98%的比重，在九州市场也超过了80%。

为提高农家收入，大山町开展新的N·P·C运动，即向附加值高的农产品加工，也即所谓第1.5产业发展。仅大山町农协搞的加工品就有20多种，如梅酒、梅花蜜、清凉饮料、梅蜂蜜、草莓酱、李子酱、糖炒栗子等。1980年加工品销售额达4亿日元。农产品加工厂也投资2亿日元进行了改造。农协成员和主妇们可在厂里打短工。

最早开发出来的朴蘑种植技术也没有被垄断起来，而是提供给了农协。农协开办了总厂，农户办起了分厂。总厂不仅向分厂提供原料，还负责包装、消毒、培养菌种。总厂月产3.7万株，农户每天从总厂拿回三四百株在分厂栽培，采摘的朴蘑再交给农协。在690户农协会员中，有104户栽培朴蘑，1981年3月的收入达7.5亿日元。

大山町的青年们在山村恶劣的条件下，坚持依靠自己的智慧和力量，开拓出一条新的发展之路。同一地区其他中学的毕业生留在村中的只有10%，而大山町有30%的中学毕业生选择留下。从城市返乡的人，也怀着定居山村的自豪感建设大山町①。

2. 养牛的汤布院町

汤布院町位于富士山的由布山山麓，风景秀丽，温泉密布，是旅游胜地。在日本经济高速增长时期，这里也出现了土地热，大资本购买公路沿线的牧场，兴建别墅和高尔夫球场。

汤布院町的并柳地区有共同使用的牧场，风景优美。有人打算购买此地兴建高尔夫球场，当地农户也有赞成的。但青年们说："原野是我们生活的基础，不能卖掉牧场！"他们决定扩大牛的饲养规模。当时的贷款制度很严，只有在市场上买牛才能获得补助，但市场上买的牛容易患病，并不适合放牧，费工费时。还得设法饲养本地的仔牛。青年们把这个问题带到町上的青年组织——"明日由布院研究会"上讨论。该会的产业部会研究后决定，"让城里的人买仔牛，订好合同，我们给他们养五年"。

1970年，有人计划把由布山山麓的草原"猪獭户"建为高尔夫球场。这片草原辽阔，还有宝贵的湿草原。町里有两位名叫中谷和沟口的青年为保护这片草原，成立了"由布院自然保护会"，开展反对运动。中谷为继承父业，辞掉了电影副导演的工作，回乡当了旅馆老板。沟口从事昆虫研究，曾担任日田市立博物馆负责人，作为样子来当地安家，也是旅馆老

---

① [日] 平松守彦. 一村一品运动. 王翔译. 石家庄：河北人民出版社，1985年，第24~28页。

板。两位青年人有着热爱自然、保护自然的热心，挺身而出，引起当地青年的共鸣，成立了"明日由布院研究会"（由环境部会、人文部会合产业部会组成）。环境部会与町里的旅游协会一起，负责美化町容和搞好温泉休养地建设。人文部会负责研究孩子们的问题，举办过全国性的"孩子是否留在这个町上"专题讨论会。产业部会开展本地产品的合同栽培和采收野菜等项活动，还组织了"一头牛牧场"运动。

所谓"一头牛牧场"就是号召住在福冈、东京、大阪等城市的人，花20万日元买一头小母牛，以此为投资，委托农户饲养。饲养期间，作为投资分红，每年可得农户出产的大米60千克，合同期5年。在这5年期间，小牛长成大牛，如大牛平均产3头小牛，其中2头用来抵偿农户用的饲料和劳动，另一头偿还投资，5岁的成牛归农户所有。自开展"一头牛牧场"运动以来，并柳地区的牛剧增。1972年有大牛28头，小牛12头。1980年11月发展到大小牛100多头。"一头牛牧场"已成为汤布院町建设家乡的象征。不仅开辟了新的旅游地和生产场所，留住了青年人和妇女，还使广阔的牧场得到保护，大自然的恩惠也留给了后人。

3. 产对虾的姬岛村

姬岛村位于大分机场附近的一座孤岛上。该岛周长仅有17千米，自然环境优美，每年8月4日开始举办三天"姬岛舞会"，这也是一年一度的回岛日。岛上只有耕地35公顷，周围的渔场业有限。村里每个家庭中除长子外的次子，三子等长大后，都要离岛去外地谋生。

早在1963年，由两位文人出资开始养殖对虾，但未成功。之后，以姬岛村为最大股东的姬岛对虾养殖股份公司也开始养虾。最初几年一直赔钱，差点被水产公司收购。经过努力，养虾终于走上正轨，从1975年开始，稳步发展。1976年产对虾500吨，获利2.68亿日元。其后，产量逐年增加。这是因为姬岛修建了渔港，开通了到国东半岛的航道，装盒的对虾短期就可运至大分机场，再空运到东京、大阪，扩大了销路。

当地生产的对虾，色味均属日本第一，在东京市场的销售量也是第一。姬岛村的养殖池原有5个，约21万平方米，1980年扩大到9个，共30万平方米，生产能力增加到120吨（原来最少时为80吨）；从业人员也由28人增至63人。新增人员是从城市回乡的青年人和渔民的次子、三子。这些青年人的住宅区被称为"次子住宅区"，成为姬岛的骄傲。养殖场附近建有住宅区，在每坪（1坪约为3.3平方米）1.8万日元的廉价土地上，建起了一排排价值1 000万日元的新房子。据1980年调查，姬岛村共有941户3 234人，比1979年增加了53人。该村人口在战后一直在减少，终于有了增加。全日本的海岛也只有这个岛的人口增加了。青年人回到了岛上，渔业的后继者也掀起了大搞新型渔业的热潮。姬岛村变成了青年人之岛。

4. 生产酱菜的玖珠町

玖珠町位于玖珠川畔，地处高原，四周为绮丽的群山环抱。这样的地势决定了该町搞综合经营。主要生产大米、畜产品、林木、水果等。其中，畜牧业和林业最发达。他们利用草原大力发展肉牛，利用丰富的森林资源发展林业。作为副业，还栽培了香菇，发展为日本屈指可数的香菇产地。它也是已故著名童话作家久留岛武彦的故乡。该町每年举办盛大的童话节，是闻名日本的童话之乡。

玖珠町食品加工公司利用大企业发明的发酵技术，制造未过滤的酒或酱油，但销路不畅，陷入破产境地。町农协买下厂子，搞起了农产品加工。但要正式生产酱菜需要1亿多日元的投资。农协排除阻碍，用未过滤的酒或酱油制作"吉四六酱菜"，大胆搞起了加工。大分县没有很出名的菜，就在全国性的食品月刊《味之味》上介绍这种泡菜。最初，"吉四六酱菜"还不出名，在当地的百货商店中也只是摆在食品专柜的不显眼处。恰逢大分县民创作的"吉四六升天"歌剧为全国所知，通过现货的介绍，"吉四六酱菜"也获得意想不到的好评。大分县家乡建设推进本部（时任大分县副知事的平松守彦为部长）与朝日新闻社共同发行小册子《大分的风味》，专门介绍了"吉四六酱菜"。当时又恰逢开展建设家乡运动和发展县产品运动，"吉四六酱菜"逐渐为家庭主妇们所了解，超市和土产商店也开始出售，销售额猛增，成为大分县的名牌产品。1978年销售额为1.65亿日元，1980年突破3亿日元。1980年还建成第二家工厂，产量翻了一番，到1981年，产值达5亿多日元。农协发挥了重要作用。

蔬菜原料萝卜、黄瓜、胡萝卜以本地供应为主，部分外购。销售市场县内占60%，福冈、熊本、宫崎县各占10%。后来还开发了柚子、生姜、牛蒡、香菇、蕨菜、用于烧烤的腌小鸡等新品。这样的农产品加工，发展了1.5次产业，有效利用了由稻田改种其他作物的土地和振兴旱田作物生产的手段，提高了农户收入，也激发了生产者开发新产品的积极性，并逐步发展到原料本地自给。蔬菜产于农户，卖给农协工厂。工厂是本地妇女的工作场所，腌菜用过的酒精或酱油渣滓又返回到畜产农户，变成牛饲料。牛养多了，又成立畜产妇女部。妇女们在宽阔的草原上放牧，给农户带来了美好的理想和希望。

五、日本的城乡一体化进程

日本为推动城乡一体化，采取了诸多措施。前述市町村合并也是其中重要的一环。此外，为促进城乡之间的交流，日本出现了很多"市民农园"。

"市民农园"简单地来看就是"市民+农园"的组合，是城与乡的结合。"市民农园"不是由政府建设的，而是以城市居民为主体，利用农村资源建设的属于城市居民的农园，以达到他们休闲娱乐的目的，简称为"市民农园"。农园的所有者还是农民自身，使用权则在市民手上，市民凭借租赁方式租用农民的土地，参与农业生产的过程，享受田间的快乐，体会丰收的喜悦，自身得到了愉悦，而农民也得到了一笔颇丰的收入。"市民农园"是日本实现城乡交流的重要手段，日本政府也非常鼓励城市市民去建设农园，于1990年制定了《市民农园整备促进法》，推动市民农园的顺利实现。

由于日本农业用地的弃耕现象非常严重，日本的年轻人都不愿意从事农业生产，"市民农园"正好就及时利用了闲置的土地，让它发挥出最大的效益，同时也拉动了农村地区经济的发展，农民也可以增加收入来源，农民除了可以租赁土地给市民，另外还可以自己来开发"市民农园"，供市民休闲娱乐，无论哪种方式都可以给农民带来稳定的收入来源。另一方面，"市民农园"也可以让市民体会农村、农业、农民的生活，感受大自然的魅力，可以让他们远离城市的喧嚣与污染，返璞归真，体会劳动的快乐，自身也达到了休息保健的作用"市民农园"也在一定程度上可以对农业用地、自然环境都起到保护作用。"市民农园"是城与乡的结合，是促进城乡交流有效手段，也是统筹城乡发展的具体做法，它的建设惠及了农民、市民和国家的共同利益，是日本当前城乡统筹实践的成功典范。

日本政府还提出"二地域居住"政策，推动城乡和谐发展。

伴随着日本现代化的进程，大多数人的居住意向都是偏向于城市的，因此农村人口都涌入城市，农村人口稀少，农业也得不到重视，农村凋零。为了解决农村和城市之间的矛盾，日本政府提出了"二地域居住"政策。"二地域居住"政策，也可以称为两地居住政策，从字面上就可以理解，日本居民在居住的问题上是有可选择性和流动性的，日本政府的这一提法主要是为了促进城乡之间的交流，鼓励城乡之间的互动，平衡城乡之间的矛盾。

"二地域居住"政策的对象主要是针对城市居住人口，他们居住在城市，但是有意向去农村工作和居住，对于有这样意向的人，日本政府提出了"二地域居住"政策，打破过去传统的地域界线，消除过去以工定居的传统观念，进一步促进了城乡之间人口的流动，给农村发展注入了活力，协调了城乡之间的人口流动矛盾。这一点对比我们国家来讲，有很好的借鉴意义[1]。

六、日本乡村发展的经验及启示

日本以"一村一品"运动为代表的造村运动，为实现工业化和城市化的乡村，带来了新发展、新面貌。从总体上看，日本经过20多年的造村运动，农村发生巨大的变化。一是消除了城乡差别。政府支持与町村自力更生相结合，极大改善了农村生产与生活的基础设施，农村与城市没有多大差别。二是增加了农民收入。根据经合组织统计，2002年日本农户户均收入4.4万美元，其中非农收入在农户收入中的比例高达86%。三是为非农产业开拓了农村市场，刺激了农村多元化的消费，有力拉动了内需。

日本的乡村发展经验，对中国的乡村发展也具有很大的启发意义。

日本从大分县开始的"一村一品"运动开展之后，其农特产品无论在数量或收益上都有显著的增加。1980年大分县有143项特产，2001年全县共培育出有特色的产品336种，总产值高达1 410亿日元，其中产值达100万美元以上的就有126种，1 000万美元以上的有15种，玖珠町仅"吉四

---

[1] 肖依. 城乡统筹发展中的农村建设：国外经验与启示——以英国、美国、日本、韩国、印度五国为例. 华中师范大学硕士论文，2011年.

六酱菜"一项就达 5 亿日元，大分县产的干香菇从质量到产量都是全日本第一，2001 年的产量为 1 425 吨，占全国市场份额的 29%；味道甘甜的温室蜜橘 2001 年的产量达 5 630 吨，占全国市场份额的 9.2%；著名的丰后牛，其肉质鲜美，在 2002 年日本全国的和牛能力评比大会上荣获冠军。由于其产品多有朴素而充满亲切感的特色，在对天然食品需求量猛增的今天，其产品格外受欢迎。大分县的"一村一品"运动经过 20 多年的努力，成效显著。农民收入大幅度提高，2002 年人均年收入达 27 万美元，高于美国的 24 万美元。大分县面貌因"一村一品"运动发生巨大变化，成为生活安定、环境优美、经济发达的地区。受其影响，日本国内许多地区纷纷发起一村一品运动，同时，东亚乃至欧美各国有仿效。"一村一品"运动不仅带来农业产业的提升，也促进了旅游业的发展。"一村一品"运动的先进地区——全日本知名的汤布院町，人口不足 1 万人，但每年却有 380 万游客前来旅游，促进了当地的经济发展。

从总体上看，日本经过 20 多年的造村运动，农村发生巨大的变化。一是消除了城乡差别。政府支持与町村自力更生相结合，极大改善了农村生产与生活的基础设施，农村与城市没有多大差别。二是增加了农民收入，根据经合组织统计，2002 年日本农户户均收入 4.4 万美元，其中非农收入在农户收入中的比例高达 86%。三是为非农产业开拓了农村市场，刺激了农村多元化的消费，有力拉动了内需。

日本乡村发展的经验，给中国的乡村发展（如近几年的"新农村"建设、"乡村振兴"）带来诸多启示。

第一，乡村发展，离不开雄厚的物质基础。日本关注乡村发展，开始造村运动，是在已完成工业化和城市化的阶段大规模展开的。农村人口、农业产值都下降到较低的比重，使得农业、农村和农民问题的解决比以往任何一个时期都有了更好的条件。工业化为乡村发展提供了物质、技术等方面的基础，工业反哺农业有了相当程度的保障。

日本早在第一次世界大战前即已实现工业化。第二次世界大战结束后，经济恢复较快，城市化也发展到很高的程度。1956—1973 年，日本实际国民生产总值年均增长超过 10%，堪称世界上的"经济奇迹"。随着工业化、城市化的加速，经济的快速增长，务农人口比重在 1960 年减至 30%，1970 年又大幅降至 18%，1980 年仅为劳动人口的 9.8%。战后的

1950年，日本农林水产在国民收入中的比例为26%，1960年降至14.8%，1970年仅为7.8%（在GDP中的比例为6.3%）。作为工业化大国的日本，农业在国民生产中的地位已很微小了。

第二，乡村发展，离不开政府的农业支持政策。伴随经济的快速增长，日本政府有能力实行农业支持政策。如前所述，日本政府在战后六十年代开始加大对农业的支持。1961年，日本制定《农业基本法》，成为系统的农业支持正式开始的标志。20世纪70年代以来，以1973年修订《农业基本法》为标志，日本农业支持政策的重点在于促进农业结构的转型，提高农业生产效率，增加农民收入，改进农村居住环境。

第三，乡村发展，离不开逐渐完善的法律、制度和政策引导。日本制定了多种促进农村发展的法律、制度，实施了各种政策措施。比较重要的如基层自治制度、义务教育普及制度、耕者有其田的土地制度，且都有相应的法律保障。针对一村一品运动，日本政府还制定了切实可行的政策和措施，并给予引导。

第四，乡村发展，说到底还是离不开农民的自主、自立、自助的行动，而不是依赖政府的慈父式的大包大揽。基层自治的实践、义务教育的普及，使农民具备相当程度的自主、自助能力。乡村中的"能人"、城市回乡的地方精英，起了很好的带头作用。

第五，乡村发展是一个开放的、干中学的进程。村与村之间互相学习，模范村起了较好的示范作用。同时，村民走出国门，学习别国的经验，也不可或缺。

第六，乡村发展，离不开因地制宜、扬长补短。根据本村的条件，发展起适合本地的特色品种和产业，走出各有特点的富裕之路。

第六章 韩国的乡村发展

韩国位于亚洲大陆东部的朝鲜半岛。1948年，大韩民国在半岛南部成立。全国总面积99 370平方千米。国土中，耕地占19.4%，林地占65.7%，其他占14.9%。地势呈东高西低形态，大部分高山位于东部；河流沿山地走势流向西边和南边。在河流的中游和下游地区，是较为宽阔的平原。

韩国位于北半球中纬度地区，气候温和，春夏秋冬四季分明。因居于亚洲大陆和太平洋中间，属大陆性气候，并深受季风影响，冬冷夏热；在春秋两季，受季风影响，有许多晴朗干燥的天气，每年平均气温在6~16℃。

2009年韩国人口约4 875万人，占世界总人口68.3亿人的0.7%，是60年前1948年韩国成立时人口的2.3倍。人口的增长率从1970年的2%左右开始逐渐下降，到1990年后大约为0.5%。韩国人口密集度高，2005年人口密度是每平方千米490人，按人口密度排在世界的第三位①。

2009年全部农业人口达312万人，占全国总人口的6.4%；农户总数为120万户。尽管农户数在20世纪60年代后期增长到260万户，但之后开始快速下降，这主要是经济快速发展过程中工业化和城市化所造成的。主要发达国家美国、日本、法国、德国和澳大利亚的农户所占相对比例在2%~4%，韩国农村人口所占的相对比例逐渐向发达国家转变②。2008年经济活动人口占总人口的61.5%，农业和林业人口是163万人，占总人口的6.9%。经济活动人口在总人口中的相对比例有微幅增长，但农林业人口相对比例则持续下降，这与农户人口数量下降的趋势是一致的。

---

① 韩国农村经济研究院. 韩国三农. 潘伟光等译. 北京：中国农业出版社，2014年，第3页。

② 韩国农村经济研究院. 韩国三农. 潘伟光等译. 北京：中国农业出版社，2014年，第4页。

一、韩国经济发展的基本情况和农业政策的几个变化阶段

进入现代社会的韩国一开始就处于悲惨的境地，在 20 世纪初期，韩国从封建制度向西方模式的经济体制转变过程中，因遭受日本帝国主义的殖民统治而民不聊生。接着，1950 年爆发朝鲜战争这一同室操戈的悲剧，之后国家开始在经济遭受极度破坏的基础上恢复重建。

进入 20 世纪 60 年代，韩国政府开始以经济增长为目标，在 1961 年成立经济计划委员会，制定"五年经济发展计划"来推动产业结构的发展和出口的增长，由此建立一个新的经济体系。

20 世纪 60 年代和 70 年代经济的高增长证明了政府干预和政府主导市场在资源分配上是有效的。在 70 年代末，韩国经济并没有显示出重化工业所产生的产业链前后的影响。同时，第二次石油危机和朴正熙总统的去世使得韩国经济进入商品价格大幅变动的危机时期，经济变成负增长。政府把高增长时期所经历的这次危机当作一个机遇，把重点放在经济稳定、金融市场改革和产业重建上。由于这些政策的成功实施，经济增长率从 6% 上升到 9%。

从 20 世纪 80 年代中期开始，进入所谓的"三低时代"，美元价值、石油价格和国际利率大幅下降。在这样的环境下，韩国经济首次迎来第二次世界大战以后的繁荣时期，出现经常账户大量盈余、经济高速增长和价格平稳三个好的结果。尽管如此，在经济发展过程中一直被隔离的社会各阶层对经济民主化的需求开始变得强烈。1987 年，政府开始强调福利、公平与效率、增长同等重要。

1992 年总统大选，平民政府取得政权。平民政府颁布"新经济五年计划"，并且强调公众的参与性和创造力，取代过去的政府控制。政府撤销了曾经是经济发展重要象征的经济计划委员会，开始通过经济改革和市场化来建立市场经济。韩国开始成为 WTO 成员，并且成为经济合作发展组织的成员。但韩国在 1997 年年底发生金融危机，向国际货币基金组织申请金融紧急援助。韩国高速增长的经济发生根本性的变化。

1998 年新一届政府上台，开始积极寻求全社会的重建。经过努力，韩

第六章 韩国的乡村发展

国经济迅速摆脱金融危机,并废除工业化时期的经济管理模式,转向一条以市场竞争、经济民主化、经济增长和公平分配为并列目标的道路。世界经济近年来在衰退,韩国经济也在减速。因此,恢复潜在增长和创造就业已成为政府政策面临的任务。

朝鲜战争结束后,韩国一直沿着现代化和工业化道路前进。2005年人均国民收入是15 840美元,位居208个国家和地区的第49位。2008年,从事农、林、渔业的人口将近169万人,只占全部经济活动人口的7%。

到2008年年底,韩国国土总面积9 983万公顷,农地占17.6%即175.9万公顷。农地中,稻田面积为104.6万公顷,旱地面积71.3万公顷。人均耕地面积仅有0.04公顷,明显低于主要发达国家(美国为1.5公顷,法国为0.5公顷,英国为0.3公顷)。韩国食物自给水平也相对较低,但主要粮食大米则通过绿色革命,1978年实现自给,而总的粮食自给水平2008年仅为27.8%。由于农业进口规模持续扩大,大量不宜耕种的农田已被闲置或成为森林[1]。

韩国学者将韩国农业政策的变化大体分为5个阶段[2]。

第一阶段(1948—1967年),韩国第一届政府成立后开始建立国家体制组织化。受朝鲜战争的影响,到20世纪50年代中期之前,社会一直处于混乱状态。1950—1957年实施了农地改革,废除地主和佃户关系,实现耕者有其田。此时,韩国国民经济还处于工业化之前的以农业经济为主的阶段,工业化的发展,也迫切需要农业为之提供资金,高达80%的就业也是由农林渔业提供的。这一时期,农业在国民经济中有着巨大影响。农业的主要作用是解决粮食短缺问题。实施的重要政策有大米采购政策、美国剩余农产品援助(PL480)和粮食增长计划。此外,农业决策机构也建立起来。政府成立了农村振兴厅、海洋事务办公室、韩国林业服务部门。《农业协同组合法(1961)》颁布,综合性的农业协同组合体得以建立起来;《农业基本法(1967)》的颁布,促进了个体农户的发育,改善了农业结构。总之,这是一个"制度改良提升阶段"。

---

[1] 韩国农村经济研究院. 韩国三农. 潘伟光等译. 北京:中国农业出版社,2014年,第4~17页.

[2] 韩国农村经济研究院. 韩国三农. 潘伟光等译. 北京:中国农业出版社,2014年,第11~15页.

他山之石——国外乡村发展经验与启示

第二阶段（1968—1977年），农业生产扩张。1968年开始，第二次世界大战后一直处于增长的农户数量和农户人口也趋于减少；农用地面积也从1969年开始下降。随着工业化的快速发展，大量农村土地和劳动力开始转入工业部门。这一时期农业行政的主要任务是维护工业化和城市化进程中原有农业土地改革所形成的个体农业制度。因粮食问题依然严峻，政府农业政策的目标主要是提高粮食产量、推进生产过程的现代化。要求开发和推广农业技术，指导村庄建设，开发和整理农地，开发农业水资源，改良种子，实现农业机械化。此外，还通过农村电力供应和道路扩建促进农村发展，通过"提高农家和渔家收入的特别项目"实行农业收入援助，通过高米价政策和大麦订购体系稳定价格来进行价格支持。1971年开始推广一种新的高产水稻品种"统一稻"，大米产量得以大幅提高，1977年实现大米自给（一说1975年实现大米自给①）。这一时期，"新村运动"于1970年启动，促进了农村的快速发展。这一时期，有赖于大米产量的提高和大米价格支持政策，农家收入增长较快，农家经济的稳定超过以往任何一个时期。村庄的日常生活环境和农民的经济意识也发生巨大变化。不过，以个体经营为基础的农业结构并没有改善，农地的租金也开始上升。

第三阶段（1978—1985年），农业政策利益冲突。这一阶段，韩国农业达到粮食自给而进入农业商品化时代，利益冲突凸显。韩国政府的经济政策发生重大调整，从高增长向稳定增长的方向转变，从政府主导市场的保护型政策向民间主导开放市场的政策转变。农业政策也有相应调整，从依靠提高主要粮食的产量和价格支持以增加农业收入，转向通过非农收入、多种耕作方式，以及从牧业、水果蔬菜的所得中提高农家的收入水平。由此推动了农村产业的发展和农业产业综合体的形成。调味类蔬菜的生产和畜牧产品大幅增加。1978年，政府还开放了农产品进口的国内市场。这一时期，粮食自给率下降，农产品进口快速增加，这种开放的市场政策，本为通过农产品进口以稳定农产品价格，并通过非农收入和农业多种经营来补偿收入的减少，但效果不佳，农家利益受损较大。于是，1986年3月出台了一项综合计划，以恢复农村经济。该计划包括扩大提高非农收入的农业产业园区，给予农村地区企业更多的税收优惠，扩大能增加农

---

① ［韩］金振钪. 新农渔村建设. 李丽秋译. 北京：社会科学文献出版社，2006年，第14页。

业收入的农业援助基金,加强培养未来农民的项目。

第四阶段(1986—1997年),农业政策转型。1986年,决定启动全球贸易自由化的乌拉圭回合谈判开始。韩国在1986—1989年有了创纪录的外汇剩余。根据关贸总协定的BOP条款①,韩国面临开放农产品市场的严重压力。到1993年年底,乌拉圭回合谈判结束,韩国农业面临一个开放的农产品市场。农业政策主要着眼于通过改善农业产业结构以加强国际竞争力。韩国政府在1989—1994年期间公布了三项综合计划。第一个计划是1989年发布的《发展农村和渔村的综合措施》,目的是创办农地管理基金,增加农地购买的金融支持,加快农业结构的改善。这个计划还引入了农业公司制。此外,还注重开发非农收入来源和居住地,发展农产品的加工工业和出口。1991年,韩国政府又发布《农村、渔村结构改善的措施》,计划在1992—2001年10年间投资约41兆7 021亿韩元来改善农村和渔村(亦称"42兆韩元农渔村结构调整项目"②)。1994年,韩国政府公布《发展农村和渔村的农业政策改革和发展措施》,计划将上述投资提前到1998年完成,并成立农渔村发展委员会,制定《农渔村特别税法》,为农村发展设立15万亿韩元的特别税以扩大投资基金。

第五阶段(1998年以来),农业政策改革。随着世界贸易组织的成立,韩国农业进入巨大的转型期,在国内外都遇到严重困难。1997年爆发金融危机,农业环境严重恶化,农场纷纷破产。这时,政府把稳定农家经济、恢复农村经济作为首要任务。为此,制定了《农民和渔民负债减轻特别法》,以延迟农家偿还债务,减免利息。农业政策的基本方向也发生变化,从以往政府扩大农地规模转为基于中小规模农业和增强品质竞争力的环境友好型农业的培育。政府尤其加大力度完成农产品流通领域的改革,包括扩大直接交易、发展多样化的公营批发交易市场、引入运销预订系统。1998年,政府颁布《农业、农村基本法》,改革农业相关组织机构。2000年,政府把全国农业合作社联盟(农协)、全国畜产品合作社联盟、韩国

---

① 关贸总协定第18条第6项承认,落后国家和发展中国家可以限制进口,以应对经济开发过程中的国际收支不足,这一条款通常称为发展中国家BOP(Balance of Payment)条款。一旦摘掉发展中国家的帽子,便停止这一规定,通称为"BOP毕业"。

② [韩]金振炕.新农渔村建设.李丽秋译.北京:社会科学文献出版社,2006年,第22页。

人参合作社协会（联盟），以及管理水供应设施的农村发展公司和农地改良协会合并，促进了农民、消费者和政府之间的协作；农民和消费者能共同参与农业政策的制定。2000年以后，韩国参与全球贸易自由化进程加快，在自由贸易协定谈判上取得进展。2002年与智利达成自由贸易协议，到2010年，韩国先后与16个国家达成并生效了自贸协定。为应对市场转型的挑战，韩国农业政策转变为以消费者为导向。政府为提高消费者的信任度和满意度，建立了高品质安全农产品生产和物流基地，并大力改善安全检测、产品原产地标签以及农产品质量保证体系的建设。农民收入和农村政策也在不断变化。2000年，政府在借鉴发达国家广泛运用的直接支付制度的基础上，对大米生产实行直接支付。2002年又将直接支付制度用于补充稻农的收入。2005年，政府实施《生活质量改进特别法》，通过一系列政策措施来改善农村的福利水平。为恢复农村活力，政府改进相关条款和制度，让城市资本能流入农村；同时还积极实施促进城乡交流和发展农村旅游的政策[①]。

二、朝鲜战争前后韩国的农村状况

朝鲜半岛夏季湿热的气候为稻米的生产提供了很好的自然生产环境，因此，水稻和大麦一直是朝鲜人的主要口粮。韩国耕地面积有限，人口承载的压力巨大，所以小规模的农业生产是韩国农业的主要方式。

在朝鲜封建王朝时期，土地由王朝政府所有，私人禁止占有土地，农民向政府缴纳土地税，粮食主要用于养活家中人口，用于市场交易的很少，所以，在相当长的一段时间内，农村一直处于贫困的陷阱之中。朝鲜半岛在日本军国主义扩张的过程中，地位愈发显得重要。中日甲午战争之后，朝鲜逐步沦为日本的殖民地。日本占领朝鲜半岛之后，很快就将朝鲜纳入日本的经济体系之中，在朝鲜半岛实施殖民地发展战略，根据朝鲜半岛不同的地理环境，在朝鲜半岛南部重点进行水稻生产，在半岛北部重点发展工业。日本属于资源稀缺的国家，半岛南部30%左右的稻米产量被运

---

① 韩国农村经济研究院．韩国三农．潘伟光等译．北京：中国农业出版社，2014年，第11~14页。

第六章 韩国的乡村发展

往日本本土，以弥补日本工业化早期稻米生产不足的困境。1925—1945年，日本每年20%左右的稻米消费量来自朝鲜和我国台湾地区。

在农村，佃农和无地农民的数量不断增加，一些贫困农民不得已前往中国东北和日本谋生。20世纪40年代，农民一半以上的土地是向地主租种的，而当时朝鲜半岛大部分的地主是迁居海外的日本人，地主收取稻谷为租金，运往日本本土。因此，在殖民地时代，土地的租赁制度是为日本搜刮朝鲜半岛稻谷资源而服务的。第二次世界大战结束后，朝鲜半岛被一分为二，以北纬38°线为分界线，美国军队占据半岛南部，并建立大韩民国；而苏联军队则占据北部，建立朝鲜民主主义人民共和国。

第二次世界大战结束后，殖民地时代保留下来的传统土地制度——地主—佃农制度内部矛盾已经不可调和，占农民大多数的佃农、无地农民强烈要求能够改变土地分配严重不均的现状，因此，韩国农业最为急迫的问题就是土地改革。在殖民地时代，大部分地主都是迁居朝鲜的日本人，日本战败投降之时，这些日本籍地主就如同退潮一般迅速返回日本，这客观上减小了土地改革中来自地主的阻力。早在韩国政府进行土地改革之前，美国占领军就在1947年将原日本籍地主所拥有的土地分配给韩国农民，作为获得土地的条件，分到土地的农民需要每年将稻米平均产量的20%交给政府，期限15年。有了这样的基础，韩国土地改革就以平均地权为目标。这样一种新型的土地所有关系，有以下几个特点。

首先是政府在其中的中介作用。地主的土地由政府出面征收，农民从政府手中购得土地。这使得非农民革命条件下的土地改革得到成功的保障。其次是在保护小农的同时，土地改革法对地权实行多方面限制，禁止农民租种土地，规定农民个人所拥有的土地不得超过3公顷的最高限额。目的是防止地主的自然形成，保证小农制度的稳定。

虽然土地已分配给广大农民，但是，韩国政府并没有赋予农民完全的土地所有权，而只是将部分所有权交予了农民，另外的部分则由政府掌控。这样，在韩国建立起一种国家直接面对小农的新型土地关系。显然，政府拥有相当高的土地所有权。土地改革本计划于1950年开始实施，在5年内完成，但是朝鲜战争的突然爆发，打乱了之前的土地改革计划。由于物价飞涨、通货膨胀，使得地主在土地改革中获得土地价格证的购买力急速下降，这又使得地主阶级参与韩国工业化进程的可能性大大降低，很少成为新兴的工商业精英分子。

土地改革完成之后，大多数韩国农民成为自主经营的生产者，每一个农户的经济地位基本平等，而这种同质性也成为后来新村运动中全体村民参与新村项目实施的重要社会因素。但韩国的耕地资源十分匮乏，70%左右的韩国农民经营着不到 1 公顷的耕地，极少数农民拥有 3 公顷以上的土地。

李承晚政府虽然也制定了增产粮食的五年计划，并且提出了发放农业贷款，用以取代私人高利贷；兴修水利工程，减免水税等一系列具体措施；1958 年设农村金融机构、农业技术院以及农业银行等经济技术机构。但是面对着 20 世纪 50 年代不稳定的朝鲜半岛政治环境以及自由派政府的软弱，使得这些本该积极有效的农业政策都未能落到实处，没有具体增加对于农业、农村的经济投入。20 世纪 50 年代的韩国农村十分贫困，粮食严重短缺，稀有宝贵的外汇不能用来发展韩国国民经济，而是用于粮食进口。同时，韩国在第二次世界大战结束之初，工商业落后，农村存在大量剩余劳动力，增加了社会不稳定因素。李承晚政府执政时期提出的"先统一、后发展"的政治主张，但在当时经济急需振兴的时期，缺乏足够的吸引力，在韩国经济建设方面也未取得突出的建树。土地改革虽使韩国农村的收入较为平等，但是也使得 66% 的劳动力在 60 年代晚期依然留在农村。结果，韩国大多数农民家庭同样陷入贫困。

朴正熙 1961 年政变上台后，重新调整发展战略，进行强有力的经济改革，把建立重工业和促进工业产品的对外出口作为经济发展的重点，而传统农业则被冷落忽视。20 世纪 60 年代韩国实施第一个五年计划和第二个五年计划使韩国的工业化发展迅速，在 60 年代末期已经具备了工业反哺农业的条件，农业发展在工业化和城市化的进程中受到韩国政府的高度重视和关注。朴正熙政府 1962—1976 年先后实行了三个五年计划。

第一个五年计划（1962—1966 年）：这一阶段是韩国工业化的准备阶段，其内容包括发展电力、煤炭等动力资源；扩大社会和企业对公共设施部门的投入；大力扶持出口工业和代替进口产品的工业；发展农业生产。韩国在"一五"计划期间，人均 GNP 达到 130.8 美元，比 1961 年猛增了 30%；工矿业的国民生产总值从 1961 年的 14.9% 上升到 1966 年的 19.8%，基本达到"一五"计划的目标，经济结构有所改变，实现从进口替代向出口主导的工业化转型。但是,"一五"计划的农林渔业指标未能实现。

第二个五年计划(1967—1971年):主要内容是发展钢铁、机械等重工业;发展出口贸易和替代进口产品的工业;增加农业收入;发展科学技术等。这个阶段是韩国工业化的重要阶段,工业总产值年均增长21.5%,国民生产总值年平均增长10.5%。但农业生产年均增长仅2.5%,农业发展大大落后于其他部门,工农业生产比重严重失调,工农业不均衡发展已很明显。

在第一、第二两个五年计划期间,韩国的农业仍然处于零散的生产状态之中。进入20世纪60年代,韩国政府推行了一系列旨在维持低工资的增产粮食及其他政策措施。1961年设立"农村合作组合",并公布《农产品价格维持法》;1962年设立"农村振兴厅";1967年制定《农业基本法》。这些政策、法规的主要目的是提高农民收入,促进粮食生产,实现粮食自给,促进农业稳定发展。但是,这一时期政府以工业发展为中心,以出口导向型为经济发展战略,使本来就不发达的农业遭到进一步的打击。

具体而言,南北对峙时期,韩国政府把大部分的公共财政用于国防,投入到农村基础设施建设的财政资金极少。由于工业发展比农业发展的效益明显,政府对农业发展的重视程度不高,农村的公共设施建设不如城市,在农产品贸易上市场条件不完善,农产品价格过低,所以从事农业生产的农民很难维持一般的生计。工农业发展的失衡使大量农民向城市转移,农村留置人口老龄化问题严重,农业科学技术发展滞后,农业发展呈现弱质化。农民和城市居民的年收入比例由1962年的0.71:1降到1970年的0.61:1。当时耕种土地面积不到1公顷的农户在全国农村人口中所占比例约为67%,他们的年平均收入还不到城市居民的一半。全国250万农户中有200万户住茅草房,只有20%的农户通电。3万多个自然村中只有60%的村庄通公路[1]。

同时,伴随城市力量的急速增长,城市化过程中出现的诸多矛盾慢慢聚焦到朴正熙军人政权之上,城市中关于政治自由和政治民主化的呼声日

---

[1] 朴龙洙. 韩国新乡村运动述论. 《西南民族大学学报》2011年第4期。

渐高涨，朴正熙政权一方面进一步加强独裁统治，以压制城市反对派；另一方面，希望通过实现农村现代化，从而从农村地区获得新的政治合法性，吸纳选票加固执政基础。在多方面的环境和考虑之下，自诩为农民之子的朴正熙拉开了轰轰烈烈的新村运动。

1970年以前，韩国也曾制定过许多农业政策和社会开发政策，但都没有成功。无论政府有多少支援和政策，没有居民的自我觉悟、欲求、自助和协作精神，必将归于失败。鉴于这一经验教训，为了改善农村的生活环境，韩国政府提出了建设新村的十大事业，并使居民自发地参与进来，新村运动就是这样开始的[①]。

三、新村运动的发展阶段和措施

韩国新村运动（亦称新乡村运动），是一种在1970—1980年间由政府主导型的农村发展模式。到1980年年底，有了重大转折，新村运动从政府主导转换成民间主导。到20世纪90年代以后，由政府主导型的新村运动转换为纯粹的民间主导。

新乡村运动的主要思路是，第一，通过税收收入调节分配，提高农民的收入，逐步缩小城乡收入上的差距，缓和由城乡收入差距引发的社会矛盾。第二，大大提高对农业的投入比例。1972—1978年，政府开支中农业所占的比例由4%上升到38%。这些钱主要用于农村基础设施、农民基本生活设施的建设和发展以及农业专业化和机械化建设。第三，大力建构"新乡村精神"。"新乡村运动"的任务可以概括为治愚和治贫两大任务，而治贫必先治愚。因此，新乡村教育是"新乡村运动"的核心，农村启蒙是其首要任务。韩国前总统朴正熙也将"新乡村运动"的时代精神确定为"勤勉、自助、合作"。因此，"新乡村运动"的实质是人的现代化运动。韩国政府在这方面进行了全面而持久的努力。"新乡村运动"在农村取得成功后，很快推向城市，新乡村精神也作为韩国的国民精神在全体国民中进行培养[②]。

[①] 柳钟椿．韩国的新村运动．《当代韩国》2006年春季号。
[②] 朴龙洙．韩国新乡村运动述论．《西南民族大学学报》2011年第4期。

因此,"新村运动"中的"村",除指传统意义上的"农村"外,还有"社区""社会"之意。"新村运动"的引申意义,通俗而言就是"我们好好干可以过好日子,别人能干的我们也能干"。新村运动在新时期有了新的解释:"新是革新,村是社会共同体,新乡村运动就是韩国社会共同体与时俱进的创业与革新"[①]。

(一)新村运动的发展阶段

新村运动发展的过程大体可分为5个阶段,其中的每个阶段都根据具体情况制定较为详细的推进计划和预期目标,并通过一系列相关政策的实施来加以保障。

1. 基础阶段(1971—1973年)

这一阶段又可以划分为基础准备、扩大规模、促进发展三个不同时期。新村运动初期的首要目标是改善村民居住条件,由政府无偿提供水泥、钢筋等物资。同时开始建立新村运动所需的研修院,培养新村运动领导人。在此基础上,逐渐扩大运动规模,开始加强村庄的基础设施建设,给在新村运动中表现好的村庄实行奖勤和提供帮助。这一时期,开展村民新村教育,组织专家和学者推行"伦理教育和相关技术普及"。政府在新村运动的发展中不断确立阶段性的目标,鼓励发展多种经营,以提高农民收入,缩小城乡收入差距。这一阶段取得的成效较为显著,为新村运动的进一步发展增强了信心。

韩国政府无偿提供水泥、钢筋等物资,并给予资金方面的支持和基础设施建设上的指导。水泥和钢筋用于改善农村环境,修建道路、改造屋顶、修建饮用水设施、建造小桥、建设村民会馆等公共设施。在项目的具体实施过程中,政府通过对资金和物资利用效率高低的评估,把自然村落划分为自立村、自助村和基础村三个不同的等级,其中对项目完成率相对较高的村庄,政府对其各项补贴也会随之增加,这一措施使农民建设新农村的积极性和参与性得到了充分的体现,激发了农民的自助、勤勉、合作精神。

---

① [韩]新村运动中央会.《新村运动》指南.新村运动中央会2003年印行,第21页。

2. 扩散阶段（1974—1976年）

在这一阶段中，新村项目的实施直接由韩国中央内务部管理和领导，并设立新村运动"中央协议会"，以协调中央各部门的关系，负责制定具体推进方针政策和财政预算，组织抽调中央和地方干部到农村指导新村运动工作。同时，还组建新村运动研修院，以培养新村领导人；开展村民新村教育；组织专家和学者在农村开展"伦理教育"和科学技术普及工作。本阶段的目标是：鼓励农民调整农业结构和产业结构，以此提高农民收入，通过财政的补贴发展专业化生产，建立工厂。在农作物耕种方面，积极向农民推荐优良种子，推广先进技术，鼓励和扶植经济作物的栽培，为农民提供优惠贷款等。这一阶段的新村运动取得的成效较为显著，为新村运动开辟了新的发展思路。

新村项目优先顺序：①宽阔笔直的进村公路；②修建跨河的老桥；③宽阔笔直的村内道路；④村庄排污系统的改善；⑤瓦房顶取代茅草屋顶；⑥修葺农家的旧围墙；⑦改善传统的饮用水井；⑧村庄会堂的建造；⑨河流堤岸的整修；⑩田地支路的开辟；⑪农村电气化的加速；⑫安装村庄电话；⑬建造村庄浴室；⑭建造儿童活动场所；⑮河边洗衣地方的改善；⑯植树、种花等环境美化①。

3. 深化阶段（1977—1979年）

在这一阶段，新村运动主要以发展农产品加工业和畜牧业以及特产农业，进而增加农民收入。进一步缩小城乡差距是韩国政府在这一阶段的工作重点。据统计，1978年韩国农村企业已达到387家，1980年增至790家。政府在这一时期还大力推动农村文化建设，同时对农工建设的发展给予支援。新村运动在这一时期更加注重社会群体的广泛参与，也逐渐由政府主导转向民间自发建设新农村的活动。

4. 国民自发阶段（1980—1988年）

这一阶段主要是组织和创建发展全国新村运动的民间组织，从而实现民间主导。政府把新村运动中的宣传工作、培训与信息工作改由民间主导来完成。政府的职能着重在调整农业结构，制定规划，提供财政、物资和

---

① 强百发. 韩国农业现代化进程研究. 西北农林科技大学博士学位论文，2010年，第59页。

技术方面的支持上。政府通过对新村运动提供财政资金的投入、科学技术和人力、物质上的支持，进一步加强农村的生活环境和文化环境。通过鼓励农民发展经营多元化、加大金融业的改革和流通业的改革等，使农村经济发展更加迅速，农民收入大幅提高。农村居民的生活水平逐渐接近城市水平。

5. 自我发展阶段（1988年以来）

这一阶段完成由民间完全主导新村运动的转变。新村运动项目开始由民间组织自行选择和实施，政府主要负责对新村运动发展的规划和服务性的工作。政府重点倡导国民教育，加强国民的共同体意识，致力于国民伦理道德建设，提升农民的民主和法制教育等。1988年以后，"新村运动"走出农村，面向整个社区，并且提出国民运动新理念——"共同和谐生活"。

随着新村运动深入的发展，农村地区呈现出一派欣欣向荣的气象，农村的文明建设与经济发展带有明显的城市社区文化。新村运动在转变为国民自我发展阶段后，政府机构的各项职能逐步弱化，与此同时，农村经济与文化的发展机构、农协与流通的组织机构、农业科研机构、培训机构、农村教育组织及农业科学技术的推广等组织机构应运而生。

（二）新村运动的具体措施

新村运动初期，韩国政府把改善农民的生活环境作为工作的重点任务，改善农民的生活居住环境是农民最为迫切的需求，也更能得到农民对新村运动的积极响应。

韩国新村运动分为两个部分。一部分是在村一级实施新村项目；另一部分是培训新村领导人。

1. 修整农村道路

以前，村庄道路狭窄弯曲，无法通行动力机械。所以，在发展村庄道路上，那些山区村庄和小村庄的需求更高。据1968年统计，1 024个乡镇的自然村总数为32 485个，对每个村能否进入卡车的情况进行调查发现，能够通卡车的自然村为61%，由于空间不够卡车不能够调头，或进村道路非常差卡车不能进入的自然村占了39%。

村庄道路的改善是把农户之间、每块稻田和丘陵地都相互联系在一起，才能有效提高农事活动效率。因此，可以把建立新的道路和改善现有的道路的情况分为以下三种类型：①连接村庄和当地的公共道路，可以称为"进村道路"。②连接农户和每块农田的道路，可以称为"支路"。③连接每户家庭间的道路，可以称为"村内道路"。

根据统计，如果把1971—1978年间改善的进村道路和支路与村中道路加起来，会得出每个村庄所改善的村庄道路为2 600米。每个村庄平均有60户家庭，那么每户家庭改善的道路为44米。

韩国政府在新村项目中没有把资金用来补偿村农为拓宽平整道路而导致的个人财产损失。拓宽平整村内道路需要牺牲农民自己家庭的土地、围墙、甚至是房屋。每个决定都需要召集村庄所有的村民参加村民大会作出。所以，建造村会堂为民主决议和促进会议效率作出重要的贡献。村民通过集体集资的方式对在拓宽村内道路上受到损失的家庭进行一定的补偿，多数村民房屋的面积都有所减少。除了拓宽平整村内的道路，还需要建造小桥，才能通卡车。大型的桥梁由政府建造，村庄周围的小桥则由村民自己负责建造。水泥成为建造小桥的重要物资。

1971—1978年，新村项目建设的小桥数量为68 797座，每个村庄建造的数量为2.1个。实际建造小桥的数量是新村运动开始时计划建造数量的90%。由于地理位置和地形的不同，山区的村庄建造小桥的数量比平原地区多，有些村庄远远高于平均数，山谷地区建造小桥的数量最多可达10座。修建的桥长从2米到10米不等。

建造小桥工程技术的获得是通过年轻的男孩在部队服役时学到的混凝土工程技术。

新村运动通过改善村庄的道路系统，到20世纪70年代中期，韩国绝大多数的村庄都可以进出卡车。不仅大大提高了农业生产效率，节省劳动力，也发展了建设小桥的工程技术，村民间学会了相互合作和自立的优秀品德。

新村运动初期不存在村一级劳动力短缺的问题。在农闲季节，农民义务为新村项目出工。在改善道路方面，由于重型机械支持的有限，绝大多数修路的工作都是由人工完成的，村民通过小推车、铲子、锄头和牛车等工具完成。学校的学生也加入了修路的队伍，显示了村庄领导人非凡的领导才能。

通过集体的劳动，不仅改善了村庄的交通条件，也使村民认识到自立

第六章　韩国的乡村发展

与合作精神对建设自己家园的重要性，使农民的生活伦理得到较大提高。这些改善村庄道路的成功事迹，成为培训村庄领导人的重要教育素材。

1971—1978年每个村庄改善道路约为2 600米，其中有农民自己捐献的土地面积。1972年，22 700个村庄捐献的土地面积为1 540万平方米；每个村庄的农民捐献的土地面积为0.55公顷。按照1971年的耕地价格计算，每个村庄捐献的土地价值是827 500韩元；33 000个村庄等于273.2亿韩元，合计5 500万美元。但如果计入土地测量的管理费用，则总费用高达8 184亿韩元，合计164 758万美元。可见农民为乡村建设做出了很大的贡献。

当然，新村运动发起的时机，正是农村土地价格较低、劳动力充足的时期。这些有利因素都成为新村运动初见成效的关键。

2. 修缮加固河堤

据韩国政府内务部统计，在1971—1978年的新村项目下，改善河岸的总长度为7 839千米，平均每个村庄改善河岸238米。通过建造混凝土结构的蓄水水库，使农民更有效地利用河水灌溉。

1971—1978年间，新村项目下建设的水库共有24 000座，平均每村建设0.7个。把河岸弯曲的部分进行改造理直，就会形成一片耕地，通过种植可观赏性植物来增加村民的收入。通过改善河岸和修筑水库，以及山区造林的增加，农业中的洪水和干旱灾害的发生率显著下降。

3. 推进农业机械化

由于农村劳动力逐渐向城市转移，韩国农村劳动力人口逐年下降，从1975年的1 320万人减少到1985年的850万人，10年间农业人口减少了35%。犁地的人力减少，农业饲养耕牛的成本也在上升，耕地机械成为农业发展的需求，但是农民很难承受农业机械的价格。新村运动的开始，改善了村庄的道路，农民对于耕耘机械的需求也在日益渴望，但是在1971年农村引进的耕耘机总数仅为12 000台左右，平均每3个村庄才有1台耕耘机。到1975年，耕耘机的数量上升到85 700台，每个村庄拥有的耕耘机数量增至2.6台。农民购买耕耘机可以用作农场的农作经营；另一种情况是小型农场的农民租用耕耘机，也刺激农民快速引进耕耘机。据统计，1980年每个村庄引进的耕耘机数量为9台，到80年代末，每个村庄的耕耘机数量达到20台，需求达到饱和。农业拖拉机引进的数量从1985年的每个村庄 0.4 台增加到 1990 年的每个村庄 2 台，购买拖拉机的农民又通过租给邻近农场来分摊固定成本。插秧机的数量也从 1980 年的 11 100 台增长到 1990 年的 138 400 台（表 6-1），每个村庄拥有的数量从 1980 年的 0.4 台增加到 1992 年的 5.6 台。按照一个农场种植的水稻面积不超过 1 公顷，每台插秧机一天作业 1 公顷计算，一台插秧机一天就能够完成一个农场的插秧工作。20 世纪 80 年代打捆机和收获水稻的联合收割机也被引进，1980 年每个村庄还没有联合收割机，到 1990 年增为 1.8 台。

韩国农业水稻生产在 1980—1990 年间完全实现了机械化。新村运动对村庄道路的改善为韩国引进农业机械化做出重要贡献。

拥有农业机械的农民通过帮助邻近的农场做大量的农业作业来分摊昂贵的机械固定成本，这种农民间的相互合作，增强和促进了韩国农民处理复杂事务的能力，这种合作的能力促进了韩国小规模农业的劳动生产率。

表 6-1　1965—1992 年农场引进的农业机械数量　（单位：千台）

年份	耕耘机	拖拉机	插秧机	打捆机	联合收割机
1965	1.1	0	0	0	0
1970	11.9	0	0	0	0
1975	85.7	0.6	0	0	0
1980	289.8	2.7	11.1	13.7	1.2
1985	589.0	12.4	42.1	25.5	11.7
1986	683.6	16.2	59.6	32.9	15.5
1987	411.4	19.9	76.1	38.4	20.3
1988	725.8	24.6	92.1	44.7	25.2
1989	739.1	31.3	111.9	49.8	32.9
1990	751.2	41.2	138.4	55.6	43.6
1991	768.3	53.0	167.7	62.2	54.1
1992	768.3	64.2	185.2	63.1	61.2

资料来源：强百发. 韩国农业现代化进程研究. 西北农林科技大学博士学位论文，2010 年，第 73 页。

4. 农民住房的翻新

韩国农村以砖瓦房顶的屋子作为富裕的标志。一般每个农户拥有两个房屋，每个村庄大约有 50 户农民住在茅草屋顶的房屋里。所以，每个村庄

第六章 韩国的乡村发展

需要替换的茅草屋顶的数量是大约 100 个；全国村庄需要替换的屋顶总数为 330 万个左右（不包括城市中茅草屋顶的数量）。用砖瓦屋顶替换茅草屋顶是新村项目中的一项内容。所以，在 20 世纪 70 年代早期，水泥制作的瓦片和砖的生产成为城镇中的新行业。村庄道路的改善也为砖瓦运输提供了便利。在偏僻的村庄里，农民甚至利用政府提供的水泥自己制作砖瓦。在 1971—1975 年间，上百万个茅草屋顶消失，而现在保留的茅草屋顶被称为"民俗村"，成为旅游景点。农民在翻修茅草屋顶的工作中掌握了房屋建设的技术，到 20 世纪 80 年代和 90 年代这些掌握房屋翻修技术的人力资源在城市的房屋建设中找到了更好的工作。

韩国政府也通过农村合作社为农民提供贷款来支持农民建设房屋。20 世纪 70 年代，由于城市住房的紧缺，在郊区，把传统砖瓦房翻建为两层或三层的砖式房屋快速地发展起来，其需求也不断增加，使不动产价格快速上升。由于土地价格和房屋建设成本的快速增长，使农民大赚一笔。农民通过出租房屋增加了非农业收入。但是，对于不动产增长速度不快的村庄来说，这种两层房屋的翻建却成了农民的债务负担。

5. 改进饮用水供给系统

20 世纪 70 年代以前，韩国农村的饮用水依然来自传统的井水。甚至 20 个农户共用一眼水井，对于农村妇女来讲，用上像城里家庭一样的自来水是一个梦想。农村电气化比例从 1970 年的 20% 增加到 1977 年的 98%。正是由于电力供应量的增加，农户开始安装水泵，利用塑料管连接房屋附近的水井。农民对水的需求量不断增加，造成水井的水源缺乏。农民对于水井的需求，使得韩国农村挖掘机的需求不断扩大，最初挖掘机的需求是为干旱季节对水稻田灌溉的需要而挖掘深井所用。每台挖掘机可以挖井的深度为 40 米，这个深度可以得到足够数量的地下水，挖掘机的成本远远低于人工挖井的成本，所以，在 20 世纪 70 年代后期，多数的农户都可以在自己的住处得到饮用水。而传统的农村家庭妇女头顶运水的景象消失了。改善农村家庭饮用水系统不但节约了农民的时间，也节约了农村妇女的劳动力，饮用水卫生状况也得到改善。农村妇女也把从前运水省下的时间用在了到市场上卖更多的产品来获得更多的收入。

6. 发展替代燃料

韩国农村绝大多数家庭的劳动力需要在冬天去村子附近的森林收集木

材作为燃料,用作做饭和取暖。但是,随着人口的增长,人均消费的柴火越来越多,需求大大超过供给,所以,第二次世界大战后快速出现大量荒山。朝鲜战争期间(1950—1953年),由于士兵在冬天需要砍树取暖,更加速了韩国山区荒芜的程度。与此同时,柴火的价格上升很快,农民把柴火拿到市场销售,成为他们的一项收入来源。光秃秃的荒山加重了干旱和洪水灾害。

朝鲜战争后,城市中的柴火价格对于一般居民而言,变得非常昂贵。20世纪50年代,煤球成为柴火的替代品。煤球成本低,城市对于木材的需求急剧减少。随着韩国国内轻油供应快速地发展起来,城市的居民逐渐用轻油替代煤球取暖,而煤油的供应逐渐向农村商业化发展。政府通过向煤油公司补贴来降低煤油价格,供应给低收入消费者。农民省下收集树叶的劳动力去工作赚更多的钱,农村燃料的替代加速了韩国农民半自给的商品化生产。无论是城市,还是农村,燃料的替代对重新造林具有十分重要的影响。到20世纪80年代,已经看不到冬天农民在山区收集干枯树叶的现象。通过后来20年的造林项目,山区充满了绿色。

7. 建立村庄间的竞争机制

新村运动使韩国农村发生了巨大的变化,农村的道路拓宽了、茅草屋变成了砖瓦屋顶等,这些变化导致村庄间相互竞争现象。新村运动中村庄竞争的出现节约了农村现代化的财政资金。在早期的新村运动中村民们的口号是"我们要把我们的村子建成这一带最好的"。在新村运动的第二年,朴正熙总统坚持把政府提供的水泥和钢筋提供给积极参与的农民和在新村运动中表现好的村子。政府还把全国村庄划分为三个等级。参与程度高的村庄被划分为"自立村",也就是高级别的村子;参与程度中等的村庄被称为"自助村",也就是中等级别的村子;参与程度低的村子被称为"基础村",也就是低级别的村子。通常低级别村庄的村民会感到羞愧而努力改进。乡镇政府对每个村庄的参与程度进行测量和评估。能够承担大部分项目的村庄被定为自立村;而只承担一项或者两项的村庄被定义为基础村。

在新村运动初期,自立村庄在全国村庄的比例只有6.7%,基础村的比例为53%。但到1976年,基础村的比例减少到0.9%,自立村增加到44.5%。这种变化说明,到20世纪70年代中期,韩国新村项目大批扩散,

第六章 韩国的乡村发展

得到全面实施。

8. 促进农村妇女地位与作用的提升

在东亚传统文化中，村庄选举男性领导人，在新村运动中选举女性领导人使农村焕发了生机。村庄里年龄在 30~50 岁的家庭妇女对项目的参与程度最高。因为她们已经不适合到城里寻找更好的生活，今后的生活将在村里度过，因此，她们更加努力改善村里的环境。村庄妇女实施了很多新村项目以外的妇女项目。

（1）焚烧扑克。新村运动以前，村民用扑克牌赌博的现象普遍存在，甚至有些农民输掉粮食和耕牛。新村妇女协会成员到各家收集扑克牌，举行焚烧仪式来反对和抗议男人赌博。新村运动以后，农村的赌博恶习减少，男性村民到城市工作和冬季到农场的机会增加，这些都大大减少了农村的赌博恶习。

（2）村消费合作社的运行。新村妇女协会阻止男人在买酒上的消费。妇女协会开始经营小型消费合作社商店，主要卖米酒、蒸馏酒精饮料和生活必需品。妇女通过管理消费合作社商店，认识到这种商店的规模太小，虽然后来许多商店关闭，但是妇女们学会了农业合作社重要的管理原则。

（3）为妇女协会募集资金。农妇们通过每顿饭节省一勺米，每月一次，把节省下来的一坛子米带到会员大会上，再到市场上兑换成现金。20世纪70年代中期，韩国村庄多数农户的厨房里都有一只存米坛子。当时有谚语"节省的一分钱就是赚的一分钱"。节米项目为协会和村中妇女实施她们自己的项目提供了经济基础。这些募集来的资金一般用来购置集体或者社区做饭的设施；也被用来建设孩子们的操场，场地也是通过新村运动项目提供的。

（4）农忙季节集体做饭。新村项目初期，水稻插秧时通过一组农民包括妻子在内共同劳动来完成。妻子们通过村里大会堂的设施集体做饭，一般由一两名妇女就能完成，这样节省了妇女在家里做饭的时间。在20世纪80年代，由于插秧机械的广泛引进，集体做饭减少；集体做饭的设施被用于农民娱乐和举行仪式。

（5）年老父母的集体旅游。协会安排年老的父母集体旅游，协会帮助支付部分费用。在农村中，婆婆和儿媳妇生活在一起，由于儿媳妇忙于新村项目，主持家务的任务就不得不由婆婆来承担。通过集体旅游，父母们有机会观看历史古迹等活动,从而更加支持协会活动,并改善了婆媳关系。

(6) 非正式的信用组织运作。妇女协会组织非正式的信用组织为村民提供信贷业务。通过安排村民的存款并向急需用钱的村民提供贷款,存贷款利息率远远低于高利贷利率,但是比商业信贷略高一些。这种非正式的信用组织被称为新村存储机构。

乡镇政府也支持妇女协会组织新村存储机构。新村存储机构的数量在20世纪70年代迅速增加,但是,高利贷仍然占有优势。从20世纪70年代开始,全国范围内乡镇基层的农业合作社开始为当地银行服务,所以,这些新村存储机构开始衰退。在小城镇里,这些存储机构继续发展成为低收入家庭服务的小银行。

新村存储机构存在的时间较短,但是村民学到了银行系统运作的基本经验和管理方法。村民对农业信贷知识的掌握也有助于农业信贷项目的发展。

(7) 田间劳作的妇女劳动力。韩国一般的农业经营主要依靠家庭成员来完成。因年轻的农家子弟多数去了城市,丈夫和妻子成为农场劳动力的主要来源。在新村项目中,厨房和供水系统的改善减少了做家务所需的时间,妇女可以花上更多的时间从事田间劳作。

同时,土地的价格远比农业土地生产率的增长速度快,农场从土地粗放型经营转向土地集约型经营。蔬菜种植、水果种植等是集约型土地利用的范例,农村妇女的参与十分重要,在产品的生产和市场销售等方面尤为突出。但农村妇女参与田间工作的任务不断增加,使得农村的女孩子不愿意成为农民的妻子,农村的男孩找媳妇有困难。这也成为20世纪80年代年轻人不愿意留在农村的重要社会因素。

(8) 封建迷信的消失。在传统的农村生活中,农民想改造厨房或者是修建房顶都要选一个吉利的日子,农民都会请附近的算命先生咨询。由于新村项目在全国的村庄同时实施,村民们不再咨询算命先生,因为没有不利的事情发生,农村的迷信逐渐消失。

9. 村会堂的建设和民主决策

新村运动中,未设村会堂的村庄同意利用政府提供的水泥和钢筋建造大会堂。场地由村民捐赠,费用由村民分摊,也有一些得到农村长大移居

第六章 韩国的乡村发展

城市的人的捐助。

新村运动中，绝大多数新村项目的议会都是在村会堂进行的。通过村民大会，村民参与议会学到了民主。韩国几千年来种地的农民开始有了民主决策。

有关新村运动中村庄建设的物力、人力、财力的统计数据汇集起来，保留在村会堂中。还有些村庄通过收集到的数据制作成图表，用作村里发展的计划蓝图。通过数据，村民们可以了解和讨论如何更好地利用耕地和人力资源来增加农业收入。

村会堂为农民讨论水稻新品种的传播提供了场所。新村运动后不久，农业科学家培育出一种高产的水稻品种，被称为"统一号"。这个品种是由当地品种与国际水稻研究所的高产品种杂交培育而成的。

据统计，1978年村会堂的数量为34 000个，几乎每个村庄都有村会堂。村会堂也被用作村级领导的办公场所和老年人的休息场所，并且被用作学生集体学习的地方或者是村图书馆。随着现代化的发展，村会堂也被用作新型的娱乐场所，例如集体唱歌、跳舞以及针对经济作物和健康营养的讲座也在这里举行。

10. 大力推广高产水稻品种和经济作物

在新村运动初期，农民对于政府引导的新村运动增加了农户债务负担而有很多批评。但是，随着20世纪70年代农业收入的显著增加，对于这种额外支出的批评也消失了。有很多因素促成了农民收入的增加。首先，在20世纪70年代早期，高产水稻品种的引进、水稻产量的显著提高，为农民收入的快速增加做出了贡献。每公顷水稻产量从1972年的3.34吨增加到1977年的4.94吨，5年中水稻产量提高了近50%。

政府提高收购大米的价格，有助于提高农民收入。农业的平均收入从1972年的1 025美元增加到1977年的2 961美元。

高产水稻品种的引进减少了韩国国内对于水稻进口的需求。韩国水稻进口从1972年的58万吨减少到1976年的16.7万吨。到1977年，韩国通过高产水稻品种"统一号"的引进，实现了国内水稻的自给。

促进农民收入增加的第二个原因是冬季在塑料大棚里生产蔬菜、水果、经济作物，以及增加家禽、猪、牛的产量。1968年，韩国政府对农业实施了收入专门项目，使农民收入来源多元化。经济作物和家畜产量的增加对农民收入的增长贡献显著。同时,增加的收入能够完成新村项目所需的额外收入。据统计,20世纪70年代,农村家庭平均收入超过了城市居民家庭收入,农民生活越过越好。

(三)新村运动的几个成功实例

在新村运动中,每个市、郡都有模范村(自豪村),以便推广。

1. 和谐富饶的松村

松村位于全罗南道那州市近郊,有79户居民,其中72户为农户。有农耕地59公顷。以往,该村常遭涝灾,发展落后。现在,每户居民年均收入2 000万韩元。该村建有初高中学校,还有一所大学——东新大学。

20世纪70年代以后,松村通过新村运动,开始修建道路、供水设施、仓库、村民会馆、幼儿园、脱谷场等基础设施。为提高农民收入,新村开发委员会制订了对策与措施。

第一,定期召开村民大会,增强村民自主管理公共事务的参与意识。在"父亲之日"举办敬老会,年末举办由全体村民参加的敬老忘年会。为促使离乡进城的企业家、文化人参加家乡建设,定期举办各种活动,吸引进城人员回乡并建立联系。

第二,引进园艺技术,举办各种技术培训,增加设施,扩大园艺规模,栽种优质黄瓜。每年为农民增加300多万韩元收入。

第三,组织各种集体作业班组、机械化营农团,解决农忙时人手不够的困难;建立村民共用基金,通过栽种白兰瓜、网纹瓜等特种优质瓜果蔬菜提高村民收入;增强互助协调精神。

第四,每年实施两次园艺技术与新村中央研修院培训研修制度,建立乡村发展模型和计划。1992年以来,该村设法集资,开发了一批项目。如兴建福利会馆、老人院、理发馆和自由市场;修建温室,购置配套设备;修筑连接国道、村路和农田的道路;开展一村一品活动,集团栽培5万平方米的特种蔬菜、瓜果,全村每户收入2 000多万韩元,农产品打入首尔市场;作为那州梨的特产地,实行规范包装、标明产地,建立商品基地,建成批发市场;安装村路灯;购置防疫设备,每周消毒两次;家家制定家训,开展文明、礼貌、敬老活动;开发生产那州梨酒;完善排灌设施,预防、排除涝灾。

第六章 韩国的乡村发展

2. 开发山区资源致富的三街村

三街村位于庆尚南道居济邑，有居民76户391人，其中70户是农户。全村有耕地75公顷，山地468公顷。该村调整农业结构，种植蘑菇、药草、果树，饲养牛、猪、鸡，增加农民收入，每户年均收入1350万韩元。

在三街村的发展过程中，村指导员尹炳浩起了很大作用。他19岁那年因家贫从大学退学，回乡务农。他首先考虑发挥村的优势，开发山区资源，种植栗、梨树，栽种香菇。1977年，他通过栽种香菇收入500万韩元，种植栗、梨树收入200多万韩元。1981年，在郡级开展的评比活动中，他被评为"造林王"。在他的带动下，村民认识到多种经营的重要性，纷纷调整种植业结构。目前已有50多户农民栽种香菇，获利6.7亿韩元。

村民又在新村指导员的带领下，集资1600万韩元，建成村民会馆，修建连接国道的村路，大大改善了交通运输条件。又在附近山中修建供水设施，改善了村民的饮水条件。还集资900万韩元建成敬老院，修建了备有煤气灶和浴室的新住宅，使村民都搬进了现代化的住宅。村里还建起了养蜂基地，生产优质、高价的乡土蜂蜜，远销到首尔的百货商店；种植药草，饲养鹿，进一步改善产业结构，提高村民收入。还分批选派骨干到新村研修院和日本大分县，学习文化知识和一村一品运动的先进经验。

3. 旅游模范村寒溪里

寒溪里位于江原道仁济郡国家风景旅游区雪岳山下，有居民57户192人，其中42户是农户。受制于地理条件恶劣、村民文化素质不高，村民收入一直得不到提高，是远近闻名的穷山村。新村运动开展以后，村民们分析本村的各种条件，研究制定了可行的旅游农业发展计划。

首先，充分利用本村的旅游资源优势。雪岳山一带旅游景点星罗棋布，如大、小胜瀑布，天壁、百潭寺、仙女游等旅游区，四季游客不断。村民动员起来，在旅游区周边的荒山荒地建成富有地方特色的民俗旅馆，发展农村旅游业。1986年，全村大会决定投资7.98亿韩元，改善村里的环境设施，35户农民修建了157间旅馆，为建成以民宿为特点的旅游村奠定了基础。在旅游旺季到来之际，每月召开一两次村开发委员会议和村民大会，研究如何改善旅游服务业，动员村民在路旁栽种各种花草，妇女负责做好野营地区的环境卫生工作。每年的9—10月，村里通过电视、报刊等新闻媒介，广泛宣传旅游农业和本村的特色及名特产品，向全国旅游公司分发宣传广告和信息简报。

其次，大力发展符合旅游农业的特长农业。该村饲养山羊、鹿、土鸡、蜜蜂，栽种各种山菜、薯类、玉米和香菇等。该村位于较高海拔山区，采用无公害栽培技术，农产品富有山区特色。村民不仅向游客销售土特产品，还免费为野营游客提供新鲜无公害蔬菜，深受城市游客欢迎。不少游客深受感动，向孩子们无偿赠送学习用品。村民们在每年年初和年终向已结识的城市游客赠送贺年卡和土特产等年货，为大学毕业生介绍工作，照顾他们的生活。目前，村里通过发展旅游业和销售土特农产品筹集公共资金 1 200 万韩元、妇女会基金 1 100 万韩元。

再次，开展文明活动，发展福利事业。新村指导员和模范农户积极倡导村民储蓄，带头开展"一户一存折"活动。1986 年该村每户平均欠债 300 万韩元，而 1994 年户均收入达 2 000 万韩元。这项活动在全道评比大会上获得 1 100 万韩元奖励，妇女会组织开展的回收废品活动也受到表彰。

4. 注重提高村民收入的德川里村

德川里村位于庄尚北道永德郡，有居民 51 户 196 人，其中农户 49 户。全村耕地 223 公顷。该村根据当地土质，选择以种植大蒜、大葱、圆葱为主的种植业，改变过去单一种植水稻导致收入长期无法提高的局面。

新村指导员经过多方努力，筹集到 4 900 万韩元低息贷款，重点支持特产农业，购买安装了自动喷灌设备，实施土壤改良。在指导员的带动下，村里有十多名青年农民勇挑重担，改水田为旱田，种植特产作物，推动本村特产农业的发展。当地农协也给予支持，全村都安装了自动喷灌设备。

通过种植特产，每个农户年均收入达到 1 300 多万韩元，还建立了村公共基金 600 万韩元，建成低温储存仓库，并将蔬菜直接运到首尔批发市场出售。村民收入提高后，村里还修建海水浴场，提高非农收入，增加公共基金，用于改善交通和福利事业[①]。

（四）韩国政府和农协的作用

韩国政府为保障新村运动的顺利进行，采取了多方面的政策举措。同

---

① 李水山. 韩国新村运动及启示. 南宁：广西教育出版社，2006 年，第 94～97 页。

第六章 韩国的乡村发展

时,农民合作组织农协也发挥了重大作用。政府与农民的共同努力推动了新村运动的发展。

1. 韩国政府的作用

(1) 激励农民积极参与到新村运动中来。

朴正熙政府一开始就认识到要成功完成新村运动,需要广大农民提高参与意识,积极、主动、自发地开展新村运动的各项建设工作,朴正熙政府对农村的支持重点是科学引导和技术扶持,即便是对村民有益处的事情也要广泛征集村民们的意见,而不是简单粗暴的强制推行。为了调动全体农民对于新村运动的热情和积极性,朴正熙政府重点推行以下三项措施:

第一是新村运动的各类开发项目以每一个行政村为基本单位。每年刚开春的 2—3 月,各行政村开展有计划的新村运动工作,由村总会研究决定具体建设项目的内容,村开发委员会根据项目建设的内容研究制定具体实施操作计划,并依此制定相关的政策措施,如动员村民补充劳动力,向上级政府通报信息,获得人、财、物支援和对策分析等,以保障新村运动开发项目按时完成。

第二是实行奖优罚劣的开发政策。在新村运动实施的过程中,韩国政府在对农支援上,并没有采取简单的平均分配政策。在运动开始之初,以村为单位,韩国政府平均免费提供 300 袋水泥用于村里的公共事业建设,然后再根据各村完成公共事业的成绩好坏,把全国 3.5 万个行政村划分为自立、自助、基础三等,建设成绩最好的被划为自立村,最差的划为基础村,第二年韩国政府发放的援助物资只分给自立村和自助村,平均每个村增加到 500 袋水泥和 1 吨钢筋[①]。经过几年的建设之后,积极参与新村运动的村庄发生了明显的变化,而那些抱着消极态度的村庄见邻近村庄都发生了很大的变化,又从韩国政府奖励先进和重点扶持、援助中受到刺激,奋起直追,截至 1978 年,韩国绝大部分的行政村都已经成为自立村或自助村。

第三是实施村民监督制度。在新村运动实施过程中,韩国政府投入了大量的财力和物资,如何保证这些物资能够有效地应用到新村运动的建设

---

① [韩] 朴振焕. 新村运动——20 世纪 70 年代韩国农村现代化之路. 潘伟光等译. 北京:中国农业出版社,2005 年,第 48 页。

中去是韩国政府必须考虑的问题，为此韩国政府采取了"一竿子到底"的办法，所有的支援财物以行政村为单位申报领用，政府各部门不直接参与工程建设。韩国政府给每一个村庄只委派一名政府公务员具体负责物资的统计工作，并且接受村民的监督，韩国政府把能否及时、准确无误地将中央分配下达的建设物资送到每一个行政村作为考核公务员素质的重要指标，每个负责新村运动的公务员在新村运动中的政绩、日常工作水平与他的晋职升薪密切相关，这提高了公务员工作的积极性，加强了对其的考核。

（2）设立高效统一的机构。

为了有效地推进新村运动的实施，减少政府内部互相推诿现象的发生，韩国政府进行政府机构改革，以适应新村运动的需要。在韩国的中央政府层面，新成立了"中央协议会"，该协议会直接隶属于韩国政府内务部，并由内务部部长出任议长，协议会议员由中央部委官员担任。地方各级政府层面大都按照中央机构设置模式，设立了相应的地方协议会，由此从中央政府到地方各级一套完善系统的组织架构被建立起来了。在普通的村级，则设立相应的开发委员会，由10~12名村庄里面的被认为有能力的人员担任开发委员会成员来具体筹划、协调和执行村级的新村运动。

（3）制定严格的新村运动建设管理制度。

为了保证政府的新村运动政策措施有效的被各级执行，韩国政府制定了严格的运动管理制度。对各级政府的管辖内容、职责做出明确的规定。首先是乡镇层级管理职责。乡镇政府公务员负责每天深入村庄调研，督促村民对于新村运动的执行力度，同时负责收集新村运动有关数据，整理分析之后向镇长汇报，镇长则通过收集上来的数据向上级政府汇报相关工作。二是郡县层级的管理职责。郡级政府负责对乡镇政府和各个行政村的新村运动的实施情况负责监督，确保支援物资合理分配和运用。三是省级层面和中央政府层面的管理职责。及时掌握下级政府新村运动的实施情况，并且根据情况的需要及时制定、调整新村运动有关政策措施，各道的副知事则负责分析郡级提交的有关新村运动的数据和分析报告，全面负责新村运动的具体实施并促使其按期完成。各道政府及时收集有关运动的情况之后，定期向内务部部长报告。内务部部长收集分析全国新村运动的运作情况，及时制定或调整有关政策。

第六章　韩国的乡村发展

（4）实施农村经济、文化协调发展的战略。

在新村运动实施的初期，韩国政府把新村运动的工作重点放在基础设施的建设方面，这些基础设施建设项目大大地改变了农村传统的面貌，极大地改善了农村居民的居住环境和生活质量，得到村民的认可和称赞。伴随着新村运动的深入开展，韩国政府把推进新村运动的工作重点放在推广高产水稻品种上，鼓励经济作物的推广、农业多样化和区域化生产，鼓励农民积极创收，同时积极推动农村保险和金融的发展，解决农村长久以来资金缺乏的顽疾。同时，为推动乡村文化的建设与发展，韩国政府斥资修建了大量农村文化设施，以满足农民日益增长的精神文化需要，"通过举办文艺活动、各类培训，来激发村民们的勤勉、自助、协同、奉献精神"①。

（5）强化对新村运动的精神教育和理论指导。

为把新村运动的政策贯彻下去，演变成全体国民的一种自觉行为，就必须加强新村运动的精神教育，帮助农民树立勤劳、自立的新村精神。1972年，韩国政府成立了中央研修院，开设多种多样的培训班加强对于新村运动领导人的教育培训，到1995年，各层次的新村教育共培训了34.2万多人次。中央研修院通过新村教育，培养了大批骨干人才，为韩国工业化和经济腾飞做出了巨大的贡献。韩国政府在开展各种培训班的同时，还在新村运动中施行了"志愿指导员"制度。志愿服务者主要是大学教师、学生利用空余时间自愿深入农村，为新村运动提供免费的指导和劳动。这一活动并不是政府强制实施的，而大多数是学生自愿报名的。从新村运动开始发起至今，韩国全国超过300万的新村运动指导员参加了新村运动中义务工作，而不领取任何经济报酬。

2. 韩国农协的作用

韩国新村运动时期，农协发挥的作用越来越大，各种农民合作组织不断扩大，体系逐渐完善，经营规模也越来越大。

农协是联系政府与农民的纽带。韩国政府在对农民贯彻和实施农业发展的统一规划上依靠农协进行组织和协调，以确保政府对小规模农户农业

---

① ［韩］朴振焕. 新村运动——20世纪70年代韩国农村现代化之路. 潘伟光等译. 北京：中国农业出版社，2005年，第21~23页。

生产的宏观调控与指导。农协组织促进了农村环境的改良、农业结构的调整，有力地计划农产品收购和对农产品价格的干预。

农协通过措施以及多种形式，把农民的农产品进行有规模、有计划地生产和销售，其原则遵循"自助、自立"。小规模家庭的农民在农协组织的帮助下，克服了经营的局限性。农民的生产条件不断得到提高、经济效益得到持续地提升，促进了韩国农业的商品化、市场化和国际化。

新村运动与基层农协的发展，是互相推动、相得益彰的。新村运动以来，全国基层农协的数量增加到1 500个。农协为新村运动的改良事业提供农资、建材家电等物资，也为农民提供种植水稻高产品种所需的化肥和农药。新村运动中，农村的改良事业在20世纪70年代末基本完成。在金融方面，新村运动以来，农协金融机构的储蓄额不断壮大，农村的资金流动快速增长，促进了农民积极参加农协组织。新村运动对农协的发展，特别是基层农协的发展具有重要的现实意义。

（五）新村运动的成效、经验与不足

1. 新村运动的成效

新村运动的成效，首先体现在农渔村地区。新村运动的初衷是建设新农村，改变农村贫穷落后的面貌，让农民脱贫致富。新村运动通过一系列开发和建设项目，通过奖勤罚懒、奖优惩劣、全民参与、官民合作的区域发展政策与实践，改善了农村的生产、生活环境，增加了农民的收入，提高了农民的生活水平，改变了农渔村地区的整体面貌。

其一是物质条件的极大改善，这主要表现在以下几个方面。

第一，改善了农村的交通条件。新村运动开展之前，韩国的农村公路条件非常落后，交通十分不便。而到20世纪70年代末全国基本实现了村村通车。

第二，改善了农户住房条件。1971年，约有80%的农户住在茅草屋，但到1977年，全国所有的农民都住进了瓦片或铁皮屋顶的房子，农村面貌焕然一新。

第三，改善农村饮水条件。过去韩国农民饮用既不卫生又不方便的井水，到了20世纪80年代，农村普遍使用汲取地下水的井管挖掘机，饮水条件、卫生条件和农村环境得到明显改善。

第六章　韩国的乡村发展

第四，推动了农村电气化。20世纪60年代末，只有20％的农户安上了电灯，其余的仍然使用煤油灯。到1978年，98％的农户装上了电灯，90年代全国实现了电气化。

第五，增加了农户收入。通过普及优质高产稻种，发展农产品加工业，促进农产品流通和农业发展信贷，增加了农户收入。1993年，农村居民的收入已达到城市居民的95.5％。

第六，发展了农产品流通业和农村金融业。韩国农协全称为农业协同组合，相当于农业合作社，兼有农产品流通和农村储蓄、农业信贷等多种功能。随着农产品品种的增加和产量的提高，农协在农产品流通领域发挥了举足轻重的作用。而且自20世纪70年代后，收入增加和改变理财意识的农民越来越多地到农协银行储蓄。随着农民储蓄额的不断增加，由农协提供的农业生产资金也不断增多，而农协信贷中来源于农户储蓄的比重也逐年增加，促进了农村金融业的发展。

第七，新村运动促进了城市面貌的改善。其成效体现在城市干净整洁的街道和社区、山清水秀的优美环境等。国民经济和城市化的快速发展一般会带来交通、环境污染等一系列城市问题。持续多年的城市新村运动适时而有效地缓解了这些问题。

第八，新村运动在物质方面的综合成效体现在韩国人在战争废墟上创造的"汉江奇迹"上。工厂、企业的新村运动使企业树立新风尚，促进经营合理化和现代化，提高生产效率，扩大经营成果，推动企业成为国家产业、经济发展的主力军。新村运动为韩国经济的迅猛发展和经济实力的大幅提高发挥了助推器的作用。韩国在短短30多年的时间里从贫穷落后的农业国一跃而成为经合组织（OECD）成员，经济地位上升到世界第11位，新村运动起到了重要的推动作用。

其二是新村运动的精神成效也是明显的，主要表现在以下几个方面。

第一，新村运动的第一个任务是"农村启蒙"，就是要使农民的精神面貌发生变化。长期的儒家传统文化、封建秩序的桎梏、殖民统治阶级的残酷镇压和剥削、集权政治和权威主义的压迫，使得生活在社会最底层的大多数农民形成了屈服于现实的心理习惯，"天命论"意识根深蒂固，缺乏积极进取、勇于开创的精神和勇气。

新村运动通过实实在在的项目开发和建设以及精神启蒙与各种训练、

教育，激发了农民自主建设家乡的积极性和创造性，改变了过去的陈旧意识和观念，使人们勇于接受变化，敢于制订计划，积极乐观地对待未来。政府在为农村地区的新村运动提供财政支持时，并非平均分配，而是采取鼓励先进、惩戒落后的方式来引导农民思想观念、精神面貌的转变。在新村运动的带动下，农民们自觉参加各种建设项目，参与规划、讨论和民主决策，共同合作实施项目，培养了自立自强的意识和开拓精神，树立了靠自己的努力和携手合作就可以改善生活、改变命运的信心。新村运动带来了农民心理的、观念的、态度的和行为方式上的一系列变化。

第二，农民的这些变化也出现在城市市民身上。从各个时期新村运动的内容中可以看出，不管是农村新村运动还是城市新村运动，其首要任务都是精神启蒙。在城市，新村运动同样培养和激发了人们积极进取、乐观向上、奋发图强、励精图治的精神。工厂、企业的新村运动激励人们全心全意投入到经济建设当中，而工厂、企业在促进国民经济发展方面的成就与贡献反过来更加鼓舞了人们的士气，振奋了人们的精神，坚定了人们的信念。"由国家行政机构领导的新村工程以及各种出口目标的实现，在改变人们思想方式上起了一种决定性的作用"。

城市新村运动树立了遵守秩序、举止文明、团结互助的新的市民形象。这一运动通过三大秩序运动（精神秩序、行为秩序、环境秩序）为市民们自我约束、爱国敬业、提高遵纪守法的法律意识和互敬互助的道德水准做出了贡献。城市新村运动使人们以崭新的精神面貌和文明的行为举止成功举办了各种国际赛事和活动，向世人展示了良好的精神风貌，传递了现代化的都市气息。而且，通过强调社会共同体意识，支援农村新村运动，城市各行各业的人们摆脱传统的只服从于垂直的领导体系的做法，在社会各界形成了相互支持与合作、同舟共济的良好氛围。

2. 新村运动的经验

新村运动取得成效的成功经验有以下几点。

首先，赋予激励机制，调动人的积极性。运动初期政府从改善农民生活、生产条件入手，让农民们从中得到实惠，极大地调动了农民参与的积极性。政府对新村运动提供了一定的财政、物资和技术支援，但这种支援并没有采取平均主义，而是通过奖勤罚懒、奖优罚劣的方式引导人们积极参与并认真实施这一运动，改变旧的意识和观念，磨炼意志和勇气，增强自信和成就感。这是新村运动成功的基石。

其次，政府的大力支持、各部门的积极协作与配合、新村运动指导者与骨干们的努力与献身精神。在这场由政府发起的运动中，政府的积极推动、正确指导和大力支持无疑是不可缺少的成功因素。政府在政策、制度、资金等各方面为这场运动提供支持，政府各部门之间相互协作，建立目标管理制度、岗位责任制和奖惩制度，事先制定计划和目标，事后进行评定和总结。此外，工厂、企业、学校等机关和单位的大力支持和配合以及声援也极大地推动了这一运动的开展。而优秀的新村运动指导者和公务员们在这一运动中则起到了良好的引导和带头作用。这些是新村运动成功的保障。

再次，注重思想教育。新村教育是这场运动的重要内容之一，在新村运动中占有重要位置。在农村，村村都建立"村民会馆"这一思想教育阵地，通过讲课、讨论、现身说法、发放宣传品、培训等形式，向农民灌输正直诚实的价值观，培养农民勤奋、自强、团结、奉献的主人公意识，倡导勤俭节约的生活方式。长期对农村领导人和农民进行教育，使农民具有强烈的集体荣誉感、团结协作精神和良好的生活态度。这是运动成功的核心。

3. 新村运动的不足

新村运动在发展过程中也存在各种问题和不足之处，表现如下。

首先，运动第一时期是在政府主导下开展的自上而下的运动，形式上具有指令性和非民主的性质，因过分强调政府的统筹作用和行政手段，助长了一些人等待和听从政府号召和组织的依赖性和被动性，减弱了部分参与者的自觉性，而且统筹安排使一些内容没有充分考虑各地不同的形势和特点。

其次，以实践为主，理论研究滞后导致很多方面缺乏前瞻性。这场运动在没有系统的相关理论基础的背景下开展起来，一边实践一边对经验教训进行归纳和综合，理论研究落后于社会实践，使得很多内容和发展方向缺乏理论指导下的前瞻性。新村运动开展以来，农村劳动力后继乏人严重，农业效益和竞争力低下，而乌拉圭回合谈判以后对农产品市场的开放呼声高涨，而这一运动对这些问题和农业的可持续发展缺乏研究和有效对策。

再次，跟不上时代发展步伐使这一运动没能保持长久的活力和可持续性。进入 20 世纪 90 年代，韩国基本完成了工业化和城市化，民主主义理念深入人心，行政上实行地方自治。而新村运动在内容和方式上跟不上经济和社会快速发展的步伐，未能保持旺盛的生命力。

四、韩国乡村发展对中国乡村振兴的启示

韩国是中国邻邦，其乡村发展的经验不足，在政府的政策支持、法律制度的完善、乡村建设的规划与实施、文化建设的开展等方面，给中国的乡村振兴以诸多启示。

（一）韩国与中国的乡村具有较多的共性

韩国与中国具有相似的农业自然条件。农村人口较多，综合资源特别是土地资源匮乏，人均耕地面积不大，小农场占主要，文化背景相似，主要表现为以下几个方面[①]。

1. 社会发展阶段基本相似

韩国新村运动与中国新农村建设都是在国家的工业化和城市化脚步加快、工农业发展严重失衡的状态下实施的。两国都面临农民收入与城市居民收入差距加大的突出问题，在市场经济发展的过程中也出现正负效应相互碰撞的状态。

2. 农村环境、农业状况基本相似

韩国与中国的农村环境、农业资源条件及农民的生存状况呈现出基本类似的现象，农民占国家人口的比重较大，农业的机械化程度都普遍较低，并呈现出粗放式农村经营和小规模集约化农业经营的特点。从农村文化和教育来看，农民的文化程度都普遍偏低，农民缺乏足够的自信心，显现出鄙视、逃离农业的现象。

3. 国家主导型经济发展模式基本相似

韩国与中国的国家经济发展模式有较多的共性，即都是在国家主导的

---

① 付玲玉，张方明. 韩国新村运动与中国新农村建设的对比研究.《农村经济与科技》2017 年第 22 期，第 149 页。

状态下,积极发动社会群众投入到经济建设之中,显现出较强的感召力和凝聚力。

4. 东方民族文化和理念相似

韩国与中国都是有着悠久的东方民族的传统文化理念和习俗,在农村转型过渡的时期充分发挥出东方民族文化理念的相互依存、相互协调的状态。

(二)韩国新村运动对中国乡村振兴的启示

韩国新村运动有力地促进了韩国农业经济的快速发展,保证了社会经济各个产业的协调均衡发展,加快了韩国农村现代化的实现。就目前而言,韩国农民人均年收入已经达到约1万美元,农村人口占总人口的比例也从65%下降到7%。农民在改善生活环境、增加收入的同时,还通过自我发展和相互合作方式带动了农村精神文明水平的提高。韩国新村运动的经验对于中国乡村振兴具有重要的借鉴意义。

1. 完善政府政策对农业的支持

韩国乡村的发展离不开韩国政府的支持。中国也应当强化政府政策措施的推动力量,全方位力促现代乡村的发展。一是要加强乡村公共品的投入,特别是基础设施建设的投入,加大对农村教育、卫生和保险等方面的资金投入,进一步加强和完善农村文明社区建设,使广大农民意识到农村发展的必要性,从而自觉地参与农村各个项目的建设。二是减轻农民税负,增加对农业的投资,采取通过政府补贴将专业化的机械设备低价出售给核心农户等政策措施支持乡村产业发展。三是加强农业技术开发推广政策,提高农业经营者的技术水平,完善培训制度,增强经营主体的经营能力[1]。四是提高农村教师待遇,吸引优秀教师选择农村,提高农村义务教育质量。五是提高农村医疗水平,建立农村医疗卫生服务网络。六是提高农村基本养老金,完善农村老人保险制度,提升农村社会保障水平。

2. 实施促进现代农户发展的土地制度

农业的快速发展依赖于农业生产力的提高,农业生产力的提高则依赖

---

[1] 张俊领,张儒雅. 韩国"新村运动"对我国现代农业发展的启示.《新乡学院学报》2015年第7期。

于生产要素的集聚,尤其是土地的相对集中。在农业转型期内,人均耕地中国为 1.26 亩,而韩国为 0.73 亩,中国和韩国在农业发展中不同程度表现出了耕地面积少、农户土地经营规模小、规模不经济并且农业生产率低的问题。人均耕地较少且小规模经营是第二次世界大战以来形成的最典型的土地自耕农体制的集中体现。韩国开展了更深层次的土地制度的改革,鼓励土地的流转并向大型的家庭农场集中,大大地促进了土地经营规模的集中,为家庭农场经营提供了基础,为农业实行机械化、现代化提供了前提和保证。中国目前最主要的问题就是土地流转问题,土地流转是建设现代农业的基础性工作,只有使一部分农民土地通过流转向另一部分农民集中,农业才会形成集约经营,才能实现农业现代化、机械化。从某种程度上说,没有土地流转,就没有现代农业。

3. 通过立法保障现代农户的权利

发展农村经济,最本质的还是农民权利问题,具体就是农民财产权、农民自由迁徙权和农民平等享受公共服务权利这三方面的问题。韩国政府在这些问题上,表现出了很大的决心,制定了具体的政策来维护农民的权利。在"新村运动"中,韩国逐步形成了保证农业发展的三级立法体制,鼓励农户拓荒、整治土地,在保证一定数额的耕地情况下保护农户的利益。韩国通过这些立法的实施,加快了土地经营规模扩大,提高了农户经营积极性,提高了农业生产率,实现了传统农业向现代农业转型。

4. 建立保证现代农户利益的合作组织制度

韩国非常重视农协组织的建设,并逐步将其培育成社会发展实体,为国民自我发展奠定了坚实的基础。中国也应当通过建立农户民间组织,架起政府与农户之间沟通的桥梁。农户民间组织可以把政府支农、惠民等方面的政策和物质保障及时落实、分发到农户家中,同时,农户民间组织也成为农户参与各项决策的民间自治组织。农户民间组织不仅可以参与农村建设的金融援助,也可以积极参与农产品流通的各个环节,减少单个农户的市场风险。

5. 合理规划乡村建设的格局,推进乡村生态宜居

在乡村振兴中,应借鉴韩国新村运动的经验,通过基础设施建设与提升公共服务,增加农民幸福感。要合理规划设计,完善道路建设、饮水安

全、危房改造等基础设施建设,深入推进农村厕所、垃圾、污水专项整治,改善农民居住条件。

6. 繁荣农村文化,促进乡风文明建设

乡村振兴之魂是乡风文明,乡风文明关键在于繁荣农村文化。应改善乡村文化硬件设施,逐步建立乡村图书馆、阅览室,使农民有报可看、有书可读。组织专家学者进行文化培训,提高农民知识素养。编排富含新知识、新理念的文艺节目,在文化大院中演出,既丰富农民农闲生活,又使农民学到知识。同时,可在农村家庭墙壁上绘制传统美德宣传画,以墙报文化带动乡村文化教育。这些工作应充分利用网络,以生动活泼的方式繁荣农村文化。此外,在乡村深入开展移风易俗活动,成立农民红白理事会,树立乡村新风;组建道德评选会,选取表彰先进人物,营造文明和谐乡风。

7. 引导农民参与乡村事务,保障乡村的有效治理

在村民自治中,坚持农民主体地位,落实民主决策、管理、监督机制,保障村民对村中事务的知情权、决策权与监督权。此外,重视法治与德治。建设法治乡村,提升乡村德治水平。不断完善相关法律法规,强化法律在维护农民权益、化解农村社会矛盾方面的保障作用。推进乡村德治与村民自治相结合,发挥乡村长者在道德方面的约束与监督作用,通过村民自我教育、管理、监督提升乡村德治水平,并在此基础上形成村规民约,对违反村规民约者通过村民自治做出惩戒,做到乡村自治[①]。

---

① 苑文华. 韩国新村运动对我国乡村振兴的启示.《中国市场》2018年第28期,第45页。

第七章 拉丁美洲的农业发展与乡村变迁

拉丁美洲属热带和亚热带气候，平原广阔、雨量充沛，年均降水量在1 000毫米以上，农业自然资源丰富，陆地面积2 050万平方千米，占世界土地总面积的15%，有着占世界20%的农田和24%的森林或林地，以及11%的内陆水域。可利用耕地多，约为目前耕地的3倍。

拉丁美洲农产品较为丰富。墨西哥以种植业为主，中美洲和加勒比海地区以热带经济作物为主，南美阿根廷的小麦、玉米、肉类、羊毛，巴西的大豆、咖啡、可可、香蕉、棉花、糖、剑麻，秘鲁的鱼类，乌拉圭的肉、羊毛等，都享有盛名。

目前，拉丁美洲有33个国家，属发展中国家。总人口1990年为4.4亿多人。

拉丁美洲的乡村发展，既与历史上的殖民化密切相关，又与独立后漫长的农业现代化进程密切相关。有悠久历史的大地产制，独立前后的依附性经济、加速现代化的进口替代战略和城市化，诡异多变的政局和日益膨胀的民粹主义，都对拉丁美洲的乡村发展产生重大影响。20世纪六七十年代以来的政府支持、绿色革命和生态革命，对拉丁美洲乡村发展直接产生了影响。

一、拉丁美洲独立前后的农业

（一）拉丁美洲殖民地时期的农业

印第安人是美洲的原住民。他们创造了玛雅文明、印加文明和阿兹特克文明。大约5 000年前，美洲有了最初的农业。玛雅人是世界上最早种植玉米的族群。美洲农作物传到其他大洲，为人类文明做出了不可磨灭的

第七章　拉丁美洲的农业发展与乡村变迁

贡献。印第安人社会的土地，基本上实行的是以共同所有和集体使用为基础的公有制。

15世纪末，欧洲殖民者侵入美洲大陆，打断了印第安人社会独立发展的进程，建立了殖民制度。拉丁美洲主要是西班牙的殖民地，其次为葡萄牙殖民地。有几项制度对拉丁美洲经济及农业发展影响较大。

一是委托监护制，于16世纪初开始实行。西班牙国王把美洲殖民地分为多个委托监护区，"委托"殖民者监护管理。土地属西班牙国王所有，监护主的职责是监护、管理印第安人，同时替国王收税，负责区内的移民和防务；印第安人仍留在原地，保留传统生产方式，不得离开，并为监护主尽义务，包括无偿劳动。

二是劳役分派制，1568年后普遍实行。规定每个印第安人村庄必须提供一定数量的劳力，从事庄园、矿山和修路、建教堂等劳动，获取一定报酬。

三是大地产制。主要有大庄园制、种植园制等。拉丁美洲殖民地的土地占有制度分为大地产制、小土地所有制和印第安人公社土地所有制。大庄园制是殖民地时期普遍实行的土地制度。随着拉丁美洲地区矿山、城市的兴起，以及欧洲市场的需要，欧洲的殖民者们，从贵族、教士、官吏到商人、企业家，通过西班牙国王的赐予，以及对印第安人土地的掠夺，建立庄园，成为庄园主，从事包括农业生产在内的各种经营活动，赚取利润。他们利用美洲廉价土地和劳动力，不仅为拉丁美洲的城市和矿山提供产品和服务，也生产欧洲市场急需的工业原料和生活用品。有些庄园发展为以种植经济作物（如甘蔗、烟草、可可）为主的种植园。但在主要谷物以及畜产方面，庄园致力于自给自足，以减少成本[①]。庄园发展到殖民末期，面积极广，有的甚至多达27万多公顷。劳力以印第安人为主，由委托监护制和分派制管理；后期多为自由出卖劳动的混血人种，也有非洲黑人奴隶（如巴西等地）。因劳动力十分廉价，庄园主更多采用粗放经营，但也引进欧洲的生产技术和先进农具。

17世纪西班牙王室取消劳役分派制，庄园越来越多地雇用自由雇工。但为了控制更多的劳动力，庄园也采用债役制，即庄园主给雇工预

[①] [英]莱斯利·贝瑟尔.《剑桥拉丁美洲史》第二卷. 中国社会科学院拉丁美洲研究所组译. 北京：经济管理出版社，1997年，第180页。

付工资或赊欠实物或贷款，以此长期控制无法还贷的雇工，即债役农。许多无法还清债务的债役农沦为奴隶。庄园经济得以迅速发展。大地产除了大庄园，还有大畜牧场、种植园。尤其是种植园，大规模使用奴隶劳动，其经营主要面向世界市场，随着市场的兴衰而兴衰，对外有极强的依附性。

小土地所有制和印第安人公社土地所有制，对拉丁美洲农业发展也有影响。

殖民地时期，拉丁美洲土著印第安人的传统农业遭到破坏，欧洲农作物和生产技术得到推广，面向市场的新型农业发展较快。但地区之间的发展并不平衡，商品性农业与以自给的粮食种植业发展也不平衡，大地产与小地产农业也不平衡[①]。这种二元化现象阻碍了拉丁美洲农业以及经济的发展。

（二）拉丁美洲独立以后的农业发展

19世纪拉丁美洲独立运动，摧毁了殖民统治。但拉丁美洲社会结构的变化却十分缓慢。

第一，大地产制得到保留，甚至有所加强。大地产面积的增加，"至少等于以前300年的数字"[②]。如巴西直到20世纪50年代，大地产者仍占有全国62%的土地。阿根廷全国80%的土地被7%的大地产者占有。

第二，租佃制盛行，大农场只占少数。在墨西哥北部、阿根廷和乌拉圭等国的部分地区，以及某些外国资本的种植园，采用了现代农业生产技术和雇佣劳动，发展为资本主义大农业。但在大部分地区，仍然是以奴役性地租为基础的传统生产方式。农民在政治上获得自由，但在经济上严重依附于地主。农民可在庄园中租佃小块土地，但租佃合同极为苛刻。租佃期很短，最多不过四五年，有时只有一两年；土地随时可能被地主收回；农民缴纳分成租，许多地方仍保留劳役义务。由此形成拉丁美洲的二元化土地占有形态，即极少数人占有大量土地，大量农民只占有极小一块土地（被称为"极小地产"）。其差距在阿根廷高达279倍，在智利甚至相差

---

① 冯秀文，等. 拉丁美洲农业的发展. 北京：社会科学文献出版社，2002年，第104页。
② 瓦西里耶娃，等. 殖民地和其他不发达国家的农业和农民状况. 中译本. 北京：世界知识出版社，1959年，第55页。

1 500 倍之多。在巴西，大地产平均占地面积多达 2 000 公顷，而个体小农和租佃农每户平均占有土地不到 8 公顷，有的甚至不到 2 公顷。据 1950 年调查，拉丁美洲 3 300 万独立农业者中，大地产者 66 万人，仅占 2%；中农占 10%，其余 88% 的农民都是"极小农"。大部分农民不得不成为种植园的廉价工人，或流入城市成为产业后备军。

第三，外国资本控制农业，农产品严重依赖国际市场，陈旧的剥削方式仍有保留。但经济一体化初步形成。

拉丁美洲独立初期，以英国资本为主的外国资本大量投资于有利可图的采矿业和商业。19 世纪中叶以后，工业革命掀起第二次浪潮，国际市场对热带农产品和工业原料的需求大增。外国资本开始增加对拉丁美洲农业的投资。进入 20 世纪，美国成为对拉丁美洲农业投资最多的国家。外国资本主要通过政府贷款和私人投资方式，广占土地，开辟种植园，成为拉丁美洲最大的地主，种植国际市场急需的经济作物，谋取高额利润。19 世纪后，可可种植园成为甘蔗种植园之后的投资热点。欧美市场畅销的香蕉、棉花、橡胶、龙舌兰，都为外资所青睐。19 世纪末 20 世纪初，外资支撑的种植园进入鼎盛时期。每个国家主要生产一种或几种供出口的经济作物，形成单一农业生产模式，严重依赖外资和国际市场。拉丁美洲作为原料供应者和制成品消费者被纳入国际资本主义网络之中而无法解脱。

然而，在外资控制的拉丁美洲农业中，仍保留着陈旧的剥削方式。在跨国公司开办的种植园，传统剥削方式仍在延续。雇工依附于公司，处于半奴隶状态。外国资本与大土地占有制结合，资本主义剥削方式与前资本主义剥削方式结合，资本家获得高额利润。因有广大的地产、廉价的劳力，拉丁美洲农业仍主要依靠人工，很少使用机械、化肥，生产力低下。

以英美资本为代表的外国资本，广泛而深入地渗透、控制着拉丁美洲的农业及矿业的生产和出口，推动了拉丁美洲经济逐渐走向一体化。同时，寡头政治集团控制的资本和生产越来越依附于外贸。农业生产规模有所扩大，形成新型的农业出口集团。大地主越来越多地进入出口农业；一些工商业者则购买土地，从事面向市场的经济作物的生产。拉丁美洲农业越来越多地卷入全球化。

二、拉丁美洲的土地改革与农民：以墨西哥为例

（一）拉丁美洲各国土地改革概况

如前所述，独立后拉丁美洲的出口农业一枝独秀，但对国际资本和市场的依附性很强；基础农业仍停留在殖民地时期的水平上。尤其是土地高度集中，严重制约了农业的发展，影响拉丁美洲现代化进程。20 世纪 50 年代，拉丁美洲农村仍存在前资本主义的生产关系，为大地主耕作的农民处于半农奴状态。分成租、劳役租流行；殖民地时期的分成制、对分制、债役制在很多庄园中仍有存留。1950 年前后，阿根廷 63% 的小农户只占有全国 5.4% 的土地，巴西 85.4% 的小农户占有 16.5% 的土地，墨西哥 95.2% 的小农户仅占有 8.7% 的土地。情况最好的巴拿马，98.5% 的小农户也不过占有全国 64.3% 的土地[①]。可见拉丁美洲土地占有的不平均状况极为严重。

早在 1915 年，墨西哥即已颁布土改法，拉开拉丁美洲各国漫长的土地改革的序幕。危地马拉、玻利维亚等国是在 1940—1959 年实行土改的。两国爆发民主革命，甚至采用没收大地产的激进方式推动土改。

从 1959 年开始，拉丁美洲各国受古巴革命的影响，大规模展开土地改革。墨西哥、危地马拉、玻利维亚等国，以及革命后的古巴，都是采用革命方式进行土改，以消灭大地产制作为目标，土改进行得比较彻底。

大部分国家则采用和平方式，自上而下地调整土地结构，限制大地产，改善农民处境。一些国家利用拉丁美洲地广人稀的有利条件，采用移民、垦荒方式，由政府和国际金融机构出资，解决无地农民问题。此外，向大地产者征收闲置土地的土地税，从而限制大地产。这样的土改方式，无论是限制大地产，还是移民垦荒，都是旷日持久，进展缓慢，大地产的利益很少受到触动，旧的土地结构未发生太大的改变，农民获益并不明显。巴西、阿根廷、乌拉圭、巴拉圭、智利、哥伦比亚、厄瓜多尔等国即是如此。军政府前后的秘鲁、阿连德时期的智利，一度加大过土改力度。

---

① 冯秀文，等. 拉丁美洲农业的发展. 北京：社会科学文献出版社，2002 年，第 167 页。

大体而言，到20世纪60年代，拉丁美洲的土改基本结束。通过土地改革，部分国家消灭了大地产制，大部分国家则以和平方式，通过移民垦荒和限制大地产，在较少触动大地产的前提下，扩大了农业发展的空间，无地和少地农民获得了或多或少的土地，残余的封建剥削制度受到打击。但是，以大庄园为基本社会经济核心的粗放型农业仍然维持着。这样的基本结构，一直影响着拉丁美洲农业和乡村的发展。

（二）墨西哥的土地改革与农民

在殖民统治末期，墨西哥有3 749座大庄园，占地8 000万公顷；而1.1万个印第安人村社和个体小农，占地仅有1 700万公顷。独立战争（1810—1821年）之后，原殖民地时期的社会经济结构几乎没有变化，土地占有极不合理，贫富差距极大。

19世纪中叶，墨西哥自由派地主领导革新运动，颁布法令，没收教会财产，将教会土地收归国有，公开出售。但这些土地并未分配给无地和少地的农民，而是通过拍卖落入世俗地主和外国富人手中。世俗地主原有的地产更是未受触动。印第安人的土地公有制也被取消，依法分配给个人，但印第安人不太适应土地私有，其土地多被大地主兼并。结果，墨西哥独立后的土地占有分化更加严重。

1877年迪亚斯担任墨西哥总统期间，工业化进程有所加快，经济获得发展，土地也因此增值，国内外资本家、地主更加青睐于地产，墨西哥的土地更加集中到少数人手中。1910年，全国无地农民的数量占了农村人口1 500万人的98%。大批失地农民沦为庄园的债役农，个体小农几乎消失。

随着墨西哥经济的初步发展，新兴的资产阶级迫切要求土地自由买卖和自由雇佣劳动。这也要求改变落后的土地制度，把农民从债役中解放出来。1910年，墨西哥爆发反抗迪亚斯独裁统治的革命。1915年，墨西哥颁布土改法。土改法规定：凡自1856年6月25日以来被非法侵占的农民土地一律归还原主，对没有地契而又需要土地的农民，政府通过征收土地，酌情满足其需要。1917年，墨西哥通过了新宪法，明确规定墨西哥土地与水源的所有权属于国家，国家有权将其所有权转让给私人，构成私有财产。宪法规定墨西哥的土地所有制有三种形式。一是小地产所有制，即占地不超过100~200公顷水浇地、200~400公顷旱地、400~800公顷森林或草原的农户，称为小地产所有者，受政府保护，超过规定限额的土地由政府征收。二是村社所有制，即由居住期超过6个月的20户以上的无地农民组成的村社，均可申请分配土地，分到土地的单位组成村社，再由村社把土地分配给村社社员（每户只能由户主参加土地分配并成为社员），但森林和草原归集体经营，不得分配。社员分得的土地可以继承，但只拥有使用权，不得买卖和出租，所有权归国家。三是印第安公社所有制，即印第安居民自古保留下来的一种土地公有的占有形式，政府从征收的土地中归还他们失去的土地。

但墨西哥土改进展缓慢，直到1934年卡德纳斯执政，土改进程加快。卡德纳斯总统取消土地分配的种种限制，一方面强制分割大地产所有者的占地面积，对超过100公顷的水浇地（或200公顷季节地，或150公顷棉花地）予以征收；另一方面，允许定居在庄园中的债役农享有自由使用土地的权利。同时，大力发展村社组织，使社员成为土地的主人；建立农村机械化中心，开办村社信贷机构，提倡村社集体化。卡德纳斯政府在6年内组建村社11 347个。此外，政府还限制外资占地数量，取消与外资公司签订的4 522 832项租地合同，将外资公司开办的种植园收归国有，并建立村社组织。到1940年，墨西哥共分配土地2 017万公顷土地，200万农民得到土地。占地25~1 000公顷的中等地产者占有全国37%的土地，占农村人口42%的村社社员拥有全国47.4%的土地，大地产者占地比例下降到17%，大庄园制瓦解，土地改革基本完成。

另据1970年调查，墨西哥小私有农、村社和印第安公社三种农户构成的农牧业生产单位共102万户，占有土地13 987万公顷。其中，私有农99.7万户，土地面积为土地总面积的50.2%；村社和印第安公社共有2.26万个，农户总数290万户，拥有49.8%的土地。大多数村社和公社的土地面积为1 000~5 000公顷。较大的村社多集中在西北灌溉区和半干旱区，小村社多分布在中部和南部地区。

根据1917年新宪法，墨西哥为代议制联邦共和国。全国划分为31个州、1个联邦区和2 389个市镇。市镇既是城市基层单位，也是农村基层政权组织。市镇实行地方自治，市政府一般由行政机构和评议会组成。评议会相当于议会。市长与市评议会由选民直接选举产生。

如上所述，村社分为个体村社和印第安集体村社（公社）。集体村社的土地归全体成员使用,共同经营,按劳分红,设有由社员选举产生的主任及管理委员会。个体村社由私人使用所有权归国家的土地,且居民只有成为社员才有权获得土地,脱离村社则失去土地权(1940年改为罚附加土地税);社员连续两年或两年以上不经营自己的土地,也将失去土地权和作为村社居民点成员的全部权利(房地产权除外)。20世纪70年代,墨西哥政府为防止社员破产,开展集体化运动,由国家投资建立村社合作农场,派专职人员经营;社员以土地入股,在农场劳动,赚取工资。这类农场由政府直接管理。对其他个体村社和集体村社(公社),政府依法间接管理。基层政府监督个体社员使用土地的情况,还专门成立"全国村社信贷银行",在基层设立分行,为村社提供贷款并监督使用情况,向社员提供咨询和技术。基层政府一般不直接干预村社的经营活动,而是与联邦和州政府合作,为农业生产提供公共服务[①]。

不过,政府对这类银行、公司等经济实体有很大的控制权。银行常常对农民发号施令,服从银行命令成为贷款的绝对条件。另外,许多贷款迟迟不能发放,或到不了农民手中,农民必须把收成缴到银行的仓库,而银行迟迟不予结账,有时拖欠数年之久,造成社员破产。银行的官僚主义、贪腐行为也很严重[②]。

三、拉丁美洲的农业政策调整与绿色革命

(一)拉丁美洲农业政策的调整

两次世界大战以来,拉丁美洲各国的现代化进入新的阶段,农业政策也出现新的变化。

第一,各国为推动工业化,奉行发展主义,长期实行进口替代战略,实施以农养工政策,推动了工业化,但农业发展经历波折。

19世纪末20世纪初,独立后的拉丁美洲经济有所发展。20世纪30年代,拉丁美洲一些国家开始了进口替代的工业化。1949年,阿根廷著名经

---

① 项继权. 外国农村基层建制. 武汉:华中师范大学出版社,1995年,第236~237页。
② [法]勒纳·杜蒙,等. 拉丁美洲的病态发展. 北京:世界知识出版社,1984年,第44~56页。

济学家劳尔·普雷维什提出"发展主义",主张通过进口替代工业化实现发展。在他看来,在国际贸易中,拉丁美洲国家以输出农产品为主,因而受发达工业国输出工业品的剪刀差剥削,陷入不平等的外围依附地位。要摆脱这种不利,应实行进口替代,减少对传统农产品生产及出口的依赖,优先发展工业,特别是能替代进口的工业。在他的理论中,农业处于从属的地位。这样一种重工轻农的发展导向,对拉丁美洲农业的发展是有妨碍的。

拉丁美洲国家工业化进程的加快,客观上增加了对农牧渔林产品的需求,以及对农副产品出口所换外汇的需求;农业的发展对于工业化的重要性显得迫切起来。工业化也推动了农业的现代化。机械、化肥、良种大量运用于农业。本地制造的拖拉机逐渐代替了进口品,1950—1951年度拉丁美洲农用拖拉机达到14.7万台,到1960年大幅增至37.4万台。1950—1951年度化肥使用量已有29.4万吨。良种的研究和采用也促进了农牧业的发展。农业产值也有显著提升。1950年拉丁美洲农业产值占国内总产值的20.8%。20世纪50年代拉丁美洲农业平均年增长率已达3.3%[1][2]。

第二,各国转向重视农业的基础作用,加大了投入和支持。

20世纪六七十年代,拉丁美洲在土地改革基本结束后,工业化也取得进步。农业发展则经历了曲折的过程。农业现代化步伐有所加快,但60年代末陷入危机。70年代,拉丁美洲各国政府加大了对农业的支持力度,农业发展取得可观的进步。

各国纷纷出台农业发展计划。墨西哥在1977年提出"以农业为基础,工业为动力"方针,制定了1977—1982年农牧业发展5年计划,1980年又颁布"墨西哥粮食体系"计划,目标是1985年实现粮食自给。巴西在1975年后制定的社会经济发展战略中,确定"农业优先计划"强调经济发展的基础在于农牧业,改变了以往以农养工的政策。巴西还计划在20世纪80年代末实现粮食自给。1996年,巴西实施新的农业政策,从运输、税收、资金、家庭农业、长期信贷、技术援助等方面制定完整的政策。阿根廷在20世纪70年代中期开始,提出农牧业"相对优势"政策,促进某几种具有相对优势的农产品打入国际市场,以换取更多外汇。各国为加快农

---

① 苏振兴.拉丁美洲经济的发展.北京:经济管理出版社,2000年,第78页。
② 李明德.简明拉丁美洲百科全书.北京:中国社会科学出版社,2001年,第134页。

第七章 拉丁美洲的农业发展与乡村变迁

业发展,纷纷扩大农业投资。70年代中后期,各国将农牧业作为经济优先部门,对农业的财政及其他支持力度加大。各国还争取国际农业援助。1971年国际机构提供农业援助2亿美元,1975年援助额达到9亿美元。1971—1975年,拉丁美洲共获外部财政援助24亿美元。产量较高的新品种小麦、玉米获得大量资金支持;效益较好的大小农场都有机会得到政府的信贷优惠。

各国对农牧业的投资1980年已占本地区农业总产值的20%。国家的扶持主要表现在:①在农田水利灌溉、土地整治、公路、输电网等农村基础设施方面投入大量资金。如墨西哥从20世纪40年代起通过巨额投资在北部、西北部和东北部干旱地区建立了适宜于大面积耕作的新的灌溉区。这些地区已成为现代化的农业生产基地。巴西在开发公路、增设农村输电网,提高农业生产者的仓储能力,开拓农产品的供、产、销渠道等方面,也投入了大量资金。②发放农业信贷。农业信贷在本地区农业产值中的比例,已从1965年的35%和1970年的40%增至80年代初的60%;农业信贷在各国信贷总额中的比重增加。不仅国家银行为农业生产者发放大宗贷款,而且明文规定私人银行在信贷总额中必须为农业生产者提供一定比例的贷款。③推行农产品最低保证价格政策和农业生产者社会保险政策。如巴西从20世纪50年代初开始实行的农产品最低保证价格政策,随着政府财政力量的增强而不断得到改善。根据这项政策,农产品的价格不得低于生产成本的166%,而且可根据物价指数的变化随时进行调整。当市场价格高于最低保证价格时,可在自由市场上出售其产品;当市场价格低于保证价格时,可将产品按最低价格出售给国家。④推动农业科学和农业教育的发展。由国家投资兴办的农牧业研究机构在各国农业现代化进程中发挥重要作用。到80年代末,阿根廷每115户农民就有一名专职农业科学研究人员负责指导。墨西哥已建成一个由842所学校组成的农牧业技术教育体系,为本国绿色革命提供大量专门人才[①]。

各国政府还设立专门机构管理农业。政府为保障对加工工业的原料供应,运用信贷和价格政策以及农作物种植计划、生产指标,对农业进行管理。政府还鼓励农场主种植大豆这样的大面积经济作物,进行集约化生

---

① 张森根. 拉丁美洲农业的发展道路及其前景. 《世界农业》1989年第9期.

产。在巴西，总统直接管理"东北部地区发展管理局"和"亚马孙地区开展管理局"。全国垦殖与土改委员会则进行亚马孙地区的开发。墨西哥也运用各种形式的指令，创办生产、销售和服务合作社以及组织机器的联营和生产品的储藏，以便管理农业。哥伦比亚农牧业委员会也从事促进农牧业发展的工作。不过，这类庞大的官方、半官方机构，也面临过于集中、效率低下等问题。官员手握生产指令的特权，官僚主义严重。

各国政府也采取措施帮助小生产者。通过世界银行等国际机构的农业战略，提高小生产者的能力。富裕的农场主更多地从中获益，能采用新技术，用得起公用设施，还能控制当地的合作社和农民组织，与城市商人、官员保持更紧密的关系。贫困小自耕农常常依附于他们。在墨西哥，大量小生产者被集中在集体村社中种植甘蔗，但要听命于官员的生产指令；个体烟草生产者不得不依赖于国有公司的财力和技术。至于那些实力雄厚的大型农场主，想方设法让政府的计划变得于己有利。

（二）拉丁美洲的绿色革命和生态农业

绿色革命，是发达国家运用生物技术，在发展中国家开展以培育和引进高产稻麦品种为主要内容的生产技术改革活动，以实现提高农业劳动生产率、增加农业产量的目的。绿色革命发端于20世纪40年代，美国洛克菲勒财团和福特财团派遣农业专家到亚、非、拉国家，建立农业研究机构，从事稻麦高产品种的选育和推广工作，成效显著，促进了这些国家的粮食增产[1]。绿色革命的具体内容有：建立农业科研体系，培育和推广高产优良品种；改善田间管理，合理施肥，控制杂草和病虫害；兴修水利，扩大灌溉面积。到20世纪70年代，绿色革命在20多个国家得到推广。

1960年，墨西哥成立全国农牧林业研究所，下设34个州级农业研究中心，近百个农业试验站，推广农业试验成果，教授农民科学耕作和管理技术。1961年，诺尔曼·布朗博士在洛克菲勒基金会资助下，与墨西哥专家共同采用杂交的办法培育出矮秆高产小麦品种。这种矮秆小麦产量高，抗倒伏、抗锈病、耐高温，被称为"墨西哥小麦1号"。小麦在全国推广后，7年内产量翻了一番。1962年，墨西哥政府成立全国种子公司，负责

---

[1] 蔡昉. 绿色革命：发展中国家农业现代化的尝试. 《开发研究》1990年第3期。

第七章 拉丁美洲的农业发展与乡村变迁

良种的培育和推广。先后培育、推广40多个玉米品种,使玉米产量提高了1倍以上。1966年国际玉米和小麦改良中心(CIMMYT)在墨西哥城成立。1996年该中心利用基因工程技术培育出新品种,可抵御1995年南部非洲的旱灾,且能在覆盖半个拉丁美洲的酸性土壤中生长。

此外,1967年国际热带农作物研究中心在哥伦比亚卡利城成立。1971年国际马铃薯中心在秘鲁利马成立,该中心在1996年利用基因工程培育的马铃薯新品种,能抵御热带细菌病害,生长期仅有60天,为凉爽气候条件下生长期的1/3。这3个国际研究机构在绿色革命中发挥了很大作用,推进了拉丁美洲各国的农业现代化。

各国科研机构也发挥了巨大作用。墨西哥全国种子公司负责良种的培育和推广,先后培育、推广40多个玉米品种,使玉米产量提高了1倍以上。全国还设立了400多所农牧业专科学校,40多所农业大学和研究生院。农业教育合作委员会承担培训农民的任务。1960—1985年,各科研机构先后培育出130多个小麦品种,使小麦单产量提高200%以上。各国纷纷引进其良种小麦,有24个国家因此明显提高了小麦产量。委内瑞拉的西部农牧业研究中心培育"阿劳雷1号"水稻,每公顷产量达5 000千克,比普通品种增产20%。东方大学动物研究所经过研究,解决了牲畜在旱季的饲料供应和代用饲料等问题。1960—1980年,委内瑞拉主要农作物单位面积产量增加30%~100%不等。

从20世纪70年代中期到1983年,拉丁美洲各国培育出527个农作物新品种。各国经过绿色革命,农作物增产效果明显。例如,巴西、墨西哥、阿根廷三国玉米、小麦、大豆、甘蔗总产量均有所增加(表7-1)。

表7-1 巴西、墨西哥、阿根廷玉米、小麦、大豆、甘蔗总产量

(单位:万吨)

品种	年份	巴西	墨西哥	阿根廷
玉米	1961	904	625	485
	1973	904	950	970
小麦	1961	54	140	572
	1973	194	198	650
大豆	1961	27	0.2	0.1
	1973	503	51	27

续表

品种	年份	巴西	墨西哥	阿根廷
甘蔗	1961	5 938	2 172	965
	1973	10 200	3 650	1 600

资料来源：联合国粮农组织1970—1973年《生产年鉴》和《贸易年鉴》。转引自：冯秀文等的《拉丁美洲农业的发展》中的表4-3.北京：社会科学文献出版社，2002年，第419页。

进入20世纪90年代，拉丁美洲绿色革命发展到生态农业阶段。这是一种在新的科学技术、新的农业生产者知识推动下的新的农业发展观。生态农业关注拉丁美洲农民的耕种方法，从拉丁美洲传统农业知识中汲取养分，主张生态农业不能单一种植，而应多样性；不宜人工干预过多，而应遵循自然规律。如在安第斯山区混种当地土豆，在低海拔热带地区进行农业造林，在中美洲混种玉米和菜豆。此外，根据每个地方生态相互作用的特点，还发展了轮种。生态农业生产了安全、无公害食品，还保护了环境。巴西还利用卫星观测农作物的生长状况，利用新技术为提高农业产量提供精准数据。

四、巴西与阿根廷的农业现代化与农民处境

（一）巴西农业的产业化、集约化经营与农民的变化

巴西是南美面积最大的国家。历史上，巴西与其他拉丁美洲国家一样，是单一农业经济国家，蔗糖、咖啡为其主要经济作物。20世纪初，巴西开始工业化进程。自20世纪30年代实施进口替代工业以来，巴西便实现了比其他拉丁美洲主要国家更快的经济增长。从50年代开始，巴西进入一个经济快速增长的黄金阶段。其中1968—1973年"经济奇迹"时期达到11.2%。之后受内外部各种因素的影响，巴西经济起伏不定，经历过多次危机，也有过较快增长。2001年11月，高盛公司在其报告《全球需要更好的经济之砖（The world Needs Better Economic BRICs）》中首次提出"金砖四国（BRICs）"的概念，并在2003年的《与BRICs一起梦想：通往2050年的道路（Dreaming with BRICs：The Path to 2050）》报告中对巴西、俄罗斯、印度和中国的发展前景做出了大胆预测。

2003年卢拉执政后，巴西政府谨慎的财政和货币政策促使巴西进入自

第七章 拉丁美洲的农业发展与乡村变迁

20世纪70年代"巴西经济奇迹"以来的最快且最长的经济增长周期。2003—2008年，巴西经济年均增长率达到4%，其中2004年实现了5.7%的增长，创下了自1994年（5.9%）来的最快增速，巴西重回世界经济十强行列。人均GDP则从2002年的2 859美元增至2008年的8 298美元，实现了连续5年的适中增长。2014年，巴西GDP约为2.4万亿美元，人均11 727美元，为拉丁美洲地区发展水平较高的国家之一。

巴西城市化水平已经很高。1970年城市人口首次超过农村，达54%。到90年代城市化水平已达到70%。2014年，巴西农村人口3 000万人，占全国人口的15%，城市化率高达85%，已达到发达国家水平。

1. 巴西农业的发展

巴西大部分地区地势开阔平坦，适合开垦为耕地，可利用土地资源占土地面积的94.4%。据统计，2011年巴西耕地面积为7 227万公顷，占陆地面积的8.6%，林地为4.97亿公顷，占59.5%，草地和牧场有1.96亿公顷，占23.5%。2010年，巴西劳动力有9 400万人，其中农业劳动力为1 466万人，平均每个农业劳动力拥有耕地5公顷。目前，巴西仍然在开垦耕地，生产大豆、甘蔗、玉米等市场需求颇旺的作物。1990—2007年，巴西耕地面积由5 068万公顷增至5 950万公顷，是世界上极少数耕地面积明显增长的国家之一。巴西80%的国土位于热带，大部分地区降雨充沛，旱涝灾害不多，非常适宜农业生产。

巴西已成为世界上农业比较发达的国家。2003年，巴西成为全球第二大大豆生产国，第三大玉米生产国，同时也是世界上最大的咖啡、糖、酒和果汁生产国，也是最大的牛肉和禽肉生产国。粮食产量在1991年为5 800万吨，但到了2003年大幅跃升至1.232亿吨。巴西农业在国民生产总值中的比例，由1950年24.28%下降至2004年的9.04%[①]。

巴西仍保留大地产所有制，大庄园主农业和小农并存。国家只在特殊情况下才干预私人土地，或进行有偿征收。全国大部分土地集中在少数庄园主手中。0.86%的大农场主拥有44.6%的土地，一些大农场主的土地规模多达几万公顷甚至几十万公顷，85%的农户（占地50公顷以下）只有

---

① ［美］维尔纳·贝尔. 巴西经济：增长与发展. 罗飞飞译. 北京：石油工业出版社，2014年，第361~362页。

13%的土地。大量农民少地（40%的农民只有1%的土地），多达1 200万农民无地，只能依附于庄园主、农场主做雇工，或做季节工，多数人不得不流入城市。有些大地产者将占有的土地作为投资的资本，待价而沽。他们把土地交给管家经营，而不交给渴望耕种的人，致使大片土地荒芜，土地利用率低下。据调查，巴西有1.5亿公顷为大地主所有的宜农土地没有开垦。

2. 巴西农业经营的产业化、集约化特色

巴西农业经营的主体是公司农场、产业化私营农场，其次是小农户。大型农场通常拥有优质土地，能进行大量投资，采用先进技术。因此，巴西在大宗土地密集型产品和资本密集型经济作物生产上有突出的竞争优势。大中型农场主通过订单与大型涉农企业形成一体化联系，以生产大豆、甘蔗、咖啡、可可等出口农产品为主。众多的小农户停留在传统耕作方式上，以生产木薯、黑豆等为主，通常通过合作社将产品出售给从事加工或物流的涉农企业，劳动生产率和经济收入都很低。合作社相当于非营利性的民营公司，实行股份制，每个社员拥有限量的股份。巴西现有各类合作社4 000个，涉及农牧业、消费服务、劳动、信贷、卫生、电力、通信等12个领域。合作社促进了农业生产、农产品加工与销售的规模化经营，推动了农业产业化、一体化发展。

巴西地广人稀，农业耕作比较粗放，很多农作物都是广种薄收，水稻、小麦、玉米、棉花等农作物单产均低于世界平均水平。但巴西也重视农业的科技创新，大力发展科技含量高、附加值高的农产品和产业。选择适宜品种，培育优质高产作物，开展生物技术、作物病虫害防治研究，取得较好的成效。20世纪80年代中期，巴西制定国家生物技术计划，研究农作物转基因技术，并广泛运用。其大豆转基因技术已很成熟，受世界关注。巴西农业的机械化程度很高，大部分农场实现了机械化，集约化生产程度也很高。

巴西农业社会化服务体系比较健全。各类农业联合体是主要的农业技术推广组织，负责对农民进行技术指导和信息服务。其中的供销合作社负责向农民供应生产资料，为本体生产者和农场提供产品包装、加工、储藏、运输、销售等服务，以及市场信息、技术培训等方面的帮助。渔业合作社指导渔民购置渔业设备，对渔业产品进行深加工，进行渔业产品冷

第七章 拉丁美洲的农业发展与乡村变迁

冻、加工、运输等环节的技术培训。农村电气化合作社筹集资金，用于农村供电设施的修建，管理农业用电的收费和征税。

巴西越来越重视农业发展与生态环境的协调，促进农业的可持续发展。根据资源分布，政府统一部署资源开发利用，按地域划分不同作物的种植区域，尽可能保证作物品种的多样性。同时设立若干资源保护区，禁止开发区内珍稀资源。大力推行植树造林，鼓励农民种植果树和经济林木，促进多种经营。实行"提高小农生活质量计划"，由世界银行提供贷款，以推广先进的农业生产技术，改变粗放的经营方式，促进水土资源的可持续利用。

巴西农场的专业化、区域化经营和农业的产业化经营，达到很高的程度。由于巴西大地产制一直存在，土地高度集中，农业的规模化经营也有了条件。农业雇工占全国劳动力的22%，大部分在大型农业企业和大庄园工作。近年来，巴西给50万户无地农民分配了土地，还提供贷款，供其购买农机，发展生产。巴西政府引导农户进行专业化生产和规模化经营。巴西农科院在综合分析近40年土壤、气候、植被、雨量等有关数据的基础上，绘制了"巴西宏观生物图"及"巴西各地区农牧业和农牧加工业发展及环境保护行动规划图"，政府以此为据，指导农户进行专业化生产，达到很高的专业化水平。一般的农场、农户只生产一两个产品[①]。

3. 巴西的农民合作组织

20世纪30—80年代，随着巴西现代化的巨大进步和农业产业化的发展，农民合作组织也获得发展。20世纪30年代末以来，农业合作组织在巴西南部和东南部地区开始发展起来。60年代，农业合作社在全国迅速发展，还建立了"巴西合作组织"（CNA，即现在的巴西农牧业联合会）。巴西宪法规定，合作社是政治上保持绝对中立，不允许带有任何宗教、种族或社会歧视的民间组织，是政府的技术性咨询机构。合作组织分为全国性和地方性两类。

巴西合作组织为全国性农民合作组织，下分三级体制，即基层社（由20户以上组成）、中心社（由3个以上基层社组成）、专业社（由3个以

[①] 张蕙杰等. 发展中的世界农业·巴西农业. 北京：中国农业出版社，2016年，第42~48页。

上中心社组成）。每个州有一个州合作总社。各级合作社是经济网络关系，不是隶属关系。每一级、每一个合作社都有严格的章程。合作社的最高权力机构是社员大会，所有有关合作社宗旨的重大事项和合作社发展的重大措施，都由社员大会决定。各级社的领导成员和财务负责人，以无记名投票方式选举产生；农户入社需提出申请，并证明其土地拥有权，缴纳股金。有的合作社还要求社员承诺把农牧产品卖给合作社。社员享有选举和被选举权、合理建议权、审理检查合作社经济活动和财务收支等权利，享有使用和提供经济、经营信息权。

农民合作组织主要通过"企业+农户"方式帮助农户。有的合作组织是以合作社为中心，内向发展，即合作社通过资金积累和商业融资，建立自己的农副产品加工企业，组织农户进行生产，由合作社负责市场调研和加工销售。仅在2016年第一季度，农业合作社出口额达13.6亿美元。还有的合作组织是以企业为中心，外向联合，即企业按市场需求，与农户或合作社签订合同，组织农户生产。如BRF巴西食品公司是巴西第二大、全球第六大食品公司，对1.4万家合作牧场进行全面监控，以确保动物饲养的质量，同时还在动物育种、饲料营养以及安全用药方面聘请专业技术人员提供个性化服务。

目前巴西农民合作组织有两种：农业协会和农业合作社。他们将分散的中小农户组织起来，通过集体和个人两种形式成立联合体。农业协会是介于政府、企业之间，商品生产业与经营者之间的一种民间中介组织，如巴西农牧业联合会、农业企业协会（ABAG）即是。这类农民协会为各种形式市场主体提供服务，发挥咨询、沟通、监督、公正、自律、协调的作用，成为政府与行业、企业联系的桥梁。农业合作社则是巴西主要的农业行会组织，负责向农户提供农业生产、农产品出口咨询服务与技术帮助，组织个体生产者联合向国外市场销售农产品。这类合作组织以专业性合作社为主体，相当于非营利性的民营公司，每个社员拥有一定额度的股份。合作社历史悠久，早在19世纪后期即已出现。1969年巴西合作社全国联社成立。1971年巴西颁布《合作社法》。1988年巴西新宪法进一步明确了合作社的地位和作用。近年巴西全国共有合作社组织4 000个，大体分为农牧业生产合作社、消费合作社、信用合作社、教育合作社、卫生合作社、劳务合作社、住宅合作社、农村电力电话合作社等。各类合作社成员有 3 000 多万人，以农业合作社的人数最多。2011 年农业合作社达到 1 523 个，成员有 96.9 万人，职工有 15.6 万人。农业合作社 2009 年产值约为全国农业贸易总产值的 37.2%，出口创汇 36 亿美元[①]。农业合作组织提高了农村经济社会的组织化程度，适应巴西农业的产业化、集约化生产，提高了农民的素质，培养了新型农民队伍。

4. 巴西的农民工问题

巴西农民仍面临一些亟待解决的问题。

如前所述，巴西存在大量少地和无地农民。一些人不得不从事季节工，成为巴西式农民工。巴西称之为"冷饭零工"，如在圣保罗州就有大量"冷饭零工"。

圣保罗州面积 24.8 万平方千米（为巴西全境面积的 3%），人口 2 500 万人（1980 年统计），占全国人口的 21%。该州产值相当于全国产值的 37.5%。它同米纳斯吉拉斯州合在一起，生产的农产品将近全国农产品的 2/3。

农业现代化在劳动力使用方面引起的变化，在圣保罗州较其他任何地方表现得更为清楚。尤其明显的是牺牲小农场和增加各种形式的季节工。20 世纪 80 年代初期，该州有 35 个土地面积较大的大庄园，有 90 万公顷土地，其中已耕地面积不到 10%（7.5 万公顷），雇用长期工 5 600 人，季节工 4 500 人。就经营规模而言的大庄园有 11.4 万个，共 1 640 万公顷土地，其中 950 万公顷为已耕地，有雇佣工人 56 万人，其中季节工 34.4 万人。"农村企业"有 2 万个，共 290 万公顷土地，其中 95% 已开发利用，有雇佣工人 22.1 万人，其中季节工占 2/3，长期工占 1/3。最后，还有小农场 13.1 万个，共 160 万公顷土地。25 万人在这些小农场里工作，包括农场主及其家属。

由此可见，在大庄园和农业企业中雇佣的工人大多为季节工，或称为"冷饭零工"的临时工。

在 1975 年，"冷饭零工"的人数约 330 万人，几乎占当时农业雇佣劳动者总数（480 万人）的 2/3。20 世纪 80 年代，"冷饭零工"的人数据估

---

① 张蕙杰等. 发展中的世界农业·巴西农业. 北京：中国农业出版社，2016 年，第 67~73 页.

计至少有 400 万人。1980 年,圣保罗州的"冷饭零工"约有 50 万人。他们是以前住在大庄园或与大庄园有联系的小农场中的农村工人,后来被大批驱逐出来。他们无法进入城市的劳动力市场,于是成为农业企业的杂牌临时工。这批人相当复杂,从必须弥补家庭收入不足的小农到完全失去土地的农业工人,各式各样。他们住在城镇郊外,唯一的谋生之计便是在高峰时期去农业企业干活,然后在两次收获期之间再找些零活。

在圣保罗州,这种临时工占绝大多数,他们人数的迅速增长首先同为酿酒业而发展起来的甘蔗种植园有关。如今,甘蔗种植园达 180 万公顷,占该州全部耕地的 1/3。在圣保罗州变得非常重要的另一种作物是柑橘,这对"冷饭零工"的就业起了很大作用。一般地说,"冷饭零工"不是直接受雇于农业企业,而是通过被称为"老猫"的中间人。中间人将"冷饭零工"运送到工作地点,监督他们劳动,然后提取他们的部分工资作为报酬。

这种情况和因此而造成的贫困以及无保障便是"冷饭零工"社会运动的根源。这一运动于 1984 年 5 月在瓜里巴爆发,蔓延到该州各个不同的单一作物地区。就资本主义农业而言,瓜里巴所在的里贝朗晋雷固地区是最发达的农业区。那里集中了 30 多家制糖和酿酒的农工业,以及 60 万公顷以上的甘蔗种植园。甘蔗的发展以牺牲其他作物为代价,而且导致临时性雇佣劳动激增,10 年内翻了一番。由此而造成的后果便是在两次收获期之间失业工人数量增加。圣·马蒂纽工厂的"冷饭零工"为抗议他们的工作条件而举行罢工,导致 1984 年 5 月 14 日的瓜里巴事件。这场运动迅速扩大,尽管与雇主达成协议,但是在该州 24 个地点发生了为期两周的类似冲突,有 48 000 名"冷饭零工"参加。为此而举行的谈判达成 27 项不同的协议。在整个收获期,运动持续不断,扩展到柑橘种植园和更远的其他作物产区,如该州西部边境的棉花产区。1985 年再次发生罢工运动,有 3 万名"冷饭零工"参加。因担心这些罢工运动可能危及巴西刚刚开始的民主化进程,州政府决定采取措施以防此种冲突重演。在这样的背景下,产生了一项"冷饭零工问题解决计划"。

这项计划旨在将未耕土地交给无业工人开垦,生产粮食。产品属耕种者所有。工人与州政府之间涉及生产与调解的问题时,由地方官员和农村工人工会负责处理。甘蔗种植园主和工厂主认为这项计划有引起土地改革的危险,表示反对,但该计划还是在 1984 年开始实施。头两年内(即 1984—1985 年及 1985—1986 年),7 个"屯落"在按计划分配的土地上种植了粮食作物。头一年,95 个农户耕种了 201 公顷;第二年,131 个农户耕种了 633 公顷。

这项计划还在继续实施。尽管它所能提供的土地有限,对于解决圣保罗州大多数"冷饭零工"的生活无着和贫困问题难以起什么显著作用,但是它也表明:当前这一代"冷饭零工"仍然认为自己是乡下人,渴望有一小块土地来生产部分生活必需品;他们善于将这种直接生产粮食的活动纳入他们的谋生之道,并取得良好结果;他们的家庭生计包括多种不同的活动,其中之一便是为了糊口而种粮食①。

巴西农民的状况一直都在变化中。卢拉在 2002 年竞选期间曾提出"帮巴西穷人实现一日三餐"是自己的最大使命,将保护穷人的生存权提升至政府政策的优先目标。卢拉政府推行以"零饥饿计划"和"家庭救助金计划"为主的一系列社会政策,政府反贫困的决心和努力取得很好的效果:巴西贫困人口的收入在过去 5 年间增长了 22%,而富裕人口收入的增幅则只有 4.9%;1991—2001 年,巴西新增就业岗位仅为 320 万个,而卢拉在自己的首任的四年中(2003—2006 年)便创造了 465 万个就业岗位;最低工人工资也从 2003 年初的 200 雷亚尔升至 2009 年初的 465 雷亚尔,达到了 20 多年以来的最高值;种族和性别收入差距有所缩减;中产阶级占全国人口总数的比例从 2004 年的 42% 升至 52%;赤贫人口数量在卢拉首任 4 年内减少了 27.7%,超过前任卡多佐 8 年任期 24.3% 的降幅。根据巴西地理统计局(IBGE)的统计,巴西的基尼系数出现了连续 10 年的下降,从 1998 年的 0.567 降至 2008 年的 0.515。收入分配的改善给巴西的社会结构带来了较大改变,2008 年的巴西低收入阶层和超低收入阶层分别较 2003 年下降了 15.5% 和 37%,相反中产阶级人数则增加了 23.1%②。实现经济与社会的发展是当前巴西发展模式与 20 世纪 70 年代"经济奇迹"时期的发展模式一个最主要的不同所在。农村赤贫人口,包括流入城市的零

---

① 雅克·琼乔尔. 农业现代化与拉丁美洲的农民政策. 冯炳昆译.《国际社会科学杂志(中文版)》1991 年第 1 期.

② 周志伟. 从"永远的潜在大国"到"崛起的金砖"——试论巴西发展模式的转变.《当代世界》2009 年第 11 期.

工，无疑也从中获益了。

（二）阿根廷的农业与农民

阿根廷是拉丁美洲和世界上人口密度最小的国家，平均每平方千米只有 7 人。阿根廷具备发展农业经济的良好条件。19 世纪末 20 世纪初，随着阿根廷农业资本主义的发展，出口农牧业得到大规模的扩张。到 20 世纪初，牛肉、玉米、亚麻的出口量均居世界第一位，小麦出口量居世界第三位。阿根廷通过发挥农牧业的比较优势实现经济崛起，一度成为世界上最成功的国家之一和全球经济发展的龙头。1945 年，阿根廷的人均收入分别是巴西和墨西哥的 3 倍和 2 倍。直到第二次世界大战结束后的 1950 年，阿根廷的富裕程度仍领先于日本，与加拿大、澳大利亚和挪威大致相当。但其后阿根廷的发展却陷入起伏不定之中，成为中等收入陷阱的典型国家。到 2000 年年底，其人均收入不到澳大利亚的 1/3。人均 GDP 从 20 世纪初的世界第 13 位一路滑落下来，到 2018 年，阿根廷人均 GPD 约为 11 627 美元，世界排名第 64 位，略高于墨西哥、中国和巴西，但只相当于澳大利亚的 20% 多。

20 世纪 50 年代以来，阿根廷的农业也处于起伏不定的状态。为国际市场上所需要的农产品和可用作工业原料的农产品发展迅速，但基础农业几乎仍然停滞在殖民地时期的水平上。

1. 阿根廷的土地制度与农村社会结构

20 世纪初，阿根廷土地的使用分两种情况：一是土地所有者自己经营（1914 年占 50.5%），包括大地主雇用若干名工人经营土地和小农经营自己的土地；二是租佃者经营（1914 年占 49.5%），包括租佃农（牧）场主和小佃农经营土地。到 1912 年，全部农户中只有 32.6% 的农户拥有土地，佃农占 55.1%，分成农占 12.3%。殖民地时期的大地产制一直存在。土地所有权越来越集中在大庄园和外国公司手中。与拉丁美洲其他国家相比，阿根廷农村的资本主义生产方式是发展较快的。土改前，由于外资的侵入和市场经济的发展，资本主义性质的雇佣关系和租地农场主已经出现。但是，农村中使用租佃农进行农业生产的情况仍比较普遍，大地产中的前资本主义剥削形势依然存在。

从 20 世纪 30 年代开始，阿根廷替代进口工业迅速发展起来，资本主

第七章 拉丁美洲的农业发展与乡村变迁

义的生产关系得到相应发展，民族资产阶级开始登上政治舞台，地主阶级的政治地位受到削弱。在这种形式下，阿根廷的大地产制度开始受到挑战。阿根廷从20世纪40年代开始进行土地改革。代表大资产阶级利益的庇隆上台前就许诺要进行彻底的土改，表示要消灭大庄园制，实现耕者有其田。庇隆上台后，第一次把资产阶级的这一愿望写进了宪法。根据该宪法，庇隆公布了自己的土地改革纲领。纲领宣布，凡面积超过2 000公顷的土地都将予以征收分给农民；凡不是直接经营对象的土地、5年内地主没有耕种的土地，都在征收之列。1941—1959年，政府共收购、没收了200万公顷土地以分配给农民。1948年，颁布《土地租赁法》，以法律形式冻结地租和禁止地主驱逐农户，鼓励佃户从国家银行取得贷款以购买其耕种的土地。其中，把实物地租统一为收获物的20%，土地租期至少为8年。1956年阿兰布鲁临时政府时期颁布了"土地转让计划"。根据这一计划，承租者可以以优惠的价格购买所耕种的土地。如果地主拒绝，则地价由官方根据5年以来土地的平均收益和市价确定，地款首付1/5，12年付清。如果1957年11月以后的6个月内尚未购买土地，或按照地主的要求订立新约，则佃户就将被逐出土地。1957—1963年期间，阿根廷政府又采取向佃农提供贷款和实行税收照顾等办法，鼓励佃农购买佃耕的土地。这个措施曾对地产主夺佃和抬高地价起过一定的限制作用，但是由于政府提供的贷款有限，佃农买进土地而成为地产所有者甚少。1959年11月，布宜诺斯艾利斯省政府颁布了一部新土地法。鉴于该州有些地产大的甚至连其主人都不知道其边界，新土地法要求对大地主闲置的土地予以征收，以税收的一部分作为赔偿。

移民是一种在不触动大地主利益的情况下解决农业的发展问题的一个捷径。庇隆的土改就包括一个移民计划。庇隆一上台就颁布了移民法，1948年政府宣布将在4年内征集260万公顷土地分给3万户移民。

阿根廷的土地改革是温和、保守的。土地改革并没有彻底改变阿根廷的土地结构，更没有消灭以大地产制为代表的土地特权，没有平均分配土地，也没有消除土地高度集中的弊端。根据阿根廷全国土地委员会1975年公布的调查资料，阿根廷已开发的土地面积有2.09亿公顷，占国家总面积的3/4。在已开发的土地中，国有土地占14.3%，为3 000万公顷，其余为私人所有。全国农牧业经营单位共有52.28万个。占地5 000公顷以上的大经营单位仅占土地经营单位总数的 1.3%，而其耕地占到耕地面积的 47.6%，其中占地 1 万公顷以上的特大单位拥有耕地面积的 1/3。占地 50 公顷以下的经营单位占土地经营单位总数的 53.2%，但是其耕地仅占耕地总面积的 2.1%，其中 13.65 万户是自有土地、但是不足以维持生计的小农户，14.2 万户是全部耕种他人土地的无地户。而且全国 50 多万个土地经营单位中，一半以上是无地和少地农户。在土地改革过程中，大庄园主仍然可以为自己保留大片土地。他们所拥有的牲畜、流动资金和水利资源通常都不予触动。对于被征收的土地，都给予相应补偿。而在出售给农民的时候，这个价格通常都比较高。

在经历了土地改革之后，阿根廷的农村生产关系主要有以下 5 种：①地主—资本家，这实际上是传统的大土地所有者，由于租佃制度已经不能像过去那样起作用，他们就把出租的土地收回，由自己经营，通过雇工或机械承包人进行生产。②农业资本家，他们完全采用资本主义的经营方式进行生产，收入主要来自利润。③富裕农庄主，除本人和家庭成员直接从事生产活动外，还雇佣一部分工资劳动者。④中等农庄主，主要由本人和家庭成员参加劳动，只是偶然地和在农忙时雇工或订立承包合同。⑤贫苦农庄主，除自己的小块土地外，还出卖劳动力，为他人劳动。在潘帕斯地区，全部由雇佣劳动者耕种的土地占全区土地的 45%，部分或少量使用雇佣劳动的土地占全区土地的 50%，两者合计占 95%，可见，在阿根廷农牧业生产中，资本主义的生产方式已经占据绝对统治地位。经过土地改革，阿根廷在一定程度上消除了不利于农业市场化、商品化的因素，农业走上了一条独特的缓慢发展的道路，农业的发展更多地依赖国际市场[①]。

土地改革以后，农业发展有所加快。阿根廷的资本主义更加普遍地渗入了全国农业生产。在 1980 年，全国人口只有 10%靠农业谋生；其中 87%为农村无产者或半无产者及其家属。此外，1980 年阿根廷农业就业人口的构成中，有属于资产阶级的企业主和农业地产所有者，这些人有很大一部分属于商业界和企业界，他们的活动不仅在农业部门，而且伸向其他部门。靠地租为生的地产所有者在阿根廷较为普遍，但是在人口统计中，这种将其土地全部出租的地产所有者被列入经济上不活动的人口。小资产

---

① 周丹. 阿根廷的农业现代化. 四川大学硕士学位论文，2006 年。

阶级包括各种不同类别的农业经营者，即所谓垦殖者、小农场主、承包人、小生产者和中等收入者（表7-2）。

表7-2 阿根廷农业经济活动人口构成

社会阶层	人数（人）	百分比（%）
资产阶级	7 326	0.6
富裕小资产阶级	93 776	8.0
贫苦小资产阶级	47 002	4.0
无产者或半无产者	1 024 070	87.4
共计	1 172 174	100.0

资料来源：雅克·琼乔尔. 农业现代化与拉丁美洲的农民政策. 冯炳昆译. 北京：《国际社会科学杂志（中文版）》1991年第1期。

小资产阶级分为两大类，即富裕小资产阶级和贫苦小资产阶级。在1980年以前，前者人数几乎是后者的一倍。由于20世纪80年代该地区农业经济的债务危机，富裕的农业小资产阶级似乎已经衰落。其实，在诸如查科省和福莫萨省棉花种植业，以及内格罗河及库约的果树和园艺业中，负债的小生产者已丧失其小庄园。这种情况导致土地所有权新的集中。"无产者和半无产者"占经济上自立的农业人口的87.4%，构成农业生产者的大多数。阿根廷这些农业无产者或是住在人口不到2 000人的小镇，或者直接住在乡间。因此，他们处于互相隔离状态，不易组成工会。在80年代，参加工会的农业工人不到4%。

在阿根廷，经济上自立的农业人口为数不多。劳动者很大程度上无产者化了。除了某些边缘地区之外，传统的农民阶层大体上已经消失，土地集中于金融的、农业的和工业的大资产阶级或收租的大地产主手中。长期形成的出口寡头集团的势力强大。而移民、城市无产者等劳工阶层，以及中产阶级、民族资产阶级的力量也壮大起来。各大势力的博弈，造成阿根廷社会政治的两极分化严重，政局动荡不安。近几十年来，国家政策常在新自由主义与民粹主义之间摆荡。

2. 阿根廷农业的发展

从20世纪60年代开始，阿根廷农业现代化发展进入了一个重要的时期。土地改革在一定程度上满足了部分农民的土地要求，缓和了社会矛盾，促进了农业的发展。但是，自庇隆政府时代开始的重工轻农政策以及自然灾害，60年代，农业在阿根廷国民经济中的地位下降，农业产量也出现了下滑趋势。

农牧产品是阿根廷的主要出口产品，长期占国家出口总值的80%左右。由于农牧产品出口量减少，导致阿根廷在世界贸易中所占地位的下降。1934—1938年，阿根廷出口的小麦占世界出口总额的23.1%，玉米占64%，牛肉占56%。而到1974—1976年，这几种农牧产品的出口分别下降到占世界出口总额的3.6%、8%和0.76%。这一形势一度影响了农业的发展，也使得工业化的进程受到损害。

20世纪70年代，阿根廷认识到农业滞后发展对整个经济发展的影响，又重把发展农业放到重要的地位上来，推动了农业的发展。从70年代中期开始，阿根廷农业生产趋于稳定，农产品出口在世界出口中的比重有所增加。1976—1977年度阿根廷农业获得明显恢复，此后农作物播种面积保持在2 000万公顷以上，基本上恢复到战前水平。1980年阿根廷农产品出口额在世界出口总额所占比重达2.4%，比1975年的1.7%有了显著增加。

第一，阿根廷政府的政策发生了重大变化。从1945年开始，代表阿根廷本国工业资产阶级的庇隆上台执政，在发展工业的同时采取了削弱外国垄断资本、忽视农业、甚至牺牲农业发展的政策。这样，阿根廷的农业生产就在1945—1949年的5年中出现了历史上前所未有的大衰退。20世纪60年代中期，翁加尼亚政府为了摆脱经济困境，提出了优先发展农业的方针，并且采取了促进农产品出口、提高农产品价格、增加农业贷款、鼓励扩大农田播种面积等具体措施，从而使农业生产有所恢复。农业生产的年平均增长率，也从50年代的1.5%上升到60年代的2.4%。然而，1973年庇隆再次执政，优先发展农业的政策又被束之高阁，农业生产出现了新的衰退。1976年以后，阿根廷政府对农业政策再次作出重要调整。制定了取消对农产品出口贸易的垄断和出口数量的限制、取消官方牌价和特别税、降低出口税并对出口所得外汇实行统一汇率、降低农业机械和化肥的进口税、提供低息长期农业贷款、重视和资助农业科学技术研究、鼓励私人企业建造和经营农业基础设施等一系列促进农业发展的政策和措施。这些政策的实施改变了战后几届政府实行的重工轻农政策，给长期不景气的阿根廷农业带来了生机。1981年阿根廷农业生产取得了创纪录的收成，谷物出口达到2 200万吨，比上一年增长了50%。

第七章　拉丁美洲的农业发展与乡村变迁

第二，阿根廷的农业机械化和科学灌溉高度发达，也对这一时期阿根廷农业生产的发展起了重要作用。从 1945 年开始，阿根廷农业生产中开始使用拖拉机，1947 年全国已经有小功率拖拉机 2.9 万台；1952 年，阿根廷开始建立本国的拖拉机工业，农业机械化的发展速度加快。由于数量增多、功率加大，在耕地面积略有增加的情况下，农业机械化的程度已有显著提高，平均每台拖拉机负担的耕地面积已从 1961—1965 年的 202 公顷减少到 1977 年的 119 公顷。除拖拉机外，还普遍采用其他农业机械。70 年代中期，全国有联合收割机 4 万台、播种机 5 万多台。1 000 公顷以上的大农场，一般都有耕地、耙地、播种、施肥、除草、收割等配套齐全的农机具，还有专门开设的农机服务公司供中小农户租用各种农业机械，从事各种类型的农田作业。农业机械化程度的提高，使阿根廷的农业劳动生产率居于拉丁美洲国家前列。据统计，1977 年阿根廷每个农业劳动力负担的耕地面积是 24.8 公顷，仅次于澳大利亚（1 173 公顷）、美国（75.3 公顷）和加拿大（73 公顷）。每个农业劳动力可生产 1.99 万多千克谷物，或者 2 900 多千克油料。

从 20 世纪 50 年代以后，阿根廷的农用化肥发展很快。但化肥农业对环境产生巨大影响。阿根廷开始意识到，农业生产在使用化肥的同时还必须注意到长期使用化肥和农药对土壤的破坏和腐蚀。为此，开始对化肥对农作物的正、副作用，适度用量，科学施肥等问题进行研究，并寻求既经济又利于保护生态的持久替代方式，如传统的间作耕种法、有机肥料培植使用等，以保证农产品的科学生产和安全。农田灌溉也是阿根廷农业发展迅速的一个重要因素。在乌拉圭河上已开工兴建的发电能力为 160 万千瓦的萨尔塔格兰德大型水电站，发电大坝内水库里的水也用来灌溉。

第三，阿根廷重视农业科学技术的研究及其成果的推广使用，不断提高农业集约化程度也是其农业生产取得发展的一个重要原因。20 世纪 50 年代中期以后，阿根廷政府开始重视农业科学研究。1956 年成立的全国农牧业技术研究所，既重视农业基础理论的研究，也重视农业应用科学技术的研究和推广。这是一个具有广泛规模和相当现代化水平的农牧业科学研究与咨询和指导的重要机构，由政府经济部农牧业国务秘书处领导。它的本部主要从事基础理论研究，自建所以来的研究课题包括作物种植、果树栽培、肉牛繁殖、动植物病理学、遗传学、水土保持、土壤保护、改进耕作技术、选择良种等 1 500 个项目，研究成果大部分已在国内予以推广。此外，还在全国各地设立了 41 个地区实验站和 225 个农业技术推广站。

农业科学研究的重要成果直接表现为提高作物的单位面积产量。战后，阿根廷主要农作物——小麦和玉米的播种面积都在减少而产量却在增加。1940—1944 年与 1978—1979 年比较，小麦的播种面积从 705 万公顷下降到 498 万公顷，而小麦产量却从 628 万吨增加到 810 万吨，玉米的播种面积从 537 万公顷下降到 332 万公顷，其产量则从 806 万吨增加到 900 万吨。换言之，即在战后 30 多年间，小麦和玉米的播种面积分别减少了 29.4% 和 38%，但产量却提高了 27.4% 和 12.9%。在 70 年代后 5 年，阿根廷全国谷物播种面积只比前 5 年增加 5.4%，而谷物总产量却增加了将近 30%。1980 年谷物总产量创历史最高纪录，也是在播种面积变化不大而单产比前 5 年提高 25% 的情况下实现的。

第四，因地制宜地实行区域专业化也对农业发展起了积极作用。阿根廷通过长期的生产实践，根据宜农则农、宜牧则牧的原则，早在 21 世纪初就在实际上形成了 5 个农业经济区，即潘帕斯草原区、东北地区、西北地区，安第斯山区和巴塔哥尼亚地区。这种专业区划在战后又有了进一步发展。它不受行政区划的限制，只按照自然经济地理条件如气候、地形、植被、人口、交通等因素来确定区域专业化的方向。例如，在布宜诺斯艾利斯省及其周围地区，地势平坦，冬夏温差不大、四季降水均匀，降水量在 500～1 000 毫米，适合于发展农牧业，就将其变成最重要的农牧区。西部地区降水少，山地多，主要靠人工灌溉，则避其不利于机械化的弱点，发挥地势高低不平利于通风透光的有利因素，种植经济价值较高的果树和葡萄，仅在低平的谷地种粮、养牛。即使在一个专业化经济区内也根据条件进行不同的分工，例如以养羊为主的巴塔哥尼亚地区，由于它的北部和中部人烟稀少，交通不便，则饲养产毛为主的美利奴羊，而在南部，因为有港口，利于出口，就饲养毛肉兼用的考力代羊。在潘帕斯草原区，还分为专供做面包用的小麦种植区、做其他入水面食用的小麦种植区、小牛繁殖区、肉牛区和奶牛区等小专业区。农业生产的这种区域专业化，不仅使阿根廷因地制宜地进行了生产的合理布局，投资少，经济效果显著，有效地促进了农业生产的稳定发展，而且还为实现社会化大生产提供了可能。例如在潘帕斯的奶牛区，农牧技术人员专门研究提高牛奶的产量和质量，工

第七章 拉丁美洲的农业发展与乡村变迁

业部门提供成本低、技术现代化的挤奶和奶制品加工设备,运输业致力于设计大型运奶车,商业部门则负责内销和外贸。为了促进农牧业发展,阿根廷正在推行农牧业工业化,农牧、工商、科研几位一体的联合企业正在不断增加和扩大。

农牧轮作也促进了生产发展,具体做法是:在种过几茬庄稼、地力下降的土地上,种植苜蓿放牧牛羊。这种方式收到了一举数得的效果:苜蓿的茎叶作牲畜的饲草,苜蓿的根瘤菌和牲畜粪肥又起到了迅速恢复地力的作用。这种草田轮作制使阿根廷的农田经过多年种植仍能保持地力,是阿根廷在农业生产中实现绿色革命,同时有效保持生态环境的一个重要因素。除了农牧轮作外,大的畜牧场还建立人工草地,混播几种牧草。一般播种一种多年生禾本科牧草为主,再种上豆科牧草为辅;或是以播种苜蓿为主,再混播一种禾本科牧草和另一种豆科牧草。这样混播可以提高牧草的营养成分:豆科牧草固定氮素,为禾本科牧草提供大量氮肥,两种牧草共生,都能长得茂盛,蛋白质含量高,营养丰富,牲畜吃了长膘快。牛羊也混合放牧,牛吃高草,羊吃低草,充分提高牧场的利用率。

第五,阿根廷政府意识到农业现代化与工业化进程之间的协调性问题,在如何调整产业结构合理布局和均衡增长上也已经作出了巨大努力,并在其他方面作出了有益的尝试。如制定刺激农业发展的配套政策和措施。这是政府调动农民和投资者积极性,推动商品生产规模扩大,提高劳动生产率,增加经济和社会收益的有效手段。其中最值得一提的是阿根廷政府对农业的税收体系。在税收体系方面,目前阿根廷的涉农税种包括:所得税、增值税、不动产税、营业税和定额税。其中,所得税按纳税主体分为法人所得税和个人所得税。对种植大宗谷物和从事畜牧业的有限股份公司征收法人所得税,税率与其他有限股份公司税率相同,为35%。对农户与其他自然人一样征收个人所得税,计税依据为农产品销售收入扣除生产投资和必要生计费用后的余额,起征点为年收入1.8万比索。增值税是对所有行业普遍征收增值税,课税对象为所有的商品和劳务,纳税人可以是法人也可以是自然人,税率一般为21%。为支持农业的发展,出口畜牧产品和大宗谷物等实行彻底退税;国内销售牛及牛肉、新鲜水果和蔬菜及相关劳务等减半课征,实行10.5%的低税率;生产销售面包、牛奶等生活必需品免予课税。不动产税是对农业公司和农户拥有的土地和房屋征收乡村不动产税，对城市内的房地产征收城镇不动产税，各地税率不一，乡村不动产税一般采用0.4%的定额税率。营业税为对所有行业均征收营业税，税率为1%~6%不等，农、林、牧、渔、矿业的营业税率较低，为1%。营业税为地方税的第一主体税种。而定额税不是独立的税种，而是阿根廷国家税务系统为方便征管，经立法对经营规模较小的纳税人核定征收中央税的特殊征管方式。凡年营业额小于14.4万比索的农户，只缴纳定额税而不再缴纳其他中央税。针对农业的定额分7档，起征点为年营业额1.2万比索；最低档为年营业额1.2万~2.4万比索，每月应纳税额39比索；最高档为年营业额12万~14.4万比索，每月应纳税额464比索。总的来说，阿根廷涉农税收保证了统一税收原则，对农牧业实行了轻税政策，并能根据实际情况适时调整税收政策，有效地促进了农牧业发展，提高了产品在国际市场上的竞争力。

五、拉丁美洲农村的贫困问题及农民的努力

如前所述，20世纪六七十年代以来，农产品国际贸易的增长，在绿色革命、生态革命推动下使用新技术的农产品的日益增多，以及人口增长、城市化加速和国内市场的扩张，推动拉丁美洲（简称拉美）农村地区的现代化一直发展。直到20世纪80年代，拉丁美洲各国的土地经营既有大庄园制，也有资本主义经营的现代化大中型农场，还有家庭经营小块土地的小农，以及合作社、村社集体所有制。城市化和农产品加工业发展较快。拉丁美洲地区城市人口占总人口的70%，基本实现了城市化；农业劳力4 106万人，占农村总劳力的26.3%。由于实行城市工业化、进口替代为基础的发展模式，对农业的重视还是不及工业，农业基础设施较差，有2/3的国家，约有8 500万农民（占农村居民2/3）生活比较贫困，两极分化现象较为严重。不过，随着农业现代化的发展，传统农业经营方式还是发生了变化。庄园、种植园以及农民的家庭农场构成了具有不同生产机制的现代新农场。民族工业、金融和商业的兴起，外国资本和跨国公司的积极活动，也促进了新农场的出现。

现代化在导致耕地面积扩大的同时，还提高了每公顷平均产量。在整个拉丁美洲地区，已开垦并有收获的土地从1950年的0.5亿公顷增至

第七章 拉丁美洲的农业发展与乡村变迁

1980年的1.2亿公顷。用于农业的拖拉机总数增加了6倍（从15万台增至100万台），肥料的平均用量增加了10倍。

这样的农业现代化进程，对拉丁美洲乡村、农民处境也产生了影响。据统计，整个拉丁美洲80年代农村人口在1.26亿~1.3亿人。很大一部分妇女和儿童中也不同程度地参加农村生产活动。据人口统计，1980年拉丁美洲农业劳动力约为4000万人，其中一类是无地农业工人，另一类是耕种小块土地的农民。

无地农业工人哪里有活就到哪里工作，其中少数人的工作是定期的或长期的，多数人的工作是临时的或季节性的。有小块土地的农民在法律上处于不同的地位：小地主、佃农、分成制租田者、垦殖者（以小块土地的收益权作为部分报酬的工人）、占用与经营公共的或私人遗弃土地的法律上无任何资格者。不过，这样的分类也只是大体而言。因为有相当多的小农尽管耕种小块土地，拥有有限的生产资料，但又不得不为了谋生而去当季节性农业工人（特别是在收获季节）。而且，季节性或临时性农业工人的数量趋于增多，他们可能是无地农业工人，也可能是经营小块土地的农民。他们在不同的国家里有不同的名称。巴西称为"冷饭零工"；西班牙语的拉丁美洲国家称为临时工、流动工、外来工、劳工、季节工等。季节工的来源和性质各国大不相同。此外，越来越多的季节性工人不再住在农村，而是生活在半农村的中小市镇。经纪人将他们招募和运送到工作地点，监督他们，而且截留他们为公司劳动所得到的一部分工资。据国际劳工组织估计，在1980年有400万~600万拉丁美洲农业工人（占农业就业人口的10%~15%）住在市镇内。这些工人在农活淡季若不能找到别的零活，便唯有向商人或雇主告贷才能活下去。

季节工的主要特点之一便是在一年内有长短不同的时期处于半失业状态。据1983年对15个拉丁美洲国家农村贫困问题的研究，季节工几乎到处都属于最贫穷和最受半失业之苦的人口。此外，他们往往缺乏工会组织的支持，就工资和其他劳动条件进行谈判的能力极其薄弱。在许多种植园地区，妇女和儿童构成这种季节工的很大一部分（从事甘蔗制糖、咖啡、棉花和各种果品的收获）。

对于农村贫困这一问题，拉丁美洲经济委员会（ECLA）曾在本地区各国进行过研究。衡量贫困的标准有两条：①将家庭的平均收入与该家庭的基本食品费用相比；②将家庭收入与全部基本开支相比。如果家庭收入低于基本食品的费用，这类家庭就是处于"匮乏状态"。如果家庭收入低于全部最低限度生活必需品的费用，这类家庭就是处于"贫困状态"。按照这项标准，1980年有69%的农村居民处于贫困状态，有37%的农村居民处于匮乏状态。这两类穷人在危地马拉、尼加拉瓜、玻利维亚、洪都拉斯和海地占80%以上，在萨尔瓦多、多米尼加和巴西占70%以上，在哥伦比亚、巴拿马、秘鲁、巴拉圭和委内瑞拉占60%以上，在智利和牙买加占50%以上。

一般而言，这种贫困不是农业的发展和现代化不足直接导致的。造成这种后果的原因，大体上是由于农业的发展和现代化所处的背景，即土地与资本高度集中在传统的寡头集团或20世纪后期保守性现代化所形成的新特权阶级的手中。新特权阶级包括新的大地主，工业、金融和商业资本家以及跨国公司[①]。

（一）农民的贫困问题

拉丁美洲一些以农民为主体的地区，贫困现象比较严重。

墨西哥格雷罗州是该国31个州之一，位于该国南部，濒临太平洋，气候炎热，人口为混血人及各种印第安部族。印第安人占该州人口8%。1980年全部人口为210万人。格雷罗州面积64 000平方千米（占墨西哥领土的3.2%）。格雷罗州全部面积只有20%是可耕地，地势崎岖不平，难以实行机械化农耕。格雷罗州基本上是以农民构成为主的州。在略多于100万公顷的已耕地中，90%属于"公地"和"村社"所有土地。每名"公地成员"平均占地5公顷，而每名村社社员有8公顷。从每块土地的面积、生产方式和少量资本投入来看，这个州的农业经济基本上是小农经济。

格雷罗州的农业经济主要分为3类：①农业半无产者，即占有少量土地，使用传统生产手段的小自耕农，他们得不到贷款，土地收入微薄，以致在一年中有很多时间（至少6个月）不得不为求生而出卖他们家庭的劳动力。②小农，他们使用家庭劳动力，以较多的资财从事商品生产，本人的农产品也能自给。③资本主义农场主，他们拥有更多的生产资料，使用

---

① 雅克·琼乔尔（前智利阿连德政府农业部长）. 农业现代化与拉丁美洲的农民政策. 冯炳昆译.《国际社会科学杂志（中文版）》1991年第1期.

第七章 拉丁美洲的农业发展与乡村变迁

机械和雇佣劳动者。

受内外部因素的制约,格雷罗州的小农经济难以资本化。内部诸因素包括土质瘠薄、地块狭小、旱涝无常和技术落旧;外部诸因素包括销售产品和出卖劳动力的条件不利。

尽管城市化的发展迅速,格雷罗州的人口多数仍居住在农村(1980年为58%),甚至还有一部分城镇人口(2 500人以上聚居的人口称为城镇人口)也在从事农业生产。例如该州的首邑奇尔播兴戈是有12万居民的中型城镇,它的人口约20%从事农业生产。在1960—1980年期间,从农村到城市的移民、州内的移民、到其他州甚至到美国去的移民都有显著增加。据调查,在该州的一些区域,每家至少有一人去美国定期工作一年或两年。

该州80%的耕地靠天然降雨,20%有灌溉设施。按照传统耕作法,依靠天然降雨的土地种一两年后便休耕同样长的时间,所以这些土地每年只耕种一半。公地和村社所有的土地,在格雷罗州占优势地位与卡德纳斯总统任期(1934—1940年)内的土地改革有关。但由于私人以至跨国公司购买或长期租用公地和村社所有土地,私有土地的数量也在增加。

格雷罗州的主要农产品为玉米、可可、咖啡、芝麻、稻米和豆类。但近年来又引进了一些新的出口农产品,如甜瓜、花生、牙买加酸模和高粱。当地农民耕作,仍使用原始的劳动工具,依赖人力畜力。虽然铁犁已开始代替木犁,但农民通常使用的还是木犁。农业机械化仅限于可以灌溉的地区。只有6%的耕地使用机器。直到1970年,人们实际上还不知道使用肥料与农药。1980年以来,农民才开始施肥,尤其是对玉米、甜瓜、西瓜和咖啡。农家一般是由父母及平均每户6名子女构成。儿童从5岁就开始劳动。

当地人民生活水平是墨西哥最低的。主食为玉米、豆类和甜椒。62%的人家只住一间房,70%的人口缺乏饮用水,6岁以上的人口有42%是文盲。

农民家庭饲养少量的牛、猪和家禽以应不时之需。他们从事农业劳动(割甘蔗,种甜瓜、西瓜或椰子),所得报酬相当于当地最低工资的60%~80%;或从事服务业,如阿卡普尔科的旅游业。农妇和儿童也要参加劳动。所得收入相当于男子的75%或50%。据估计,当地有20%的农村儿童充当农业雇工。这些工资劳动者都得不到社会保险。

当地农民一直在以各种方式为争取土地而斗争，设法改善他们的工作和生活条件。在20世纪初期，即1910—1920年间，曾发生萨帕塔武装斗争以没收庄园的土地。卡德纳斯执政，加快土改，太平洋沿岸大部分土地得以重新分配。从40年代起，针对经济上和政治上的统治势力，保卫土地的斗争连绵不绝。甚至在1967—1974年间，农村的游击战还在继续，到1974年才遭严厉镇压而告终。1960—1985年期间，一些地区的农民（椰干、咖啡和芝麻生产者）进行经济斗争，争取改善他们的销售条件。但农民的贫困状况并未得到明显改变，自然资源不足、不合理的政治经济制度是反贫困的大敌。农民经常遭到占统治地位的经济势力的各种盘剥榨取。一方面，他们不得不廉价出卖自己的以及妻子儿女的劳动力；另一方面，最好的"公地"或村社土地租给了农业企业或跨国公司（转让公地遭农民反对并有法律困难，所以出租土地比出售土地更普遍），用来种植作为商品或出口产品的农作物。例如，安德森·克莱顿和联合商标公司租用公地和小农土地约2 500公顷，经营向美国出口的甜瓜和蔬菜（豌豆、黄瓜）。此外，还有些人强买和骗购公地建立旅游设施和别墅。只要具有重大的政治经济利益，例如发展旅游业，这些人便千方百计去取得农民手中的地契。总之，尽管格雷罗州的农民不断地对恶劣的自然条件进行斗争，尽管他们设法保留州内的大部分土地，但是由于出卖产品和劳动力的市场条件非常不利，所以他们总是越来越贫困。整个现代化政策和公私两种机构的支持都着眼于商业公司和跨国公司，而后者的兴趣在于发展出口农业和旅游设施。

哥伦比亚的博亚卡省，也是以农民为主的地区，其人口中有大量小农。该省位于安第斯山的东脉，面积23 200平方千米，相当于全国面积的2%。它横跨科迪勒拉山脉，分为3个地区：西部是沿马格达莱纳河的森林谷地，中部是安第斯山谷和高原以及高山，东部则从山麓延伸到东部大平原。该省的大部分为安第斯山区。1982—1983年间，全部人口为1 089 387人，其中62%为农村居民。1980年农牧业产值占该省国民生产总值的44%，而在全国的国民生产总值中农牧业则占24%。省会通哈是最大的市镇，在1985年只有居民93 000人。博亚卡省农民的来源多种多样，其中包括印第安人保留地的解体、庄园的分化、遗产的分享、土地的买卖和荒

第七章 拉丁美洲的农业发展与乡村变迁

地的垦殖。1961年哥伦比亚推行土地改革，但对该省的土地分配没有什么影响。1981年在博亚卡省注册的388 982个农场中，有80%的面积小于5公顷。博亚卡省的农民大多散居乡间。这些奇布恰人的后裔如今都讲西班牙语和信奉天主教。他们使用耕牛和锄头。家庭人口较多，6口人或更多人口的家庭占68%。他们勉强靠自己的小田产为生，有些家庭成员不得不外出谋生（在安第斯山区的经济自立人口中，有27%不得不于16～25岁期间迁出，大多数不再回来）。留居故土的人口继续种植玉米和马铃薯，这是他们的主食，此外还种一些小麦、大麦、蔬菜、豆类和烟草。他们居住在干打垒构筑的土屋内，以陶瓦盖顶。他们实行早婚，寿命不到60岁。邻里之间互相帮助。他们以马匹或靠人力将产品驮到乡村集市上出售。

博亚卡省的居民30%为文盲。在乡间和在妇女中文盲率更高。农村地区的入学率很低，现有的学校最多能够让孩子上到小学三年级。只有1%的农业工人享有社会保险。居民罹病（疟疾、伤寒和胃肠炎）大多由于饮用水受污染。77%的农户缺乏饮用水、电力和排水沟。

贫困的原因很复杂。例如，由于某些因素，诸如土壤质量、产品性质、销售条件，这些农民内部的情况千差万别；家庭劳动的巨大容量使得博亚卡省农民能够在非常不利的情况下生活；由于气候变化无常，产品和生产资料的价格起伏不定，再加上销售上的困难，农民为了少担风险而在其小块土地上种植数种农作物，以一部分土地用于饲养牲口，而且充分利用每寸土地。他们还试种一些新的农作物。

博亚卡省农民的发展面临不少困难：①难以利用他们的小块田产以外的土地。②农业生产资料的价格不断上涨以及由于不会使用农药而引起的问题，后者给农民和农产品消费者带来很多生态及卫生问题。③农民有偿还能力，但缺乏低息贷款购买一些小农具。在20世纪80年代初期该省推行"农村综合发展规划"后，拥有土地不及3公顷的小农受益者不到6%。④市场陷于无政府状态，经纪人肆意操控，每到收获季节农产品便价格暴跌。⑤某些文化价值观念根深蒂固，阻碍了积极动员农民改善境遇。例如，虽然90%的农民认为政府未照顾农民的利益，但其中85%的人仍投票支持两个传统政党中的一个。⑥农民家庭从他们的小块土地上所得菲薄，导致农民外流。

尽管有这些困难，博亚卡省的农民并不消沉，他们比人们所设想的要活跃得多。他们试种新的作物而放弃部分传统作物,与涉农工业建立联系,在家里为乡村小作坊干活,制造手工业品,把一部分劳动力输送到城镇和其他农村,有时甚至种植诸如古柯之类违禁作物。在探索新机会的过程中,农民在人员、货物、金钱、知识等方面形成非常复杂的关系。连那些外出定居的人也同他们的家庭不断保持各种联系。

秘鲁安第斯山区的农民村社,也是以农民为主体的地区,比较贫困,但与市场的联系日益增加。秘鲁安第斯山区由一系列以干旱和寒冷为特点的高原和台地组成,四周高峰环绕。玉米种植在海拔 3 400~3 500 米的高地,燕麦和大麦的产地高达 4 000 米,马铃薯的产地高达 4 200 米。美洲驼和绵羊放牧于高达植被上限(4 600~4 800 米)的安第斯荒地草原。在这些山岭中,气候的主要特点是长短不等的旱季与雨季交替出现。

在这些地区,约有 3 500 个印第安农民村社,包括农家约 50 万个。据调查,在秘鲁安第斯山区南部,每家平均人口为 4~5 人,估计村社社员在 200 万~250 万人。这些村社的家庭农场大多很小。据 1972 年农业人口调查,秘鲁有 156 万个面积不到 5 公顷的家庭农场,其中 82% 位于安第斯山区。除了这些小地产之外,还有一些公共牧场。属于各家的土地按照情况分成 10~80 小片。这些小片的可耕地加起来一般不超过 5 公顷。土地分散,可以应付不同的灾害,也可以种植不同的作物。

这些村社有几个主要特点。

现有资源在数量和质量上均不足以保证家族的繁衍。在大多数情况下,土地贫瘠,位于陡坡,经营成本与产品销售价格相差无几。大多数土地无灌溉条件,公共牧地的饲草产量也很低。每个村社有法律承认的固定领地。领地内的土地分为公用和私人使用两种方式,属于不同的农家。农业用地大多是各家分别经营,牧场则为公用。村社各家庭之间土地分配情况很不平均,但这种现象并未导致土地过分集中于少数家庭之手。各个家庭和劳动力的组成差别不大,通常是核心家庭,村社成员的教育水平低。3/4 的家长未能完成初等教育。

家庭资源(劳动力、土地、牲畜和工具)用于农业或牧业生产,或者用于手工制品及各种服务:制作食品(淀粉、酒、奶酪、干肉等)、衣服、毛毯、披风、绳索,从事建筑、拾柴、劈柴、交易、运输和手工业,以及季节性工作。

第七章 拉丁美洲的农业发展与乡村变迁

家庭用于农业生产的技术缺乏现代生产资料的投入。最常见的是肥料与农药，但也只是少数家庭使用。各个农家没有使用改良种子或经过栽培的牧场，也缺少良种牲畜。

各种不同的生产活动是互相联结的。生产的羊毛由各家自纺，牲畜既用于劳作，也是供不时之需的储备，还可以生产厩肥。各个家庭按照安第斯山区的传统互相变工。

土地改革已经波及安第斯山区的很多大型和中型庄园。因此，这一地区只有10%的农民还处于庄园的前资本主义生产关系之下。大多数农民生活在日益纳入市场体制的小型地方经济中。

据估计，农民的产品半数用于自身消费，另一半出售。在20世纪80年代初期，该山区典型家庭的货币收入构成如下：农业和畜牧产品的出售占37%；各种制品和劳务的出售占24%；本地雇佣劳动的工资占22%；季节性外出打工占17%。

无论出售或购买物品，还是工资水平，家庭收入的绝大部分取决于市场价格。自从20世纪50年代以来，同市场结合的趋势大为增强。从前，各个家庭只从市场购买几种商品，如糖、盐、家用燃料、古柯、白兰地酒。如今城市制造的商品已进入农村，如精制面食、大米、罐头、食油、服装、鞋、肥皂、洗涤剂、收音机、电唱机、唱片、电池、啤酒、软饮料、肥料、农药、塑料制品。这一切意味着，农民为了多买商品，必须出售更多的东西。

商品交易的增长显然意味着市场对农民的生活水平发生重大影响。自从20世纪60年代以来，市场的作用有利有弊。1950—1975年全体秘鲁人的平均收入实际上翻了一番，但是印第安山区农民的经济增长很慢，而且1975年以来秘鲁经济遭到的严重危机也使情况有所恶化。国民生产总值下降，通货膨胀加速，传统小规模农村制造业正在遭受工业品的冲击，安第斯山区农业的粮食产品（马铃薯、玉米、大麦、小麦、牛奶）则在市镇中面临经过加工的或进口的食品的竞争。此外，虽然资源正在减少，但是安第斯山区的人口仍在缓慢增长。

在几十年以前，该地农民经济的基本任务在于为城镇生产廉价食品。如今，这项任务日益萎缩，而该地经济的主要功能首先是提供廉价劳动力，既供应当地劳动力市场的需要，也通过规模日益扩大、时间日益延长的季节性移民，供应更遥远地区的劳动力市场需要。

与前述巴西、阿根廷等国类似，智利农业中存在大量农村迁移者。自从20世纪60年代后期以来，智利农业经历了深刻的变化。首先，1964—1973年的大规模土地改革，没收了大多数传统大庄园的土地，另行分配。但因1973年9月的军事政变，改革突然停顿，向农业工人重新分配土地的进程发生逆转，在实行社会高压政策和经济新自由主义的政权统治下，农业的资本主义现代化进程加快。

作为过去政策的后果，大批农民离乡背井，例如，几千家农民从先前土地改革分配给他们的土地上被赶走；得到小块土地的农民由于缺乏政策支持而不能维持生活，不得不卖掉土地而离去；新的资本主义农业驱逐了原来住在庄园里面的大多数长期工人；紧缩信贷和向外国进口食品开放智利市场（1985年以前）的经济政策导致许多主要食品生产者破产；最后，金融集团购买许多小块土地，将原来住在那里的农民撵走。

所有这一切变化导致农村特别是果木区和林业区的长期工数量锐减，而临时工数量激增；一年的工作量高度集中在几个月内，而其余时间对劳动力的需求显著减少。由于实行新自由主义经济政策而引起的城市就业危机，许多城市工人为了取得若干额外收入，在高度需要劳动力的那几个月内，也投身到临时性的农业工作中去。

据1985—1986年在阿空加瓜河谷对专门经营果品出口的7个农场的调查，在1月和2月这两个最需要劳动力的月份内，临时工对长期工的比例超过5∶1；而在5—9月这几个最不需要劳动力的月份内，临时工的数量等于或少于长期工。在工作量最集中的3个月内（1—3月），许多城市大学生和妇女都来参加收获工作或果品包装。

从原住地被驱逐出来的农民聚居在以前大多不存在的小村落中。这些垦殖点建立在边远的公共土地上，有时甚至在废弃的火车站内，位于原来的乡村附近或市镇边缘。

据估计，在1980年前后，这些农村迁移者总共有20万~25万户，人口约100万人。自此以后，由于被驱逐者不断增加和自然繁衍，人数有所扩大。一般说来，这些垦殖点的城市化程度很低，缺乏最基本的服务设施，只是接近中等市镇者状况稍好一些。

根据20世纪80年代早期的调查，10%的迁移者在农业或市镇中有长期性工作。农业长期工都是中年男子。市镇长期工则是劳工或家庭女佣。这些在市镇中就业的人员有一部分被列入政府为减缓失业的社会后果而制订的最低限度就业计划。其余大多数人则在农业或市镇的非正式部门做季节工。据几个不同地区的调查,农村迁移者有55%从事农业,25%在城镇工作,还有20%参加最低限度就业计划。

这些人所面临的最严重问题,是生活无保障和收入不稳定。一年之中,有些人只有1~6个月有收入。迁移者约70%处于这种状态。这一切导致了普遍的极端贫困。

在1986—1987年期间,智利的全部农业劳动力为76.4万人,相当于整个劳动力的18%;而在42万雇农中,"季节工"或"临时工"为30万人。这个数字说明问题的严重性,这是过去15年来该国推行专制的和新自由主义的农业现代化政策,虽然推动了工业化和城市化,却造成农民的贫困,扩大了全国的贫富两极分化。

(二) 农民为生存而努力

拉丁美洲还有多少传统农民呢?尽管加速了现代化进程,而且在现代化发展最快的地区导致农民的无产者化,但如果农民指的是以家庭为生产与消费核心单位的家庭农场,那么,农民仍然占拉丁美洲农村地区人口的多数。在20世纪70年代中期,农民有6 000万~6 500万人,略微超过农村人口的半数和该地区总人口的1/5。他们的生计基本上靠经营1 350万个生产单位,每个生产单位平均占地10公顷,其中4.7公顷为可耕地或适于长期种植的土地。他们平均每年收割3.1公顷。在1984年,农民的生产单位估计为1 600万个,共有人口7 500万人,占拉丁美洲农村人口的60%。在16 560万公顷的可耕地(即用于年度作物或长期种植的土地)内,农民控制了6 050万公顷,占总数的36.5%。在1983年收割的11 000万公顷土地中,约有5 000万公顷为小规模的家庭农业。这种农业还控制了24%的牛和78%的猪。40%的家庭农场面积不到两公顷。这一状况,再加上他们的其他生产资料也很有限,表明农村半无产者化程度之深。在诸如牙买加和萨尔瓦多这样一些国家里,75%以上的家庭小农场占地还不到2公顷。

农民种植的主要产品是大宗粮食。20世纪70年代初期,他们为国内市场供应41%的农产品。在大众消费的基本产品方面,他们供应51%的玉米，77%的豆类和61%的马铃薯。在出口农产品方面，农民也起了很大作用。家庭农场所供应的出口农产品占总量的32%，而咖啡占41%。

虽然农民经济的一部分产品还是留给自己消费，但是，农民经济日益卷入市场经济。因为农民经济的产品销售条件一直处于不利地位，所以同市场经济的日益结合成为他们的主要困难之一。在墨西哥格雷罗州和秘鲁安第斯山区的农民村社，就是如此。或者由于产品本身的缘故，或者由于销售条件不佳，他们的产品售价通常是低廉的。造成这种情况的主要因素在于，政府的价格政策力图保持基本食品的低价格，以便避免因城市居民生活费用上涨而导致经济上和政治上的冲击。由许多小生产者分散供应产品就意味着由中间人、批发商及其他人把持市场，他们纠合在一起极力压低小生产者的产品价格，而小生产者既需要现金又缺乏储存条件，产品一经收获便不得不以低价立即售出大部分产品。由于缺乏政府提供的信贷，农民往往被迫向中间人借贷，日后按照中间人的出价，以产品抵偿（卖青苗或未收割的作物）。

小生产者在购买所需的消费品或生产资料时，也有类似的情况。供应这些商品的商人一般处于垄断或近乎垄断的地位。另外，落后的交通与储藏设施使经营成本大为增加。最后，小生产者的合作机构既少又薄弱，也妨碍他们以正常的条件完成买卖。

如前所述，小农生产者的家庭收入有几个来源，一方面靠生产自给，另一方面靠出售农牧产品、工艺品或打工。农场的经营规模愈小，其他收入所占比重愈大，尤其是需更多地打工。但是，这种半无产者化的所得收入是有限的，这或是由于外出工作的机会很少（而且外面的工作高度集中在一年的几段时期内），或是由于半无产者化现象不断扩大，大批的农村无产者使农场主能够压低劳动力的价格。劳动力市场受雇主支配，不存在足以抗衡的工会组织来保卫这些农村无产者或半无产者的利益。智利的农村迁移者或巴西的"冷饭零工"就是这方面的实例。只有在收获时期举行普遍的罢工（这种情况很少发生），才可能谈判改善工作条件和提高工资的问题。

据1974—1975年对一批智利的小农生产者的研究，其收入79%来自小块土地的农产品，7%来自非农产品，13%来自小块土地以外的工作，还有2%来自其他来源。1978年对危地马拉两个不同区域的小农生产者的

第七章 拉丁美洲的农业发展与乡村变迁

研究表明，其收入40%～45%来自小块土地上的农产品，5%来自非农产品，而46%～47%来自小块土地以外的工作。

根据人口统计和其他指标，拉丁美洲农民的人数和经营单位的数量在增加，而农场的平均面积在缩小。与此同时，在一些地区内，现代化、非农民化和无产者化的势头很强，如上述阿根廷、智利和巴西的圣保罗州。由此可见，拉丁美洲农村的情况，即使在同一国家内部，也有很大的不同。例如，在委内瑞拉，靠近加拉加斯和巴伦西亚各州的农民人数正在明显减少，而大平原诸州的农民人数仍有增加。在土质较佳、有灌溉设施、能为供应出口或国内农工业的产品提供市场的地区，农业现代化有更大的发展，非农民化的现象也更加突出。与现代化深入发展有关的是土地价格提高，因而促使小农迁徙和无产者化。在生产条件有利于高度机械化的地区，例如以大豆作为单一作物的产区，也有这种情况。

这个现代化过程正在拉丁美洲造成新的土地集中，而且在适合企业主需要的地方以资本取代劳动力。为了应付这一局面，拉丁美洲农民做出了很多努力。

第一，在小块土地上进行精耕细作和多种经营。农民将他们最丰富的资源即家庭劳动力更多地投入家庭农场。举办开伐树林、清除灌木、整治农田、改善排水和灌溉、预防洪水等活动，都使用家庭劳动力。

第二，受绿色革命等影响，农民正在采取一些力所能及的技术改革，诸如选用良种，施用化肥、农药等。由于取得较高的产量，这些技术措施可弥补农场土地面积的不足。由于所需成本过高，力所难及；销售条件不利，从超额产量中取得的额外收入不足以支付技术措施所需的成本，再加上公共机构的信贷优先提供给大规模的资本主义农业，而农民往往得不到这种信贷以购买新式生产资料，这些都限制了农民更广泛地采用新的技术措施。

第三，农民更多地愿意在传统的作物之外种植一些市场所需要的新产品。如墨西哥格雷罗州的农民种植西瓜、花生、牙买加酸模和高粱；秘鲁印第安山区的小农按照农工业的需要为牛奶厂生产牛奶，为啤酒厂种植大麦；近几年巴西盛行种植大豆，家庭农场（这些农场的面积可能多达50公顷）像大企业一样加入这项生产活动。

第四，农民努力的一个根本方面是为求增加外来收入，家庭劳动力在本地区内流动，或流往国内其他地区，流往城市，甚至流往国外。农村人口迁徙的规模近几年来显著增大。这种移民可能是永久性的、长期性的或季节性的。从小农场迁往拉丁美洲各大城市（利马、圣保罗、基多）的许多移民保持着农村与城市贫民区之间的错综复杂关系，并且提供各种服务，从而对保存小农经济起了重要的作用。同样，墨西哥的季节性移民，甚至迁往美国数年的墨西哥劳工都在经济上对保存墨西哥中南部的小农经营起了重要作用。

使农民经济得以维持和有所增长的重要一条，便是对处女地的垦殖和开发。在1950—1980年期间，通过对新土地的开发，拉丁美洲的农业用地扩展了2亿公顷以上。这些土地很大一部分位于热带潮湿地区，特别是巴西的亚马孙河流域以及安第斯山区诸国。巴西开发了1.33亿公顷的土地用于农耕和放牧。这些边远土地往往是一些粗放经营的大庄园，随着土地的开发，也已被城市资产阶级、跨国公司或当地寡头所占有，而最初占有这些土地的小农则被排挤。处女地的开发有时也会导致家庭农场在数量和经营规模上的扩大。

由此可见，拉丁美洲各国的现代化使农民不断分化，大量陷于破产的边缘和成为无产者，但农民仍然构成这个地区农村人口的很大一部分，打工者和流入城市者，也还没有完全丧失与多少世代以来所特有的生活方式和价值观念的联系。

最后，由于人口高速增长，而且城市工业系统不能吸收现代化在农村造成的全部剩余劳动力，农业成为不能全部城市化的几百万农村人口的安身立命之处[①]。

---

① 雅克·琼乔尔. 农业现代化与拉丁美洲的农民政策. 冯炳昆译.《国际社会科学杂志（中文版）》1991年第1期。

第八章　印度的乡村发展

印度共和国，地处南亚次大陆，国土处于北纬10°～30°，以热带季风气候为主。全年分凉季、暑季和雨季，共三季。凉季从10月起到次年3月，基本无雨、气候相对凉爽；暑季在4—6月间，新德里一带气温可达48℃，此时南方也在最高温时段，但没有48℃这样极端。雨季在7月初至10月中旬之间，一年之雨几乎都在这一时段下。为应对如此不均匀的降雨，印度人早早发明了蓄水池。印度人口12亿7 391万人，另一说，已经达13亿人。国土面积298万平方千米。印度平原占总面积的40%、山地占25%、高原占1/3。但是，其高原、山地的海拔一般不超过1 000米。

从北到南分别是：喜马拉雅山脚下的"山岳地区"、恒河平原、德干高原、沿海平原。印度可耕地1.6亿公顷，比人口第一大国中国要多，处于亚洲第一的位置，占世界耕地的10%。除喜马拉雅山脚下的"山岳地区"和西北部的塔尔沙漠之外，农作物可以四季生长，水稻可一年三熟。

就农业而言，印度的基本条件是非常好的。但是，这个世界第二人口大国也发生过大饥荒，也曾经有过粮食短缺。

经过土地改革、绿色革命等多方努力，印度耕地面积由189万公顷增加到6 700万公顷；拖拉机由5.4万台增加到100万台；化肥用量从78.5万吨增加到1 257.6万吨。1975年，印度粮食实现自给并有了出口。其经验值得同为文明古国、人口大国的中国来总结、借鉴。

一、印度乡村的基本情况

（一）印度地理、气候、耕地

印度位于南亚次大陆，东临孟加拉湾，西临阿拉伯海。北面是喜马拉

他山之石——国外乡村发展经验与启示

雅山。印度次大陆的最南端的纬度是北纬8°4′，最北部为37°6′。东西处在东经68°7′~97°25′。印度国土面积297.47平方千米，气候呈多样性，为季风气候。由于历史、地理、人种等许多方面的原因，印度在自然与文化等许多方面都具备了多元性和丰富性，显得特点迥异、多姿多彩。在印度各地行走，人们会看到禁欲苦行与生殖崇拜并存、贫困与豪华并存、先进与原始并存。这样，印度本身就像博物馆——人种博物馆、语言博物馆、宗教博物馆、气候博物馆。形形色色、一应俱全。

印度目前有近13亿人口，其中70%在农村。印度拥有世界第三位的科技人才数量，仅次于美、俄两国。印度著名作家泰戈尔荣获诺贝尔文学奖之后，又有从事自然科学的科学家成为诺贝尔奖得主。但是，在印度的克拉拉等邦，仍然生活着处在石器时代水平的部落人，差距如此之大。在印度可以看到各种肤色的人。地球上有的各种不同人种在印度境内都可以找到，所以，印度被称为人种博物馆。全印度使用着约147种语言，主要语言共18种，因而它又被称为语言博物馆。但是，被定为国语的印第语，使用者不足40%。印度民族众多，信仰各异。印度教为国教。另有耆那教、伊斯兰教、锡克教、基督教等——宗教博物馆使得印度"十里不同俗"。印度人常言：他们国家的气候，最冷、最热、最干、最湿，样样俱全，堪称气候博物馆。由于特殊的气候和地形条件给多种植物提供了生长的机会，印度成了天然植物园。对70%的国土的调查显示，印度约有植物47 000种。在约15 000种维管植物中（包括蕨类、裸子植物、被子植物），35%以上为印度所特有，迄今未见任何其他国家报告过[①]。如此丰富的植物资源，是印度农业发展的本钱。

印度的可耕地面积，亚洲第一。印度的气候条件，总体是无霜期长，合适发展农业，随便耕种一番，就可以饿不着人。如此容易生存的自然条件，使得印度这块土地上生活的人们性格悠闲、怡然自得。所以，他们闲时可以思考哲理、缔造辉煌灿烂的古代文明。他们没必要"锄禾日当午，汗滴禾下土"。不爱拼命也不思改变。所以，近代史上，这个曾经的文明古国落伍了。尤其是在农村，许多人抱残守缺。

---

① 孙士海，葛维钧.列国志：印度.社会科学文献出版社，2003年，第18~21页。

第八章 印度的乡村发展

（二）印度的历史沿革

印度这块土地上，有大量史前遗址。其中的新石器遗址内有驯化作物和驯养动物的遗存，说明这块土地上有可观的史前农业。这里是世界最早的植棉区。公元前2500年到公元前1700年间，印度河流域繁荣起了第一波文明——印度河流域文明。这里，有发达的农业、村庄，更有整齐的城市建筑。大约公元前1600年，另一个民族——雅利安人陆续来到这块土地。他们原来是游牧部落，来到宜农的南亚次大陆后，改做农业。他们与原来的居民混血后，形成印度的主要民族。他们建起印度—雅利安村落。村社由村落组成，小的几百英亩，大的几千英亩，有房屋、圣树、神庙、堤坝、火葬场、施舍屋、蓄水池、圣地、公共娱乐厅和餐厅[①]。公元前7世纪到公元前4世纪间，是印度的列国时代。公元前322年，孔雀王朝统一北印度。此时的田制是王田，子民对田地有耕种权、没有买卖权。经历过分分合合之后，到公元4世纪初，另一个王朝——笈多王朝重新统一北印度。正是从笈多王朝开始，允许了土地私有和土地买卖。此后，分裂多于统一，只有612年成立的戒日帝国为短暂的统一。后来再次分裂，直到穆斯林进入。从远古直到穆斯林进入之前，印度的传统农业技术、农作物、农具、乡村社会管理机制都是传统型的。农民春种秋收，由长老或潘查亚特负责收税，无论谁当皇帝，农民都是种地纳粮。王朝更迭似乎对乡村社会与农民生活影响不大。

公元10世纪开始，穆斯林力量进入北印度，后来在德里建立王国，史称"德里苏丹时期"。德里苏丹所控制的地域划分为不同的省。省头叫省督，又叫"穆克提"，由苏丹任命。省下为县，县下为税区。基层是村。王朝中央设有审判庭，重大案件由苏丹亲审。德里苏丹国始终掌握着庞大的军队，对内防叛，对外扩张。

伊斯兰统治后，土地所有制性质似无变化，但是，很大部分转到伊斯兰教封建主手中。耕种土地的人依然是原来的农民，依然生活在村社里。穆斯林统治者一般不干涉村社事务。所以，无论土地的封建占有权转让给谁，对农民来说没有什么区别。政府重视兴修水利和改善农业生产条件。

---

① 施远涛. 中国家户制传统变迁中的乡村治理转型. 华中师范大学博士论文，2015年，第50页。

农业出现专业化趋势，经济作物增加。

莫卧儿王朝统治时期，葡萄牙人盘踞西海岸，荷兰、英国、法国也都伸了手。1602年成立荷兰东印度公司；1600年成立英国东印度公司；1664年成立法国东印度公司。这些国家争取得到允许，在印度建商馆。在莫卧儿帝国境内比较难，因为葡萄牙人的阻挠。英国人在莫卧儿帝国境内谋得贸易特权并非易事，但在南方小国却容易。1686年，英国发动对莫卧儿帝国的战争，战败，只好老实做生意。欧洲人购买印度的棉纺织品、香料、生丝、蓝靛等，运到欧洲卖高价。印度得顺差。这样，刺激了印度的农业和手工业生产的发展和专业化。资本主义萌芽出现了。新的历史转折时期开始到来。

如果当政的莫卧儿君主能够抓住这个历史机遇，推动资本主义萌芽的发展，则能够促进印度的生产力和社会的进步，提高综合国力，抗得住殖民主义者的入侵。但是很遗憾。18世纪上半期，王朝分崩离析，印度失去发展机会，欧洲人乘虚而入，印度沦为殖民地。

欧洲人来了，将这块土地变为殖民地。马克思提出过殖民统治具有"双重使命"的著名论断，"英国在印度要完成双重的使命：一个是破坏性的使命，即消灭旧的亚洲式的社会；另一个是建设性的使命，即在亚洲为西方式的社会奠定物质基础"。英国在印度完成的"建设性的使命"就包括制度创新、技术改进等许多方面。对印度农村来说，有建设性的意义。

（三）田制与农村管理

生活在印度这块土地上的人们，不同文、不同种、不同信仰的太多，导致这个文明古国在历史上分裂的时间远长于统一的时间。历史上，这个国家的顶层设计对普通农民的生活与管理并无太直接的影响。从列国时期，到印度历史上的第一个统一了北印度的"孔雀王朝"，土地归国王或皇帝所有，农民就是种田、吃饭、生活。笈多王朝建立后，承认私田，王朝的财政收入靠税收。自公元10世纪起，穆斯林政权开始介入和统治北印度，穆斯林贵族成了土地的主人，但是，这对农民影响有限。农民连皇帝是谁都懒得知道。不管帝王将相在京城怎样，农民都是靠天吃饭。土地制度变了，土地主人变了，他们也就是换个"东家"继续种地而已。有点像古代中国的"谁当皇帝就给谁纳粮"。

第八章　印度的乡村发展

一直以来，印度的行政管理不到村。乡村的管理，和"种姓制"是绑定的。种姓叫"varna"又叫"caste"，是印度所独有的。最初，varna代表"颜色"，即白皮肤的雅利安人高贵，而黑皮肤当地土著是下等人。在社会分工上，白皮肤的雅利安人干好工作，而黑皮肤的当地人干差的工作。印度人一听到一个人的姓氏，就知道他的种姓。共有婆罗门、刹帝利、吠舍、首陀罗四大种姓，在这之下，还有一些人被归为不可接触者。生活、婚姻等方方面面，都有种姓限制。由于宗教信仰不同，印度的农民居住是按照信仰而分的，穆斯林与穆斯林住一村，锡克教徒与锡克教徒住一村，印度教徒与印度教徒住一村。

印度教徒村的各种事务由高种姓且德高望重的男性来主持。5个这样的长老组成"潘查亚特"，类似"头人"。执行的依据就是《马努法典》，把种姓歧视明文规定在里面。

封建时代的印度，王公贵族掌权。英国接管后，总督及参事会构成中央政府；省督和参事会构成省一级政权。县一级有收税官、治安长官和警察局。基层税收部门雇用了大量印籍职员。最初的殖民掠夺手段包括榨取土地税，实行"柴明达尔制"，以"包税"来横征暴敛。此外，还有"莱约瓦尔制"和"马哈尔瓦尔制"。"柴明达尔制"中的柴明达尔本身就是地方上的有实力的地主。他们可以拥有军队。"柴明达尔制"由这些地主充当税收的"中间人"。"莱约瓦尔制"中，国家与佃户间没有"中间人"。土地是农民的，向政府纳税。税额太高，农民只好卖地交税，最后，土地集中到地主手里。在"马哈尔瓦尔制"下，土地归村社所有，耕种以家庭为单位，村社向国家交地税。

殖民政策进入新阶段，东印度公司对印贸易垄断取消后，大批英国私商蜂拥而至。印度成了英国的市场和原料基地。英国人在印度、斯里兰卡开辟种植园。这在客观上带来了近代化农业管理与近代化农业技术。

英国管理印度，把现代化的行政管理、法律和选举制度强加给印度。印度有了宪法。宪法早已规定不许搞种姓歧视，但是，普通百姓在这一点上是遵守传统，而不是遵守宪法。涉及刑事犯罪，警察出来办案。平时的家务、村务，仍然是老辈子怎样做就怎样做。例如，英国人到印度之前，农村淹死刚出生的女婴儿、逼死没嫁妆或嫁妆少的新娘、在妇女亡夫的火葬堆上烧死新寡的妇女，这些都被印度人视为理所当然。英国人到了之后，制止他们这样做，这叫革除封建社会陋习。

英国人这样规定，还是有效果的。废除奴隶制，废除人祭恶习。出人命的事，他们慢慢不敢做了。夫亡后，妻不必殉葬，可再嫁。但是，"童婚"却因无关人命而没人干涉。哪个官员干涉了村民的"童婚"，他的选票就减少。对村民的"童婚"睁只眼闭只眼的人更能赢得选票，何乐而不为？

1947年8月15日，印度自治领成立。独立建国后的印度宪法把世俗主义确立为国策，实行议会民主制。其经济政策包括国有化、土地改革，很多社会主义的成分在内。

独立后，印度农村的土地所有情况并不利于经济发展。印度政府进行了土地改革，废除柴明达尔制。进行租佃改革，规定租额少于产量的1/4或1/5，地主不得驱佃农。脱离租佃关系后，也得给佃农留些让他们活命的田。政府规定，一家人持有土地不能太多，规定出最高限额（27～324英亩），削弱了大地主对土地的高度垄断。过线部分的田，由政府从地主手里赎买下来，让无地农民或佃农贷款购买。他们以政府低息贷款买田，分期还款。当然，土改的最受益者是中小地主。他们不再用佃农，而是雇用农业工人。地主变成了农业资本家。

用如此温和的手段部分地实行了"耕者有其田"。但是，后来随着农民家庭人口的增加，分得的这块土地经儿子、孙子几代人分家后，分薄了，土地变得细碎化，不利于机械化大生产。

二、印度农业科技、卫生、教育、脱贫等方面的进步

（一）农业科技的进步

印度上古的农业技术：早在公元前2500至前1700年的"哈拉帕文化"——印度历史上的第一波兴起文明时，印度就有了丰富的驯化了的农作物与家畜。作物有小麦、大麦、椰枣、豆类、蔬菜、水果，胡麻、芝麻、棉花、芥末；家畜有牛、羊、驼、猫、狗、猪、鸡、驴、水牛。农具有锄、镰刀、耙。只不过他们的农具看不出固定的形制，太"自然主义"了。但是印度这块土地上的居民，在距今5 000多年前甚至更早，就种植

第八章　印度的乡村发展

了棉花并且有了棉纺业。这里是世界上最早的植棉区[①]。

雅利安人从公元前1600年左右开始，陆陆续续来到印度次大陆。他们先活动在印度河流域，后来又将活动范围逐渐扩展到恒河平原和德干高原。他们原本是游牧民族，发现印度次大陆特别适合农业生产之后，便逐渐从事起农业。他们继承了哈拉帕文明中的农业成果，还加入了自己的强项——与养马有关的技术，这是哈拉帕文化时的农业技术中所没有的。

孔雀王朝：农业发展特别受到重视。农业的发展表现为铁犁、铁锄、铁斧等工具使用地区的扩大。以往在恒河中、下游比较普遍，此时在印度河流域以及南印、西印也很普遍了。这样，有助于开荒和精耕细作。水利灌溉朝着形成系统的方向发展，多数是村社和地方政府兴建的，有渠道、水池、水井，村社有管理水利的人员，地方政府有专门的水利官员。中央和省政府也在最需要的地方重点兴建水坝[②]。

孔雀王朝之后，农业技术仍然缓慢发展，水利普遍受到重视。耕作技术包括耕耘、播种、施肥，开始讲究精耕细作。

笈多王朝重视兴修水利工程和开荒。在索拉斯特拉的吉里纳加尔附近修建的苏达尔萨纳水库，规模宏大，使很多农田受益。耕种技术越来越受到重视，一般都区别土壤，因地制宜地种植最合适的作物。轮作、施肥和防病虫害的知识[③]。

戒日帝国：水利灌溉普遍受到重视。在北印，大多是村社或地方自己兴修的。如拉其普特诸国内建造了许多水利设施，包括水渠、堤坝和水井。10世纪时国家兴修水利增多。如克什米尔的大臣苏亚主持修建了一道可以控制克什米尔河谷洪水的大坝。南印有国家兴修水利的较多。朱罗国王拉金德拉一世在新首都甘垓孔达—朱罗普拉姆附近建筑了一个灌溉用的大贮水池，即著名的朱罗—甘加姆池。德干高原许多地方都有小型贮水池，用来收贮雨水[④]。

印度中古时期的农业技术：印度的史学界，将穆斯林政权统治印度的

---

① 西代锡，陈晓红. 失落的文明：古印度. 上海：华东师范大学出版社，2003年，第141~142页.
② 林承节. 印度史. 北京：人民出版社，2004年，第46~47页.
③ 林承节. 印度史. 北京：人民出版社，2004年，第77页.
④ 林承节. 印度史. 北京：人民出版社，2004年，第103页.

他山之石——国外乡村发展经验与启示

时段称作"中古时期",包括德里苏丹和莫卧儿王朝。其中,莫卧儿王朝统治时间长、比较长治久安,农业发展幅度大,还大量引进外来农业技术和作物。莫卧儿王朝时,1594—1720年耕地面积增长了118%。总耕地中棉花、甘蔗、蓝靛等经济作物种植面积比重增大,一些地区专业化性质进一步加强。例如,古吉拉特和木尔坦的棉花,拉合尔的甘蔗,阿格拉西南西比耶那和卡尔皮地区的蓝靛,南印度沿海的胡椒、椰子等都以产量高、质量好闻名全国。桑树种植也很普遍,不再需要从中国进口生丝。烟草、玉米的种植越来越多。大米、蔗糖等产量充足,已向周边国家出口。农业生产工具没有多大进步,但农作物的多样性、使用肥料的普遍、轮作制的复杂、灌溉面积的规模以及农作技术的精细程度,都比德里苏丹时期有明显进步。此时期到过印度的欧洲旅行家普遍认为,论农业技术水平,印度与欧洲国家比毫不逊色。

穆斯林政权在印度成立后,由于城市的发展,也为了供养更庞大的军队,对农业生产提出了更高的要求。传统的靠天吃饭不能满足需求了,对水利提出了更高的要求。印度农业的亮点是其水利。为了减轻因季风造成的旱涝灾害,印度兴修水利。他们挖井、挖蓄水池和水渠。在恒河上游的平原地区,灌溉主要靠井;在信德等地,用木制"波斯轮",是一种带有一串水桶,转动木齿轮,将装水的桶绞上来灌田。在阿格拉及以东地区,井旁设滑轮,由套了轭的牛拉动滑轮,用皮革做桶,将水提上来。在印度的半岛地区,蓄水池、水渠更为普遍。开渠的方法是,尽量利用原有河道,挖深、取直。到莫卧儿王朝皇帝沙贾汗统治期,开挖了朱木拿河以东的大灌渠。后来,又开了朱木拿河以西的大灌渠。还是在沙贾汗统治期,在旁遮普邦,也开出小一组灌渠。在克什米尔,山上流下的水,用筑堤加挖渠的方法引来灌溉稻田[1]。

印度最主要的粮食作物,依地理的干湿寒热程度,分别为水稻、粟、小麦、大麦。主要经济作物为棉花和蓝靛。莫卧儿王朝时期,大量境外作物进入印度。玉米,1600年之前,传到西班牙和摩洛哥,后来传遍地中海沿岸。沿红海传到印度。烟草是1603年以后,由去麦加朝圣的人带到印度的。在印度传播很快,虽然贾汉吉尔皇帝极力禁止,但作用不大。咖啡是

---

[1] Irfanhabib. the Agrarian system of Maughal India (1556—1707). Oxford University Press, 2000, p24-39.

第八章　印度的乡村发展

从阿拉伯半岛经麦加传到印度的。在莫卧儿王朝时期种植量不大。莫卧儿王朝时期，印度人已经懂茶，但印度的茶树仍处在野生状态。

莫卧儿王朝时期，蔬菜在印度大量种植，马铃薯和红薯的引进，标志着莫卧儿王朝以来最引人注目的变化。番茄作为印度蔬菜家族的新成员，也为人所熟悉了。由于蔷薇露的需求增加，蔷薇花的栽培量也大有增加。以往，大量水果在印度都是处于野生状态，由穷人采去充饥。到莫卧儿王朝时期，开出大量果园，种出了高质量的水果，尤其是杧果，更为优质。人们栽培水果，不仅供家庭消费，而且还拿到市场交易。葡萄牙人到印度之后，将菠萝和番石榴带到了印度，并且用嫁接的方法改良了杧果品种。印度养蚕，可以一年六熟[1]。

欧洲人进入后的印度农业技术：葡萄牙人踏上印度土地的时候，印度北方是强大的莫卧儿王朝。葡萄牙人活动的地点在南方。葡萄牙人给印度带来了各种各样的新作物。最主要的有烟草、菠萝、腰果和马铃薯。马铃薯于16世纪末引到印度的毕加浦尔，1618年在戈尔孔达广泛种植。16世纪末，有人将烟草从麦地那和麦加带来献给莫卧儿王朝皇帝阿克巴，皇帝没兴趣。后来，一位叫阿萨德·伯格的人引诱阿克巴抽烟，阿克巴没能抵住诱惑，抽上了瘾，就上行下效起来。阿克巴的继任贾汉吉尔抵制也不起作用。如此大的需求导致烟草种植迅速扩张。17世纪，印度变成了烟草出口国，出口到附近的国家，甚至到海外[2]。

英国人最初进入印度时，印度南方已经有葡萄牙人、荷兰人、法国人在活动。英国人挤走其他欧洲人后，又击败没落中的莫落儿王朝，独占了印度。由于英国东印度公司在印度的军事行动的需要，必须备足军马，军官对养马技术提出了要求。有一位名叫威廉·弗雷泽的军官拟出一个在恒河流域养马的计划。他准备在印度各地收集有阿拉伯血统的母马。1795年5月，威廉·弗雷泽递交了报告，8月，在Pusa附近为他买了土地，用以种植牧草。1799年，成功地选到1 000匹波斯或阿拉伯血统的母马。1808年9月，英国兽医外科专家威廉·摩尔克罗福特来到印度。他发现，恒河

---

[1] Irfanhabib. the Agrarian system of Maughal India（1556—1707）. Oxford University Press，2000，p39 - 62.

[2] Ahsan Jan Qaisar. The Indian Response to European Technology and Culture（A. D. 1498—1707）. Oxford University Press，1998，p118 - 123.

他山之石——国外乡村发展经验与启示

流域过于潮湿,不适合养马,但他留下的考察笔记,为近代化兽医学在印度的起步打下了基础①。

威廉·凯利博士1793年到达加尔各答。他从欧洲带来了许多园艺植物,如鸢尾花和郁金香的球茎,并在印度种植成功。他还从其他国家收集了咖啡等的种子,并带到印度。1820年,农业与园艺学学会成立,帮农民引种成功的良种包括如下各类:亚麻、甘蔗、小麦、烟草、玉米、马铃薯、牧草、茶、姜、可可、葡萄、苹果、鹅莓、樱桃、桃、梨、李子等,另有多种蔬菜②。

英国人将近代化农业技术带到印度后,还帮改良奶牛品种、发展奶牛与乳制品业③。蒸汽犁于19世纪末到印度旁遮普。内燃机驱动的拖拉机1929—1932年到旁遮普。这样,就可以开荒,扩大耕地面积④。

1833年后,英国东印度公司鉴于英国对茶叶的需要量日益增长,就在印度阿萨姆邦试种,结果成功。茶叶种植面积1853年为2 000英亩,到1871年增加到31 000英亩,产量从366万磅增加到600万磅。印度茶输往英国,逐渐取代了中国茶的地位⑤。

独立后印度农业的发展:英国殖民地统治时期,印度农业的近代化、商品化水平大大提高,但是,在大的范围内种植单一作物,往往是经济作物,必须依靠国际市场。刚刚独立的时候,离开了英国人的经营管理和销售,农民无法适应,传统模式又回不去了,弄得吃饭都成了问题。独立后,印度靠自己的农业科技人员为解决国民的吃饭问题做了大量工作。最值得称道的要数"绿色革命"。

1960—1970年,印度进行了"绿色革命"。与美国的农业机械化和"石油农业"相比,印度、菲律宾、墨西哥这些在当时来说欠发达的国家,通过不一样的途径来提高粮食产量、解决本国人民的吃饭问题。印度是

---

① M. S. Randhawa. A History of Agriculture in India. P. C. Bedi, Under-secretary, Indian Council of Agricultural Research Press, New Delhi 110001, 1983, P67 – 71.

② M. S. Randhawa. A History of Agriculture in India. P. C. Bedi, Under-secretary, Indian Council of Agricultural Research Press, New Delhi 110001, 1983, P73 – 79.

③ M. S. Randhawa. A History of Agriculture in India. P. C. Bedi, Under-secretary, Indian Council of Agricultural Research Press, New Delhi 110001, 1983, P244.

④ M. S. Randhawa. A History of Agriculture in India. P. C. Bedi, Under-secretary, Indian Council of Agricultural Research Press, New Delhi 110001, 1983, P366.

⑤ 林承节. 印度史. 北京:人民出版社,2004年,第281页.

第八章 印度的乡村发展

"绿色革命"的主要倡导国之一。1966—1972 年为"绿色革命"的第一阶段；1973—1980 年为"绿色革命"的第二阶段；1981—1990 年为"绿色革命"的第三阶段。实际上，印度整个国家发展农业的基本条件差别很大，被认为搞"绿色革命"最合适的邦是旁遮普邦。搞"绿色革命"最成功的也正是这个邦。

印度"绿色革命"主要集中于矮秆小麦及两个高产水稻品种（"奇迹稻"），在墨西哥育成的，带到南亚。印度"绿色革命"的进行，有福特基金会的功劳。地点选择在旁遮普邦。旁遮普邦的"旁遮普"的意思是"五河之地"，90%的土地为平原，本是全印度最适合种麦的地区，也适合种稻。该地区也是印度文化的摇篮。该地区的居民贾特人拥地60%。他们以务农为光荣。在该地区居住的另一个族群锡克人的心目中，手工劳动者有尊严。该地区的农民受教育状况好，比其他邦的农民更易理解农药、化肥等的化学性质。这是一个城乡差别小、农村生活并不落后的邦①。常言道，农业的现代化，关键是农民的现代化。这一点，旁遮普邦具备了。

旁遮普邦水资源丰富。早在印度独立之前，英国在旁遮普邦的水利工程上已经做过功课。英国农学家福布斯·沃森在这里测过1 000多个小麦样本。也就是说，英国在殖民地时期已经在这里留下底子。"绿色革命"选择了这里，将它打造成"印度粮仓"。

"绿色革命"通过培育高产品种、发展水利、改善施肥、利用农药，不仅实现粮食自给，还有能力出口。但是，麦、稻独大，环境污染，地下水位下降，农民因还不上贷款而自杀等，都是"绿色革命"过程中出现的新问题。尽管问题存在，"绿色革命"所起的作用总体仍然是正面的。2000年后，印度又开始了"第二次绿色革命"，全力引进促进农业现代化的生物技术和其他前沿技术，进行大规模的水利灌溉系统的改造和修建，并对水资源进行全面管理、妥善安排农村剩余劳动力、控制人口，目的就是消灭农村贫困②。

印度还从1977年开始改良奶牛品种，称"白色革命"，在相当长的时期内，印度的人均乳制品消费量10倍于中国人。目前印度是世界第三产奶

---

① 曾泳心. 印度旁遮普邦农业发展及其影响启示研究（1966—2004）. 广西师范大学硕士论文，2017年，第32~36页.
② 李军等. 印度农业. 北京：中国农业出版社，2017年，第32~33页.

大国。印度海岸线长，为充分利用海洋生物资源，为人民生产更多更好的蛋白质食品，在 20 世纪 80 年代后期推行"蓝色革命"。捕捞、养殖、研究并进。建造冷库和水产加工厂，效果良好[①]。

与用传统种子、传统农具、传统有机肥料种田相比，"绿色革命"要农民购买种子、化肥、农业机械等。政府为此投入很大，政府按种子成本的 50%来补贴[②]。1975—1990 年，农药用量上升 45%，因电气化而使用电量上升 47%[③]。这些都比传统种田模式耗钱。钱从哪里来？旁遮普有许多在外务工经商者，那里还是印度著名的"侨乡"，外面的亲人汇回家乡的款在"绿色革命"中起了很大的帮助作用。

在灌溉设施、道路交通上，政府也在补贴。如果丰收了，政府会购买部分粮食，以免"谷贱伤农"。"绿色革命"中，政府除了出资支持农民以外，还在金融与合作社方面给农民以支持和帮助。

（二）农村金融与合作社

农民在进行农业生产时，需要投入资金。"绿色革命"开展之后，生产成本提高。如果没有正规银行贷款的支持，农民就不得不借高利贷。土改让耕者有其田，许多人摆脱了地主的剥削，却无法逃过高利贷者的剥削。

20 世纪 60 年代，为了支持农村发展与农业发展，政府建立发展农村金融业。相关银行如下。

国家发展银行：为政策性金融机构，制定针对农村金融机构的规章制度、业务管理、新贷方法、及时分布政策性金融信息。

商业银行：本与农村无关。1969 年、1980 年两次国有化改革后，去农村经营业务。在其农村业务占全业务的 90%硬性规定下，有数量、没质量，导致呆坏账增加。

地区农村银行：成立于 1975 年，是为了满足难以从其他银行获得信贷的农村贫困人口而设立。由中央政府、地方政府和商业银行按 50∶15∶35

---

① 李军，等. 印度农业. 北京：中国农业出版社，2017 年，第 33~34 页。
② 曾泳心. 印度旁遮普邦农业发展及其影响启示研究（1966—2004）. 广西师范大学硕士论文，2017 年，第 51 页。
③ 曾泳心. 印度旁遮普邦农业发展及其影响启示研究（1966—2004）. 广西师范大学硕士论文，2017 年，第 51~63 页。

的比例组建,中期贷款期为1~3年,长期贷款贷期为3~5年。

农村合作银行:贷款期限为一年,利率6%。

国家土地开发银行:投向土地资源开发、农村水利、农村基础建设①。

印度农民70%没有存款,种庄稼就得贷款。有的3个月才能办下来。贷不到款的只好借高利贷,利率38%。一旦歉收,农民就有可能自杀。2005年,有5 000多农民因债自杀②。

但是,政府主导的金融业,越来越不适应时代、环境的要求,效率低下、呆坏账严重、管理成本高。所以进行了改革,具体做法有:放松对金融机构的管控、规范金融机构的业务标准、对合作性金融机构进行改革①。

印度的合作社组织于20世纪50年代成立,以农民自愿加入为主。印度的合作社组织是目前世界上最大的农业合作组织,主要包括信贷合作社、销售合作社、生产价格合作社、综合性合作社。政府通过国家储备银行直接放款,直接对合作社进行资金支持。政府还减免合作社的印花税、所得税和利润税等。政府建立农村管理学院等教育机构,为合作社输送管理人员。合作社的职责是提供农业生产服务。政府将种子、化肥、水泥、煤炭等物资交由合作社销售,为农民的生产服务。

(三)农村发展与脱贫

印度的农业自然条件优越,国土面积的50%为可耕地,亚洲第一,占全球10%。但是,1920年大饥荒,饿死数百万人。印度刚刚独立的时候,饥荒频繁、粮食奇缺,民不聊生。1947—1970年,贫困人口占半数、农村人口占80%。1960年,贫困又一次达到顶峰。这的确不能怪罪自然条件。3/4的人口务农,可耕地只耕种了40%,种出的果、菜烂掉30%,加工保存率只有1%,而同时期的果菜的加工保存率马来西亚为83%、菲律宾为78%、巴西为70%③。这是典型的"端着金碗讨饭"。

英·甘地执政后,改变了发展重工业的方针,开始着手解决农村贫困问题。20世纪60年代,"绿色革命"解决了人民的吃饭问题,但没有解决

---

① 尹彬.印度农村金融体系的管理模式与经验.《世界农业》2014年7期,第147~150页。
② 蔡芳宏.城乡公共服务一体化进程过程中农村财政的预算管理改革研究.江西财经大学博士论文,2012年,第76页。
③ 宋涛.印度经济和发展战略研究.福建师范大学博士论文,2003年,第68~70页。

两极分化问题。独立50年来,印度粮食总产量增加4倍,但单产不高。农业院校和科研院所的成果可观,但新技术推广不迅速,许多农民仍然用传统的方法来耕作。总之,提升空间很大。

政府为了解决广大农民贫困问题,20世纪70年代末开始推行一系列计划:

1977年:以工代赈计划、沙漠发展计划。使农民获得就业机会,靠劳动得到收入,而不是"等""靠""要"。有收入就有消费,农村经济可以活起来。

1979年:农村综合发展计划。

1981年:全国农村就业计划。

1983年:农村无地劳动者就业计划。

十年内,包括"六五计划"在内,支出450亿卢比。其中,中央政府拨款150亿卢比、银行贷款300亿卢比。政府帮助贫困家庭购置生产资料,如奶牛、耕牛、小型灌溉设备、奶制品加工设备等。以上工作"七五计划"继续进行,总拨款868亿卢比,财政331.6亿卢比,银行贷款537.5亿卢比,受益家庭1 820万户。效果:1979年贫困人口占52.3%,20世纪末为10%以内[①]。

印度人口多、受殖民地影响大。独立后,为了解决贫困问题,政府下了大的力气。政府还有如下举措:①加大农业投入和信贷支持;②对农业生产物资(农药、农业机械、用电)给予补贴;③重视农业科研,每个邦各建立一所农业大学,20年内,出现了22所农业大学[②]。

此外,还力求完善农村社会保障体系,包括教育、医疗。另有农村住宅建设,40%的费用由政府资助,具体受助者由村委会决定。

(四)农村医疗的发展

独立初,由于贫困的原因,表列种姓、表列部落、妇女、儿童受影响更为显著。他们的健康更无保障。弱势群体的儿童,有半数在5岁前死掉。政府下决心建立医疗保障体系。政府为主导,建立公共医疗机构。另建医疗保险,供百姓住院用。

---

① 宋涛. 印度经济和发展战略研究. 福建师范大学博士论文,2003年,第80~84页。
② 陈亚琳. 印度农村贫困的研究. 河南大学硕士论文,2018年。

第八章 印度的乡村发展

印度建成的公共医疗体系有国家级医院、邦级医院、地区级医院、县级医院、乡级医院，共5个层次。挂号费、检查费、住院费、治疗费、住院病人伙食费全免。其中，农村医疗保障体系（三级保健网）结构如下。

医疗保障站：共2名医生，一男一女。防病、打疫苗、计划生育、产前产后服务。每个医疗保障站覆盖3 000～5 000个村民的保健服务。

初级医疗保健中心：由州政府负责，每3万村民建一个，有内科、外科、妇科，可容纳10万患者。负责免疫、疾病控制、处理一般病。是转诊单元。

社区医疗健康中心：10万村民建一个。设备、人员充足，接受初级中心的转诊[1]。有这样的三级保健网向农村人口提供免费医疗服务。好在印度农民要求不高，只要少花钱、能治病就行。但是，有不少村民需要走6～10千米才能走到医疗服务机构。

公立医院是由政府出资建立的。门诊、住院皆有。规模较大、床位多。但印度人口多，床位仍然紧张。公立医院还面临一个问题，就是资金有限，很难吸引合格好医生来工作。为解决医生来源的问题，印度政府规定，医生必须去农村医疗机构工作一段时间[2]。

私立医院是营利性的。印度93%的医院为私立医院，64%的床位属私立医院。另有教会医院，也是非政府的，但不营利。私立医院能够吸引好医生来工作，医疗水平高于公立医院。但是，它要收费。农民得大病怎么办？印度农村医疗保险可解决部分医疗费用。非政府组织和团体的保险基金、农产品加工企业、农户向保险公司集体投保。每年交75卢比，农民出60卢比，政府出15卢比。如果农民患大病，可获10万卢比来支付医疗费[3]。

在一些富裕的邦，尽管公立医院免费治病，还是有人去私立医院看病，花钱得到更好医术的治疗。越来越多的穷人也选择私立医院。私立医院会不会漫天要价或吃回扣？政府会限制他们的药价，"救命药"的价格限制得更死。如果医生吃药品回扣，则吊销执照。

---

[1] 赵梓行. 均等化视角下印度医疗服务体系管理研究. 湘潭大学硕士论文，2018年，第1～11页。

[2] 赵梓行. 均等化视角下印度医疗服务体系管理研究. 湘潭大学硕士论文，2018年，第15页。

[3] 赵梓行. 均等化视角下印度医疗服务体系管理研究. 湘潭大学硕士论文，2018年，第14页。

（五）农村教育的发展

印度历来重视教育。1950 年印度宪法规定，14 岁以下儿童享受免费教育。印度的农村人口占全国总人口的 3/4，农村初等教育规模很大，农村地区大规模初等教育的资源需求无法满足。但是，政府仍然做出许多努力。为保证贫困人群、弱势群体的儿童正常入学，政府推行了一系列免费教育政策，公立学校和政府资助的私立学校，都提供免费餐和免费教材。政府大量在农村建校，以保障农村基础义务教育，实现高等教育反歧视政策。1995 年开始，政府开始支持基础教育营养支持工程，直接补助到在校学生。

尽管政府进行了多方面努力，农村的公立学校仍然面临诸多问题。教师数量不足且资质不够，原因之一是优质教育资源向城市集中，另一原因则是农村儿童数量庞大。印度的穷人认为："孩子是神送的礼物，怎能不要？"一个农村家庭有可能有 10 个以上的孩子。无奈，缺教师的农村学校只好请代课教师来补充空缺。代课教师工资只有正规教师的 25%~40%。农村代课教师比例比较大，高中学历的不少，而城市学校的教师基本都是正规教师，大多具有博士学位[1]。农村学校的办学条件也不如城市学校，只有 72% 的农村学校有饮水设施，一半的学校有操场、图书馆，10% 的学校有计算机，56.5% 的学校有卫生间[2]。

政府对农村初等教育发展有如下政策：平等享受教育；初等教育巩固率 100%；消除性别歧视；提高水平；女孩优先接受教育；保证公平；残障儿童教育；保证巩固率和质量；激发社区积极性；安全、整洁、健康的校园环境[3]。印度政府采取了许多向农村学校倾斜的措施，力求不论任何地理位置、不论任何种姓，初等教育阶段人人平等。这对印度整个社会的公平和平等都具有深远意义[4]。

---

[1] 杨舒涵. 印度城市化进程中农村初等教育政策研究. 西南大学博士论文，2013 年，第 40 页。

[2] 杨舒涵. 印度城市化进程中农村初等教育政策研究. 西南大学博士论文，2013 年，第 42 页。

[3] 杨舒涵. 印度城市化进程中农村初等教育政策研究. 西南大学博士论文，2013 年，第 45~50 页。

[4] 杨舒涵. 印度城市化进程中农村初等教育政策研究. 西南大学博士论文，2013 年，第 64 页。

2012年农村初等教育入学率达100%，但是问题仍然存在。由于教师缺乏这个印度农村教育的重要问题，本应该50个学生/班，农村学校有150个学生/班的。教师缺席也是问题。过去的一个问题，就是农村孩子正常入学后，中途辍学的非常多，另有30%的农村学生经常逃学。1～5年级学生，1980年的辍学率为男童56.2%、女童62.5%，童工普遍。经过不懈努力，2000年后，辍学的问题改善很多，降到男童辍学率3.5%、女童辍学率6%。女童辍学的主要原因，就是落后地区的"童婚"习俗。印度法律规定国民的婚龄为男21岁、女18岁。但是，在落后农村，往往11～12岁的女童就在父母的安排下出嫁到婆家，"婚后"就不再上学了。

印度农村的学校还有一个特点，就是小型学校众多。由于有些地区的农村居住分散，能走进同一所学校的学生不多，教师也不多。有些学校只有1～3个老师，几个年级的学生在同一个教室上课。一个老师教不同年级的不同课程。而在中国农村，撤校并校后，许多农村留守儿童需要跑到很远的地方去上学。印度则是宁可保留这样的小学校也不撤并学校。

在印度上私立学校，费用是公立学校的3倍。农村也有私校。家长对公校质量不放心，只要条件允许，宁可花钱让孩子上私校。半数的农村孩子在私校接受初等教育。

三、乡村社会管理组织——"潘查亚特"与农村管理

印度农村人口占国家人口总数的76.3%。早在吠陀时代就形成了村，并发展成村社制度，绵延数千年，是古代印度农村的基本组织与管理形式。村有自治性和民主性，体现了种姓制和极强的等级观念。一个村落叫"姑罗摩"，是由一批有血缘关系的家族构成的，这是历代基层社会组织和管理单位，一直保留到英治之初。村子的事务由"潘查亚特"来管理。"潘查亚特"就是由年长者组成的管理组织。

（一）"潘查亚特"的起源、发展历程与现状

在古代印度，自从有村庄就开始有管理群体。管理者为德高望重的长老，五人组成"五人长老会"，名称为Panchayatiraj——"潘查亚蒂拉兹"，其中"Pan"即"五"。"潘查亚蒂拉兹"也可音译为"潘查亚特"，一般

表述时多以"潘查亚特"为名。它的真实意思实际上是"乡村评议会制度",它起源于原始社会末期,经历了中古时穆斯林时期的衰落和近现代的恢复与现代化,是印度乡村最基本的管理机构。

1. 上古印度的潘查亚特

古代印度,由于交通不便,农村与朝廷联系松散,潘查亚特作为农村行政司法中心,具有很大的独立性和自治权。潘查亚特的雏形始于孔雀王朝(公元前324年到公元前187年),具有独立性和自治性。

"潘查亚特"又分"种姓潘查亚特"和"一般会议潘查亚特"。因为印度的种姓制是和他们的印度教信仰绑定的,"种姓潘查亚特"负责处理的都是违反教规的所谓"犯罪"行为,如不同种姓的人在一起吃饭,不同种姓的人结婚或"私通"、杀牛、打架,还有干了所在种姓不该干的工作(如高种姓的人可以乞讨,但不能当卫生工来挣钱养家)。现举一例,距今300年左右,在印度南方的泰米尔纳都邦的坦焦尔县,当时发生了这样一件事:一个年轻漂亮的村妇,首陀罗种姓。其夫过世,同村的一个婆罗门种姓的男子晚上"书生跳墙"进她家,凌晨黎明前最黑暗时翻墙离开。有一个首陀罗种姓的渔民发觉了他们的"好事",就搞恶作剧,挑唆一个首陀罗种姓的理发师晚上把在农妇门外。等婆罗门男子翻墙离开时打他一顿。理发师照做。打人时的叫喊声惊动了全村的"看热闹不怕事大"的村民。头人根据《马努法典》来判案:婆罗门不顾身份,和"下贱"的首陀罗遗孀相好,得向全村认错;首陀罗理发师,以贱欺贵,要被罚喝掺了水的人粪;首陀罗种姓的渔民,教唆别人干坏事,被罚喝掺了水的牛粪。《马努法典》不是法律,是印度教的教规,处理涉及宗教信仰的事件时,就被当成办案依据。

"一般会议潘查亚特"则负责处理世俗的基层政治、经济事务,包括田赋、丈量土地、向国家输送兵员等①。

其最高的当家人叫"帕特尔",也叫"头人",总管村社的事务,调解纠纷、执行税务。"卡尔纳姆"督察耕种。"塔利厄尔"搜集关于犯罪、过失,护送从一个村到另一个村的行人。"托蒂"保护庄稼、帮计算收成。另有"边界守卫员""水库水道管理员"。"婆罗门"负责村社祭神。"教

---

① 项继权. 外国农村基层建制. 武汉:华中师范大学出版社,1995年,第197页。

师"教村童读写①。印度的农村居民就这样一代代繁衍生息,农村就这样自治管理。农村居民对王国的崩溃和国家分裂毫不关心。

这样的村社制度还分两种情况。"莱约特瓦尔型"和"共有型"。"莱约特瓦尔型"的,村内农户有共同的祖先,每村有一名头人是世袭的,另一个人负责量地、收税上缴。"共有型"的没有真正的头人,各家家长为自己的"潘查亚特"。只设一名政府联络的官员,叫"仓巴达尔",仓巴达尔由选举产生,但是,只要下一代称职,也可以世袭。仓巴达尔的主要工作就是催税,没有什么特权②。

此时段的潘查亚特制度有如下特点:①具有行政、司法职能,与种姓绑定;②依照习惯法,缺乏明确的关于权利、义务的契约。在组织中起决定作用的是人们对宗教、种姓和学缘的忠诚;③潘查亚特组织中存在着某种平等和民主的意识。这是一种朴素、原始的、非近代意义的民主、平等意识。④村落在很大程度上是孤立、闭塞的,同国家政权的联系比较脆弱③。

2. 中世纪印度的潘查亚特

进入中世纪(800—1200年)后,也就是穆斯林政权统治印度之后,封建集权加强,导致潘查亚特自治权削弱。德里苏丹时期,国王加强了对地方的管理与控制,整个印度被分为中央直辖区和领主封地。在中央直辖区,潘查亚特组织的成立不仅要得到统治者的批准,而且自主管理村落事务的权力非常有限,致使潘查亚特组织成为地方官员管理地方的工具。尤其是在莫卧儿王朝时期,扎吉达尔靠军阶获取领地,成为领主。他们在领地收税,但没有行政权和司法权④。

进入中世纪后期,中央集权衰弱,扎吉达尔实现了领地世袭,成为全权主人。柴明达尔兴起。柴明达尔制,就是印度政府通过中间人柴明达尔向农民征田税的一种制度。边远地区的部落酋长、印度教王公允许柴明达尔们在其领地享有司法、行政、军事权。老税官、新包税人也是柴明达

---

① 项继权. 外国农村基层建制. 武汉:华中师范大学出版社,1995年,第193~194页。
② 项继权. 外国农村基层建制. 武汉:华中师范大学出版社,1995年,第195页。
③ 刘星. 论印度现代潘查亚特制度的演进. 苏州科技学院硕士论文,2010年,第3页。
④ 刘星. 论印度现代潘查亚特制度的演进. 苏州科技学院硕士论文,2010年,第4页。

尔。柴明达尔的权利盖过潘查亚特的权力①。

3. 英国进入印度后的潘查亚特

英国进入印度后，早期是东印度公司来管理，他们对农村就是收税而已，实行起新的税收制度。为了获取更多的税收，殖民者实施了"柴明达尔""莱特瓦尔"或"马哈瓦尔"制。这些"中间人"就是他们在农村扶持起来的地主阶层。潘查亚特失去原来的功能并逐步瓦解。

因殖民者剥削太重，1857—1859年发生了民族大起义。印英之间民族矛盾变得尖锐之后，殖民者意识到有效控制农村地区的重要性。为了缓和矛盾和控制农村，英国人逐步着手恢复印度的潘查亚特。第一阶段（1858—1882年）恢复了潘查亚特组织，并逐步让其从自治机构过渡到行政机构。第二阶段（1881年），提出建立民选的潘查亚特组织，靠它来管理村务。第三阶段（1907—1947年）出台文件和法律，在特定区域实施②。

从恢复潘查亚特制到1929年，越来越多的省通过潘查亚特法案。1929年开始，选举机制进入潘查亚特③。此时的潘查亚特，与传统的潘查亚特相比，具有了法律依据和近代基层管理组织的特点。殖民者的立法规定了潘查亚特的组织结构和组织功能。潘查亚特不再具有自发性。它有了法律依据和法律保障，不再是群众管理组织，而是逐步转变为殖民地政府在农村的行政机构④，有了基层政权的性质。

过去是高种姓世袭，殖民地时期，先是政府任命。1882年改成选举产生。这是农村地方制度的里程碑。

潘查亚特的职责包括：管理水井和水池、公共卫生、公路建设、学校、市场。1915年，潘查亚特有了税收权力。其组成、职权、财务都有了明确的文件规定。

4. 印度独立后的潘查亚特

独立后，印度启动了全面的现代化建设进程。就农村而言，进行了土

---

① 刘星. 论印度现代潘查亚特制度的演进. 苏州科技学院硕士论文，2010年，第3页。
② 刘星. 论印度现代潘查亚特制度的演进. 苏州科技学院硕士论文，2010年，第5~8页。
③ 张来. 印度民主进化进程中的潘查亚特制度. 华中师范大学硕士论文，2017年，第10~13页。
④ 刘星. 论印度现代潘查亚特制度的演进. 苏州科技学院硕士论文，2010年，第1页。

第八章　印度的乡村发展

地改革和乡村建设计划。土改后，农村涌现出一批新兴地主和富农，资本主义农业生产关系逐步建立起来。新兴地主对当时的乡村权力格局不满。他们无法享受管理权力。而殖民地留下的潘查亚特世袭、种姓等顽固不变。这样的潘查亚特制已经不适合独立后和土改后印度农村新的生产关系。印度政府对其进行了改造。

一个村庄，被看成一个小型的共和国，要有它的行政、立法、司法，需要村民平等参与社会生活。对印度来说，潘查亚特组织是进行社会整合最恰当的组织。因为印度自古有潘查亚特管理村庄的传统，人民习惯它。可以将它改造成一个服务于基层的代议组织。

印度独立以来，潘查亚特经历了三个阶段的发展。

第一阶段：20世纪50—70年代，是探索阶段。经过调查，于1959年建立新的潘查亚特制。建立县、区、村三级潘查亚特，通过法案，选举产生。建立起一套严密的规章体系，并引入普选机制。1959—1964年，潘查亚特得以蓬勃发展。潘查亚特遍布全国。一个潘查亚特平均覆盖2~3个村庄，约2 400人[1]。

县、区、村三级潘查亚特，不是自治，而是基层管理组织。村级的直选由5~57人组成，一般为7~19人。过去，种姓制后面隐藏着阶级关系。高种姓统治低种姓，具有至高无上的权力。三级潘查亚特与代议制民主，真正受益者是地主和富裕农民。广大贫苦农民没有受益[2]。

1964年尼赫鲁总理去世后，潘查亚特开始停滞、衰落。停滞、衰落的真正原因是：虽然村一级的潘查亚特通过选举产生，但成员还是拥有土地的高种姓者。村里的群众对生产计划不感兴趣，我行我素。选举中断了近二十年[3]。

第二阶段：20世纪70—80年代末，改为二级潘查亚特，将政党引入潘查亚特的选举中。政党参与选举。1977年，人民党当选，允诺10年脱贫，鼓励家庭工业、小型工业。实施这些计划需要潘查亚特发挥作用。过

---

[1] 张来．印度民主进化进程中的潘查亚特制度．华中师范大学硕士论文，2017年，第19页．

[2] 刘星．论印度现代潘查亚特制度的演进．苏州科技学院硕士论文，2010年，第17~22页．

[3] 项继权．外国农村基层建制．武汉：华中师范大学出版社，1995年，第202~210页．

去，国大党实现不了"民主分权"以致潘查亚特处于瘫痪状态。此时人民党决定恢复潘查亚特。具体做了如下工作：第一，政党参与潘查亚特选举。第二，实施两级潘查亚特，取消村潘查亚特，建立若干个以村为基础的曼达尔潘查亚特。第三，取消原来的区潘查亚特，把权力集中到县潘查亚特。另外，注意培训潘查亚特成员①。

1984 年，中央、地方矛盾激烈，《第 64 次宪法修正案》通过，规定了潘查亚特的构成、任期、选举方式、时间限制、职权、财政等。特别强调妇女和低种姓者在潘查亚特的席位②。潘查亚特组织由基层管理组织转变为基层政治组织，推动了代议民主制度的发展③。政党加入潘查亚特选举，体现了政党在政治现代化进程中的重要性，冲击了传统的权力和利益分配格局，削弱了种姓、宗教等传统势力对地方选举的控制，推动了印度政治力量多元化。但是，潘查亚特是为当地民众服务的，如果成员属于不同政党时，会影响工作。

1986 年，拉·甘地试图继续改进潘查亚特制，缓解中央与地方的矛盾，在农村建立基层民主，使农民参与和决定村务。修宪，让村民大会直接成为潘查亚特制中的一部分。村民大会是直接民主的象征④。

第三阶段：20 世纪 90 年代至今，潘查亚特被写进宪法⑤。1993 年，《第 73 次宪法修正案》通过，确立三级代议制政府，实行选举制度，逐步建立基层民主。潘查亚特的选举规范化。

1991 年大选，国大党重新执政，出台宪法修正案，赋乡村大会以权力，明确其权力机关的地位、作用、任期和选举，提出村民大会在潘查亚特体制中所占的重要位置。这标志着直接民主的初步实现。修正案的实施细则规定了潘查亚特 29 项权力。

涉及基层民主时，三级潘查亚特让新地主富农受益，二级潘查亚特的

---

① 刘星．论印度现代潘查亚特制度的演进．苏州科技学院硕士论文，2010 年，第 23~24 页。
② 张来．印度民主进化进程中的潘查亚特制度．华中师范大学硕士论文，2017 年，第 23 页。
③ 刘星．论印度现代潘查亚特制度的演进．苏州科技学院硕士论文，2010 年，第 10 页。
④ 刘星．论印度现代潘查亚特制度的演进．苏州科技学院硕士论文，2010 年，第 31 页。
⑤ 张来．印度民主进化进程中的潘查亚特制度．华中师范大学硕士论文，2017 年，第 1~10 页。

受益者是党派。

（二）潘查亚特的产生与监督

村级的潘查亚特直选产生，推进了印度农村现代化进程。但是，20世纪90年代，民众参与政治的意愿不断增强，政治民主的基础扩大了。占人口73%的农村地区，有超过20万个村潘查亚特。五年一选。选出的代表中有1/3为女性。85 000个村潘查亚特主席为女性[①]。

与村级的潘查亚特选举匹配的是"村民大会"。村民大会由全体村民组成，并非由选出的代表组成，每年至少召开四次，由村潘查亚特主席或副主席主持。法定人数要达村庄人口数的10%。村民大会有权撤销已经任职两年半的潘查亚特主席或副主席。类似于政府向议会负责，潘查亚特对村民负责。村民通过村民大会进行集体决策和监督，审议潘查亚特的工作计划、审计财政收支[②]。这样，乡村的管理便有了全体村民参与，实现了直接民主。

村民大会不仅有权选举潘查亚特，而且还有权监督和审查潘查亚特的工作。它有决策权，制定村潘查亚特的预算、项目；提出征税方案；审议工作计划；审查工作；撤销不称职的村潘查亚特主席；制定农村发展计划。村民大会还有监督权：澄清潘查亚特的活动、资金来源、财政支出及其相关事宜，要求潘查亚特在村民大会上解释他们的异常行为并公布支出。村民大会有权保留潘查亚特的工作记录[③]。

村民大会提供了唯一能确保实施直接民主的公开的平台。它第一次为乡村公民提供了平等讨论乡村事务的机会。广大村民可以批评、支持或反对潘查亚特的提议，了解潘查亚特的工作情况。村民大会的建议使得潘查亚特区域内所有的成年人都有了对村里重大事务的决策权。在一定程度上实现公开、公正、透明，杜绝腐败的滋生，避免了庸懒和不作为。

---

① 张来. 印度民主进化进程中的潘查亚特制度. 华中师范大学硕士论文，2017年，第24～26页。

② 张来. 印度民主进化进程中的潘查亚特制度. 华中师范大学硕士论文，2017年，第26页。

③ 刘星. 论印度现代潘查亚特制度的演进. 苏州科技学院硕士论文，2010年，第36～37页。

（三）潘查亚特的职责

村潘查亚特负责土改、治河、灌溉、畜牧业、小型工业、初等教育、成人教育、农村诊所、防疫站等基础设施，另负责饮水安全和民众脱贫。村潘查亚特有责任动员志愿劳动力、为乡村福利项目集资；有责任向上级汇报执行计划所需的资金数额，为乡村提供服务；有责任执行村内的成人教育项目；有责任促进乡村社会的和谐统一[①]。

"区潘查亚特"：负责发展农牧业、发展乡村合作社、发展乡村卫生保健事业、发展初级教育和社会教育、开展社会福利工作、发展乡村住房、发展乡村工业、各种数字的统计和宣传工作。

"县潘查亚特"：政府委任的，本是咨询和协调机构。但是，在实际操作中，对下级的"潘查亚特"控制干涉较多。

四、印度乡村发展现状评估

（一）农村教育

印度政府为农村教育投入够多，但是教育的城乡差别仍然存在。问题的原因是：在印度，农村人读好了书后，就去城市发展，城市人读好书后，有可能去欧美发展；学历、职称上合格的教师往城市跑，留在农村中小学的教师也无法与城市比。

（二）农业科技

印度的农业科技成果水平并不低。"绿色革命"期间，农药、水利、化肥、良种、机械都源源提供。这是农业科技推广最好的时期。但是，热潮一过，有的成果巩固下来，有的却没有。直到今天，仍然有农民用传统的耕牛拉犁来耕田。良种已经层出不穷，但是农村市场上的水果蔬菜中，歪瓜裂枣仍然不少。

[①] 刘星. 论印度现代潘查亚特制度的演进. 苏州科技学院硕士论文，2010年，第37页。

（三）农村基础组织

在传统时期，"潘查亚特"是村里的有文化、德行好、被村民认可的人来担当。这一点，有些像中国土改之前的农村由"乡绅"主事。那是在交通、通讯方式落后，民众识字率不高的时代。现在，印度已经全面实现初等、中等教育免费。目前的印度农民，不论种姓，最起码是能读能写了，加之交通、通讯、资讯方便，"潘查亚特"的工作方式已经与传统时期大不一样。印度村民可以留在家中务农、可以离开家乡到城里去谋生，只要不违法，自由度非常大，可以说是"小政府，大社会"。村里的日常事务，有一个人出头过问就可以了。这个人非"潘查亚特"莫属。村民土地私有，自己搞自己的生产，"村潘查亚特"并无什么特权，该职位也就没有那么抢手。"潘查亚特"的工作是付出和奉献。

独立建国后的"潘查亚特"制，将"民主选举"引入了乡村政治生活。但是，乡村种姓、宗教的分裂，使得民主生活扭曲、变形。争权夺利、械斗，甚至候选人被绑架、杀害也会发生。目前，已经是"第二代潘查亚特制"了。由于交通、通讯方式的进步，"潘查亚特"撤区并村。"潘查亚特"尽管效果不尽如人意，但是，乡村的民主、自治是基本趋势。

目前，印度是农产品净出口国。农业产值占国民经济总产值的34.9%。印度是农业大国，农村人口占总人口的72%。小农经济占绝对优势。印度农民中，占农户数1.3%的人拥有14%的土地；23%的农户是佃农与半自耕农的混合体；占50%的最穷的小农只拥有1%的土地，其中，无地农民占35%。农户的平均经营规模为1.68公顷。占农户数57.8%的边际农只有户均0.39公顷的经营规模。

印度的自然条件和以色列的不可同日而语，只能说，他们是"端着金饭碗讨饭"。印度政府对此非常重视。印度的农业科研由高校来承担，推广由农业技术推广站和种子公司来完成。国家还安排农业信贷、合作社、价格补贴。经过政府和人民的努力，印度农产品产量大增，成为粮食出口国。印度大米出口占世界贸易值的4.5%，原棉大量出口，另出口肉类、海产、蔬菜、水果、香料。而进口的农产品主要是食用油。

尽管如此，印度的农业生产仍然有很大的提高空间。印度1公顷产稻2 817千克，中国1公顷产稻5 869千克。印度1公顷产麦2 420千克，中国 1 公顷产麦 3 318 千克。由于销售渠道不畅通、农产品不分级而且加工度不高，水果和蔬菜烂掉的比例过大，非常可惜。

另外，印度的茶叶出口远超中国，其重要原因是农药不超标。此外，印度人不轻易伤害野生动物，益虫益鸟容易存活，自然为印度人消灭比较多的农田害虫，让农民既节约了购买农药的开支，又减少了农产品的农药残留。这一点特别值得中国借鉴。

五、经验与启示

（一）扶贫贷款颇有借鉴价值

在解决贫困上，印度政府不论是政府拨款，还是银行贷款，都是帮扶贫困家庭添置生产资料，这对中国扶贫工作有一定的借鉴价值。"帮助农民就业，消除农民贫困"。印度政府一直以来都把"帮助农民就业，消除农民贫困"作为农村发展的目标。从 1978 年开始，印度就着手实施了"农村综合发展计划"，这个计划的主要目的就是为了消除农村的贫困和失业现象，主要内容涵盖了各种各样的"以工代赈"的农民就业计划，为农民创造就业机会，这些机会也帮助改善了农村环境，例如修公路、用水用电方面、房屋方面等。政府还向贫困农民提供生产所需的资金，帮助提供贷款，缓解了贫苦农民的燃眉之急。到 1999 年，印度政府又实行了"自我雇佣式的就业项目"，既然称为自我雇佣式的，也就是说这个项目其实是一个扶持计划，农民可以从这个项目中申请到一定资金，来自我进行生产，当然这个项目也仅仅针对的是农村的贫困家庭，只有这样的家庭才能享有这样的权利。到 2001 年，印度政府又开始提出了一个新的帮助农民的"就业工程"，即"工资性就业项目"，这一个项目有一个特殊性，它的目标群体是照顾妇女以及特殊行业的人，用"工资性就业项目"下持有的资金去帮助这批人，关注弱势群体的就业问题，印度政府实施的农民"就业工程"可谓是面面俱到。这三个不同时期实行的项目和计划，相互独立而又互相包容，在很大程度上实际解决了农民的就业问题，增加了农民的收入。

综上可知，印度政府一方面用法律保障农民的就业问题，另一方面从各个层面、各个角度考虑不同层次农民的就业问题的落实，缩小了贫富差距，双管齐下，效果明显。

为农村提供城市化的基础设施，增加农村吸引力。农村大量流动到城市的原因，其中一个就是去寻找就业的机会，这个在上面介绍过，另外一个就是城市的环境好过农村，基础设施便于生活。那么为了缓解城乡之间的矛盾，缓解人口带来的压力，必须为农村提供城市化的基础设施，农村和城市拥有了一样的基础设施建设，就会缓解贫困人口进城的频率，缓解城市的就业压力和人口压力等，最终减少贫民窟的贫困人口数量。

印度"贫民窟"的产生除了就业问题难以落实外，还有一个非常重要的原因，那就是贫困人口流动到城市当中来，造成的一系列社会问题。长久以来在印度，政府没有权力干涉农民自由流动，农民可以来去自由，如果说政府限制不了农村人口的流动，那么只有靠其他办法来控制人口的大量转移，为城市减压，为农村增加吸引力。所以，印度政府提出了将以"政府＋企业"的新模式，把企业和就业带到农村，共同为农村提供城市化的基础设施建设。在这个新思路的指导下，印度政府鼓励和支持企业到农村去寻找发展空间，就业和贫困问题是人口流动的主要原因，与其说让农民拥入城市去寻找就业机会，不如就把就业机会带到农村，让企业带活农村的就业问题，让就业问题解决人口流动问题。在政府的支持和鼓励下，在农村办企业也有很大的优惠，又可以解决农村剩余劳动力的就业问题，帮助建设农村的基础设施，同时也缓解了城市的人口和就业压力问题，不失为一条好的出路[①]。

提高造血功能。"以工代赈"的做法也非常值得我们借鉴。让他们依靠劳动来改变贫困现状，而不是等、靠、要。如果直接给钱，会增加他们的惰性。这对中国的扶贫工作来说，也有借鉴意义。

（二）印度农村医疗体系对中国乡村发展的借鉴意义

印度政府为了农民看病也是下了大力气的。印度建成的公共医疗体系共分5个层次：国家级医院、邦级医院、地区级医院、县级医院、乡级医院。去医院看病的挂号费、检查费、住院费、治疗费、住院病人伙食费全

---

① 肖依. 城乡统筹发展中的农村建设：国外经验与启示——以英国、美国、日本、韩国、印度五国为例. 华中师范大学硕士论文，2011年，第39~41页。

免。诚然，由于资金有限，公立医院水平也有限，但是，就解决普通的常见病、多发病，还有妇女儿童的健康保健来说，是足够了。尤其是对穷人来说，是救命的。关于这一点，中国医疗条件可能要比印度好一些，但是经常出现看病贵、看病难的问题，乡村医疗保障体系也许能够解决部分问题，但是因病致贫、因病返贫的问题非常普遍，因此除了大幅度提高农村合作医疗投入的力度，就是要逐步建立全民免费医疗体系，这一体系主要的受益者应当是乡村，因为目前事业单位与公务员基本享受了国家医疗中的多数福利，只有农民还没有完全纳入这一体系，农村医疗保险尽管能够解决一些问题，但是多数情况下，远远不能解决真实的困难。实际上，中国也有老、少、边、穷地区，那里的人要求并不高，少花钱、能看病是他们的需求，可以尝试借鉴。

（三）印度农村的学校体系小型学校众多，对今天中国教育有借鉴意义

由于有些农村居住分散，能走进同一所学校的学生不多，教师也不多。有些学校只有1~3个老师，几个年级的学生在同一个教室上课。一个老师教不同年级的不同课程。这样的学校，在中国农村，尤其是山村，也曾经大量存在。但是，在现在的中国农村，进行过撤校并校，学校管理起来方便了，但是许多农村留守儿童需要跑到很远的地方去上学。这样是好还是不好，值得商榷。

第九章 菲律宾的乡村发展

菲律宾面积29.97万平方千米，由7 100多个岛屿组成，有11个岛合在一起的面积占国土面积的94%。其地貌有山脉、平原、高原、峡谷、湖泊、河流、火山、草原、森林，水资源丰富，山地为主，有200多座火山。其领土所在的经纬度：北纬4°35′~21°8′，东经116°55′~126°37′。热带雨林气候，全年平均温度：夜25℃、昼31℃。台风较多。菲律宾森林覆盖率53%，出产乌木、檀木等珍贵木材。野生植物近万种。其国土面积和中国广西差不多，可耕地570万公顷。菲律宾人口为1.06亿，语言70多种。70%的人口在农村，2/3的农村人口以农为生。小学入学率91%，中学入学率60%。基督教为国教，其受过教育的人基本会讲英语，这一点，方便他们输出劳工，很好地消化剩余劳动力。其人民的主食为稻米，蛋白质来源为猪肉和鸡肉，加之大量鱼的出产，"吃饱"不成问题。贫富差距才是问题。菲律宾经过土改、绿色革命等一系列努力，已经解决了人民的吃饭问题。

一、菲律宾简况

（一）宜农之地

"菲律宾共和国"位于亚洲东南部西太平洋赤道与北回归线之间，共有大小岛屿7 107个，其中有名称的有2 800个。吕宋岛、棉兰老岛、萨马岛等11个主要岛屿占国土的总面积的96%。山地占国土总面积的3/4。气候终年炎热，雨水丰沛，自然灾害频繁。中央平原是菲律宾的粮仓。棉兰老岛西南部的哥达巴托谷地，地势平坦、土地肥沃、雨量均衡，是农业宝地[①]。

[①] 马燕冰等. 菲律宾. 北京：社会科学文献出版社，2007年，第1~5页。

其可耕的土地主要集中在其最大岛——吕宋岛上。中西部中央平原是其最重要的产粮区；东南部的比科尔平原是其重要的经济作物区。这样的基本条件下，如果不是面临市场与全球化，自种自吃的话，农民可以过田园诗般的生活。

菲律宾的气候，每年5—10月为雨季，11月到次年4月为旱季。年均降雨量2 000~3 000毫米，年平均气温27℃，年平均有台风20次。森林覆盖率53%，四季常青，热带植物种类繁多。花卉、水果种质资源极为丰富。

菲律宾人口数为8 620万人，约有90多个民族。主体民族为蒙古人种的马来型，另有体型小的黑人，还有华人、阿拉伯人、印度人、欧美人。有的少数族裔仍然过着刀耕火种的比较原始的生活。华人移居菲律宾很早，唐代开始，就有了第一代华侨，明朝以来，有更多的华侨移居菲律宾。华侨对菲律宾早期经济和文化的发展作出过巨大贡献①。

菲律宾的气候条件适合农业，是一个传统的农业国。人口最集中的地方就是最宜农宜牧的平原地区。过去的40多年里，人口流动出现两大趋势：农村向都市迁徙，农村人口占全国人口的比例从1960年的70%降到2000年的48%。农业人口还不断向棉兰老岛垦荒区迁徙。

（二）移民带来原始农业技术

菲律宾群岛上原本无人类居住。一波波移民来到这里，留下后代。这些移民包括矮黑人、原始马来人、印度尼西亚人、马来人。公元以来，还有中国人、印度人、阿拉伯人、日本人、西班牙人、英国人、美国人等。在新石器时代初期，印度尼西亚人进入，带来了旧石器时代的文化。在新石器时代后期，又一批印尼人从中国南部的沿海和安南（今越南）迁移到菲律宾的吕宋岛，带来了新石器时代或青铜时代的文化。开始了烧荒耕作、驯养动物。从金属时代起，有三波马来人迁入。其中的第二批是在公元300年至13世纪之间到达的。他们是现今基督教菲律宾人的主要祖先。

公元最初的几个世纪中，定居农业、水稻种植有了较大的发展。在吕宋的海岸和河谷地带，人们修堤围田、蓄雨水种稻。在吕宋北部和中部内

---

① 马燕冰等. 菲律宾. 北京：社会科学文献出版社，2007年，第29~38页。

湖附近的山区，人们修梯田、种多种作物。这些地方农业发展较快。群岛的其他地方仍有大片地区停留在烧荒耕作的水平上。就农业技术而言，这样的耕作方式持续到西班牙人来到菲律宾。就农村组织而言，这一时期是以血缘亲属关系为基础的。每个居民点的人都有血缘关系，但还没有形成部落组织。土地归全村共有，首领和普通人一样参加劳动。公元2世纪到10世纪之间，出现割据王国，这是从原始社会向阶级社会的过渡阶段。到14世纪中叶前后，菲律宾群岛开始出现奴隶制国家。其中的"苏禄王国"成为强国，曾经在明朝到中国朝贡[①]。

在1521年西班牙殖民者到来之前，菲律宾部分地区进入了封建社会。封建领地世袭，农民耕种、交租、服役。由于气候条件好、耕地充足，菲律宾农村的耕种与朴素生活就按照祖祖辈辈传下来的样子延续着。

（三）殖民地时期加上近代化农业的成分

西班牙1570年占领菲律宾，19世纪末西班牙统治结束。1762—1764年有短暂的英国占领。1898年美西战争后，美国统治菲律宾（1901—1945年），成为新殖民统治者（第二次世界大战期间，日本曾经一度统治菲律宾）。西方国家进入菲律宾，带来了先进的管理方法和技术。农田的种植规模扩大，商品化程度提高。第一次世界大战后，甘蔗种植试用拖拉机。尤其是美国统治期间，农业近代化成分增多。建立了实验农场，引进了先进的农业机械和农业技术，扩大了灌溉面积。但是，这没有消除菲律宾农村的封建色彩的土地所有制。封建土地所有制制约了菲律宾独立后的农业发展和乡村管理。

菲律宾的地主与佃农之间，是中世纪式的关系。地主拥有土地，而广大农民没有土地，只好当佃农来向地主租地来种，收获的农产品双方五五分成。佃农受地主、商人和高利贷者的多重剥削，长期负债。为了还债，让孩子为地主无偿劳动。菲律宾的土地所有制，还有一个与其他东南亚国家不同的地方，就是天主教会拥有大量的土地，这成了19世纪末菲律宾反对西班牙革命的重要原因。美国取代西班牙统治菲律宾后，立即着手解决这个问题。美国赎买了16万公顷以上的天主教会的土地，大部分是肥沃土

---

① 马燕冰等. 菲律宾. 北京：社会科学文献出版社，2007年，第77~84页。

地，转卖给佃农，想让他们成为自耕农。但是，仅仅所有权转移是不够的。没有后续措施配合，这些土地又集中回到地主或教会手中①。

（四）第二次世界大战破坏严重

日本是1941年12月8日入侵的菲律宾。日占期间，日军清掉所有敌国银行。日本自己的"东南亚地区发展银行"发行没有硬通货储备基金的钞票，被戏称"米老鼠钱"，引起通货膨胀。菲律宾的大城市遭到破坏，十房九毁、经济瘫痪、村庄烧毁，农场、牲口、机器、灌溉设施也在战争中遭到破坏。1945年的大米总产量只有战前的66.5%，玉米产量只有战前的57%②。

实际上，菲律宾发展农业的自然资源和人力资源条件较好，有可耕地1 400万公顷，占全国土地面积的46.9%。水稻可种三季，实际只种二季。未开的荒地很多。如果农业政策合理、管理到位、适当增加科技和物质投入，它可以发挥出自身农业条件的优势，造福本国民众、惠及别国。如果政府和管理者不作为，菲律宾贫穷就是"端着金碗讨饭"，是遗憾的。

二、独立以来菲律宾的农业政策

菲律宾农业最大的问题是土地问题和粮食问题。为了解决问题，独立后的菲律宾在不同时期开展过不同的发展战略。从独立到20世纪60年代末，执行了以扩大耕地面积、农村人口重新安置为中心的农村开发战略。将小规模个体农户从人口稠密的吕宋移民到尚未开发的内地和棉兰老岛。开地38.36万公顷，安置23 573个农户。20世纪70年代，"绿色革命"利用高产品种、水利、化肥、农药、机械化来实现粮食自给。为了解决农户生产费用增加的问题，用"稻谷九九丰收方案"也就是全国性贷款方案来配套。实现了粮食自给，但也加大了两极分化。20世纪80年代，菲律宾重新沦为大米进口国。政府又开启了"农业旗舰方案开发战略"，加大对

---

① ［日］潼川勉. 菲律宾土地问题的发展. 《南洋问题资料》1974年第3期，第23～38页。

② 肖灵芝. 洛克菲勒基金会与菲律宾绿色革命研究. 福建师范大学硕士论文，2013年，第9页。

资源条件好、有潜能的农业区的财政投资,但也造成了财政赤字。1997 年后,面对全球化,政府粮食作物、经济作物并重,减免农业投入物的关税。政府不直接干预,将选择权留给市场,调动私人参与农业建设的积极性①。其经验教训,值得探讨。

(一) 菲律宾农村的封建传统与资本主义成分

第二次世界大战后,菲律宾获得民族独立,成为共和制国家。但是,菲律宾的封建土地所有制,由来已久。它不会随着封建、殖民地的终结而终结。即使在殖民地时期,菲律宾在农业技术与经营方式中吸收了西方的近代化成分,但是,土地所有制仍然是传统型的,封建残余根深蒂固。在有的地方,地主在人口中占少数,农田、牧场、林地都归他们所有。大地主一户占地可达 1 000 公顷。自耕农户均拥有不到 3 公顷土地。而赤贫农户只好做佃农,租种地主的土地。另一些地方,第二次世界大战后,美国没收了日本人占领期间置下的土地产业,参战军官买下,开起了公司。美国人拿到土地后,种甘蔗、椰子、大麻、烟叶等经济作物。在菲律宾经营种植业的有外国公司也有菲律宾的公司。一个公司拥有几千公顷土地。在棉兰老岛,有大的种植园。大公司和种植园多数种植苎麻、甘蔗等经济作物②。而当地农民,则成为农业工人,在农业资本家的地里出卖劳动力。这算作经济作物区里的资本主义经营模式。

在产粮区,土地所有制和租佃关系仍然都是传统型的,封建色彩更浓。佃户要将收成的一半拿来支付地租,而生产所花费都是由佃户来支付。佃农如果有急需,就要借高利贷。高利贷年息为 240% ~260%。如果播种时佃户向地主借粮,收获后要加倍还。佃户如果得罪地主,还有被赶走的风险。土地的租佃关系比较复杂,有直接租的,有转租、二手、三手、四手、五手②。菲律宾农业人口过剩,地主不发愁佃户不来租地,在对佃户的剥削上绝不手软。无地或少地的农民辛苦一年,只够温饱,无力改进农业技术。地主凭着土地就可以有不错的收入,自然没有改进农业技术的动力。而在农业资本家的农场里,近代化管理和近代化技术还可以实

---

① 沈红芳. 菲律宾农业开发战略浅析. 《东南亚》2002 年第 2 期,第 17~21 页。
② [苏联] 沙维里耶夫,等. 菲律宾的土地和农业问题. 《东南亚研究资料》1963 年第 2 期,第 13~24 页。

施，可以用一些近代化农业机械。如，在甘蔗产区，资本主义农场制占主要地位。

（二）政府决心进行土地改革

在殖民者踏上菲律宾之前，菲律宾虽然有地主、自耕农和佃农，但贫富差距并不算大。土地分配不均的问题，在很大程度上和殖民统治有关系。1571 年，西班牙开始统治菲律宾。1778 年，总督约瑟推动农业商贸发展，刺激有钱人土地扩张。1815 年开放马尼拉港，菲律宾卷入世界市场，导致土地集中。美国取代西班牙接管菲律宾后，准备解决土地过于集中的问题，于 1902 年 7 月颁布《菲律宾组织法》，规定个人拥有土地不得超过 16 公顷（后改为 100 公顷），公司不得超过 1 024 公顷。美国要求土地登记、换新证，结果地主登记了，而小农不知道此事或拿不出工本费。美国出钱赎买土地，分给农民。拿出来卖的多为教会的土地，另有薄地无人问津。美国鼓励开垦，但人口稠密地区无荒地可垦，效果也不好。第二次世界大战爆发后，美国规定菲律宾公民应该至少拥有 60% 的土地，个人或公司拥有的土地不得超过全国土地的 40%[①]。

第二次世界大战结束，菲律宾获得民族独立。刚刚独立的菲律宾，是一个背着殖民地影响和封建包袱的农业国。农村土地分配不公制约着发展。另有高利贷问题，由此产生贫困。大量无地农民处于贫困和半失业状态，给"胡克运动"和菲律宾共产党提供了很好的土壤。而且，贫困和失业人口是这些反政府武装潜在的兵源。

独立后成立的菲律宾政府为了改变这种状况，决定进行土地改革，公平分配土地，让耕者有其田。政府规定公司不能拥有超过 600 公顷土地，私人占有不得过 300 公顷。用来分配的土地有荒地、政府拥有的农场。大小农场主的土地重新分配。成年人每人 5 公顷，满 15 岁的家庭成员每人 3 公顷。具体操作是，政府购买农场主的土地，收为国有，然后把土地转卖给农民。农民在 3~4 年内以年收入的 30% 向国家缴付土地价款。清偿后，土地所有权即归付款人。规定不得超过 3 公顷[②]。第二次世界大战后，日

---

① 刘梦瑶. 菲律宾土地改革进程中的公民社会组织参与研究. 南京大学 2016 年硕士论文，第 36~40 页。

② 黄仁. 菲律宾的农业发展与农业政策.《农业经济问题》1989 年第 3 期，第 61~63 页。

本、印度、韩国，以及中国的台湾也进行了类似的土改。菲律宾拿出来用于土改的土地是种粮用的地，种经济作物用地不在土改的范围内。

但是，若干年过去了，菲律宾土改效果非常有限。最大的阻力来自富有的农场主。地主不配合土改，不让测量土地，或改种经济作物，将农田改成非农地，或将地抵押出去或分给子女。还有的地主阻止佃户领取土地证。而农民，有些人宁愿保留佃农身份。有的拿到证后偷偷地将地还给地主，私下与地主达成分成租佃制契约。到1963年，土改法还没有真正有效执行。佃农领到土地只有计划的1%，地主不配合、官僚体制低效、佃农无钱交首付，都是不利因素。在落后的农村，不仅社会财富分配严重不公，农村基层组织也为地主所把持。这更是土改阻力重重的原因。菲律宾国家政权过于集中，和地方社区疏离，会影响地方政府的运作和乡村动员，也是完成农村发展目标的障碍。

1965年，马科斯当上总统。他的竞选承诺中就有经济发展和土地改革，当选后，决心靠军管来进行土改。根据军管法，没收大地主的武器，解除他们的私人武装，然后再土改。分掉地主的地，用土地改革消灭封建主义[①]。为了动员民众，1972年后，菲律宾成立"公民议会"取代原来的"巴里欧议会"，行使公民权的年龄从18岁改到15岁。土改、绿色革命、基层建设一起进行。到1981年，吕宋地区进行得较快，90%的农户办完租约，68%佃农获得土地证[①]。但其他地区进展较慢。马科斯执政时期的土改规模大于以往政府。但是，菲律宾的土改，仍然只包括种粮食的地，未包括种经济作物的地和商用地。

至此，菲律宾的乡村社会经历了原始形态、封建形态，西班牙人留给了大地主大庄园基础，美国人带来了自由的市场经济，马科斯以"亲朋资本主义"抵抗地主封建主义[①]。

1986年，马科斯下台、阿基诺当选。阿基诺1987年颁布总统令，包含了土改内容，国会制定相关法案。拿出来进行土改的土地包括粮田、抛荒地、闲置公共用地。1992年拉莫斯当选总统。拉莫斯上台后，按原方案，执行力度大得多。涉及分配的地，有一半原本属于政府的。

菲律宾政府为了解决土地问题，的确下足了功夫。最后，有没有实现

[①] 杨卫民，祁可前. 马科斯独裁下的菲律宾土地改革（1972—1986）.《史学月刊》2001年第5期，第105~109页。

"耕者有其田"？有没有解决农村的贫困问题？菲律宾的耕田人当中，有 25% 真正有其田。佃农、边缘化的农民及农业工人占 70%。在非种、非收、非加工的季节，尼格罗岛上的 25 万甘蔗工人没有工作、没有补助地生活着[①]。

20 世纪 80 年代以来，土地改革在世界舞台上的主流趋势越来越弱，逐步让土地和农民进入市场。没有土地的农民沦为廉价的劳动力。小农即使拥有土地，他们也会因为农场规模太小而难获规模效益，在国际市场上农产品低价、化肥与农药高价的挤压下，也是困难重重。与全世界的情况相比，这样的情况在菲律宾晚了十多年。到 20 世纪 90 年代末，菲律宾面对全球化，政府粮食作物、经济作物并重，减免农业投入物的关税。政府不直接干预，将选择权留给市场，调动私人参与农业建设的积极性。

可见，解决农村的贫困等诸多问题，只在农村本身下功夫还不够，需要进行多方面的工作。尤其重要的是要遵从市场规律。

（三）菲律宾的非政府组织在土地改革等农村工作中的作用

菲律宾在土改期间，成立有土改委员会。在省级的土改委员会中，由一个来自非政府组织部门的代表充当联络员，调配其他的非政府组织[②]。菲律宾是一个拥有全球第三大非政府组织的发展中国家，数目仅次于巴西和印度。菲律宾早在殖民地时期，非政府组织就开始出现，起初的取向是搞慈善和社会福利，天主教会和基督教会起了巨大作用。独立后的菲律宾面临一系列的严重的政治经济问题，农村土地问题最为棘手。虽然在美国的帮助下，1950 年初期颁布过一系列土改法案，但是，触动土地所有者的利益，很难施展。在以美国为首的国际社会共同关心下，非政府组织成立，其中包括农民合作社（FCA）、菲律宾农村重建运动（PRRM）、农村进步俱乐部（RIC）、自由农民联盟（FFF），菲律宾农村重建运动（PRRM）最为著名。

菲律宾农村重建运动的发起人是华人杨楚博士，英文名 James Yen，1897 年生于四川，其父为基督教传教士。他 1918 年耶鲁大学毕业后，游

[①] 刘梦瑶. 菲律宾土地改革进程中的公民社会组织参与研究. 南京大学 2016 年硕士论文，第 53~54 页。

[②] 刘梦瑶. 菲律宾土地改革进程中的公民社会组织参与研究. 南京大学 2016 年硕士论文，第 54~70 页。

第九章 菲律宾的乡村发展

历法国,在法国接触到中国劳工,体会到中国劳工们文化水平太低,就为他们编了基本汉字手册,包含1 000个基本汉字,并创办了《中国工人报》。回国后,他于1923年发起了"大众教育运动"。1929年,他在天津举办了"社会实验室",探索更广泛的农村发展之路。他的社会改良思想主要包含以下四个方面的内容:①消除农村贫困;②发展农村教育;③促进农村医疗卫生;④建立农村自治。这些,也是菲律宾农村重建运动的主要宗旨①。

抗日战争爆发后,杨楚在中国的工作中断。1948年,他成为由美国资助的农村重建联合会的专员。1950年,他退出农村重建联合会,并于次年在纽约成立了"国际大众教育运动"(International Mass Education Movement)。1953年,他开始到亚洲各国考察。在菲律宾考察后,他向"国际大众教育运动"推荐菲律宾作为开展此项运动的国家。他选择菲律宾的理由是:当时的菲律宾与1920—1930年间的中国非常相似。农村经济凋敝、菲律宾共产党活动频繁。1953年,"国际大众教育运动"在菲律宾成立。次年,协助政府成功安置了300名归降的"胡克"运动成员。20世纪50年代,可以说是菲律宾农村重建运动(PRRM)的黄金时期。它选择了中吕宋的新伊斯加作为其"社会实验室",在每个"巴朗盖"里,通过"农村重建男子协会"组织居民参与农业发展项目;通过"农村重建妇女协会"负责推动教育发展和培养公民的责任感。这些"巴朗盖"里的居民成立了农会、合作信贷社、乡村诊所、扫盲班和学校。由菲律宾农村重建运动(PRRM)资助的"巴朗盖委员会"发展管理。在它们的推动下,菲律宾国会于1955年和1958年通过法令,扩大"巴朗盖"的自治权力,包括直接选举基层领导、征税、贷款、公共工程、生产方面的自主权。在促进中央权力下放、扩大农村基层的权力方面,非政府组织也做了许多工作。

非政府组织对菲律宾乡村发展所做的工作中,最值得一提的是在土改时所起的作用。"没有私有部门的积极参与,特别是非政府组织的参与,土地改革部就不能有效地实施综合土地改革项目"②。非政府组织,如"土

---

① 施学琴. 菲律宾的非政府组织发展及其原因. 《南洋问题研究》2002年第1期,第66~73页.

② 刘梦瑶. 菲律宾土地改革进程中的公民社会组织参与研究. 南京大学2016年硕士论文,第54页.

地改革人民运动网""伙伴关系"等,通过合法手段,在土改时,对法案的制定实施影响。这种影响,大部分都是通过游说、宣传等温和方式进行的。通过运用大众传媒,进行新闻信息报道,包括国会土改法案的进展情况、发布、更新[①]。由于土改会触及地主的利益,地主阶层也会抗拒、会对国会施加影响,政府的土改工作就会遇上阻碍。而非政府组织中,如"菲律宾农民运动""人民土地改革大会""全国稻谷和谷物农民联盟"等,站在农民土地抗争第一线。必要时,这些组织还会召集农民在国会大厅前搭帐篷静坐,以示抗议[②]。地主在社会上资源丰富、属于强势地位,而农民处于弱势地位。如果没有非政府组织来替农民发声,政府的土改会因为地主的抗拒而进行不下去。有不同的非政府组织从中协作,有"唱红脸"的也有"唱白脸"的。最后在诸方力量中找到平衡,把土改工作进行下去。

非政府组织活动所需要的费用由资助者支付。资助者有美国政府、菲律宾政府、美国天主教援助服务社、福特基金会、洛克菲勒基金会等。外国捐助者至少占50%,最多达到95%。

20世纪90年代后,这些民间组织热心地方事务,涉及教育培训、农民发展问题、社会经济、法律服务、研究出版等各个领域。其中,棉兰老岛最盛。人民土地改革大会棉兰老岛的成就包括:推动棉兰老岛地区的农民法律援助者培训项目的发展,建立起社会经济首要问题组,举办了当地农民论坛以发展与其他农民组织的合作关系[③]。目前,菲律宾的非政府组织仍然广泛存在。

(四) 合作社在农村

早在土改之前,菲律宾议会就审议通过农村信贷协会法、销售合作社法等。1952年后,又成立了农业生产委员会,负责促进和组织农业合作社。在军事管制时期,总统于1973年颁布了175号总统令。这是一个合作

---

① 刘梦瑶. 菲律宾土地改革进程中的公民社会组织参与研究. 南京大学2016年硕士论文,第57~60页。
② 刘梦瑶. 菲律宾土地改革进程中的公民社会组织参与研究. 南京大学2016年硕士论文,第60页。
③ 刘梦瑶. 菲律宾土地改革进程中的公民社会组织参与研究. 南京大学2016年硕士论文,第68页。

社的总法，明确了农业合作社在国家经济发展中的作用。在 175 号总统令的框架内，政府促进和组织了"超前合作社""地区销售合作社""合作社农村银行"①。职能如下：

其一，"超前合作社"的职能是教育、培训、促进资本的流动以利投资，保护农民土地的转让，帮助农民从政府农业信贷项目得到贷款。在农民不能归还贷款时，负责管理农民土地。

其二，"地区销售合作社"在农产品销售和生产资料供应方面向"超前合作社"的成员提供技术服务。

另有一类"多功能（综合）的农业合作社"：到 1993 年，此类合作社占总数的 69%，多为小型合作社①。

合作社提供的是有偿服务。农业以外，它们还参与办企业。社内管理人员的收入与交易量挂钩。如果管理人员不忠实、不胜任的话，合作社就会失败，许多合作社就是这样自生自灭的。政府只监督他们有无违规，但不干涉其经营管理。

三、为实现农业现代化而作出的努力

（一）晏阳初与菲律宾的农村教育

要实现农业现代化，首先要实现农民的现代化。菲律宾独立后，农村面临的诸多问题之一，就是人口和教育问题。农村人口增长过快，同时，农民文化水平低。这样，难以实现农村、农场管理的现代化和农业技术的改进。菲律宾政府意识到这个问题并且试图通过农村教育来改变。民国著名学者和平民教育家晏阳初曾经研究和试点乡村教育事业。他离开中国后，仍然致力于乡村教育。他对菲律宾平民教育的贡献，成就一段佳话。

1952 年 2 月，晏阳初对菲律宾进行了为期一个月的走访和考察，奠定了国际平民教育运动委员会与菲律宾合作的基础。晏阳初是在菲律宾教育部成人教育司司长陪同下参观的各省农村。在访问期间，晏阳初详细了解菲律宾的教育制度和国际合作等情况，还在美菲教育协会的协助下与全菲

---

① 王正谱. 影响农业合作社发展的因素——菲律宾农业合作社发展的经验.《农村合作经济经营管理》1994 年第 7 期，第 43~44 页。

教育界、商界领袖、政府官员和国际组织人士进行交流。在即将结束访问时，参议员普亚特宴请晏阳初及各界领袖 100 人左右。晏阳初做了演讲，反应热烈①。

1954 年，晏阳初被菲律宾政府聘为"总统乡村改造行动委员会"顾问，具体指导该国的乡村改造工作。1958 年 12 月，晏阳初和国际平民教育委员会建议成立"国际乡村改造学院"，院址设在菲律宾。学院的职责如下：

第一，对选拔的男女青年进行平民教育和乡村改造培训；

第二，使具有创造力又愿意奉献的科学家和学者凝聚成一支合格的教师队伍；

第三，如果受到邀请，可以协助待开发的国家的人民合作，组织当地乡村改造促进会，推广乡村改造计划；

第四，在全国、区域和国际的层面，担任实地的研究和实验，以发展和完善乡村改造的原理与实践，同时提供基本资料，以供应用参考①。

20 世纪 60 年代初，菲律宾人口剧增，粮食生产需要改粗放为集约，需要改善灌溉条件，靠高产品种、机械化、增加肥料等措施来增加产量，才能够养活这不断增加的人口。晏阳初造访菲律宾也过去了十多年。在此期间，通过社会各界的不懈努力、政府全力支持和晏阳初等人的鼎力协助，菲律宾乡村改造计划取得可喜成就。教、文、卫和经济都有改善，乡村建设人才辈出。

1967 年，在晏阳初的热情倡议、周密计划和大力支持下，国际乡村建设学院在菲律宾成立。经过多年摸索和实践，学院在晏阳初"民为邦本，本固邦宁"思想指导下，根据新的形势和实际需要，在继承传统的基础上，对办学使命、教学理念、课程设置和教职员构成等，做了具体安排和完善①。

十年育树，百年育人。在晏阳初首次访问菲律宾的时候，他就对菲律宾的大学生和中学教师发表演讲，宣传中国平民教育经验和"农复会"成就。后来活跃在菲律宾乡村工作舞台上的大多数人，都曾经聆听过晏阳初的谆谆教诲。晏阳初提出的"民为邦本，本固邦宁"思想一直以来引导着

---

① 郑杭声，张春．晏阳初：平民教育从中国走向世界的历程．《江苏社会科学》2004 年第 2 期，第 65～70 页。

国际乡村建设学院的工作和发展。学院不仅培养菲律宾的乡村发展专业人员，而且为其他发展中国家培养人才。学生来自亚非拉的 84 个国家，有近 6 000 学员接受培训，1 800 个组织参与了学院在菲律宾和海外的培训项目。这些经过培训的个人和组织，在其本国的乡村改造事业中发挥着不可替代的重要作用[1]。

（二）绿色革命与农业的商业化

"绿色革命"指的是从 20 世纪 60 年代起，一些发达国家和墨西哥、菲律宾、印度、巴基斯坦等许多发展中国家，通过改良种子来提高粮食作物产量的农业技术改革活动。菲律宾独立的建国初年，由于经济作物收益远大于粮食作物，很多地主将稻田改作经济作物园圃。稻作区，生产力落后，导致稻田面积缩小、贫困加剧、阶级关系紧张。政府为了扩大粮田面积，将小规模家庭农场从人口稠密的吕宋区迁到内地与棉兰老岛，以解决土地问题和阶级冲突。1953—1963 年，移民拓荒，安置 20 万人，开了 38.36 万公顷农田。20 世纪 60 年代末，开荒已到极限。新开的地无灌溉措施，传统品种不高产，加之农民的技术水平不高，农田单产低[2]。绿色革命就是在这个背景下开始的。洛克菲勒基金会、国际水稻研究所都和菲律宾的绿色革命密不可分。

洛克菲勒基金会 1913 年成立，1960 年开始资助菲律宾。菲律宾内湖省洛斯巴诺斯设立国际水稻研究所。1962 年国际水稻研究所正式运行。除了洛克菲勒基金会、美国福特基金会，还有几个外国农业跨国公司联合资助。美国种子公司提供良种，菲律宾自己也培育高产品种，培育出"奇迹稻"。研究所培训农业技术人员。使用高产良种，就要增加化肥、农药、除草剂，同时改善灌溉条件。

菲律宾的土改、合作制也与"绿色革命"相配合。菲律宾是在 1973 年成立的村社协会与合作社。参加土改的农民必须参加。会员交纳 10 比索会费，每收成季节交 1 卡弯稻谷作保证基金。协会成员豁免 10 年收入税与

---

[1] 郑杭声，张春. 晏阳初：平民教育从中国走向世界的历程.《江苏社会科学》2004 年第 2 期，第 65~70 页。

[2] 沈红芳. 菲律宾政府不同时期的农村开发战略及其变化原因分析.《南洋问题研究》1992 年 2 期，第 17~23 页。

销售税,可得政府优惠贷款①。

绿色革命改变了菲律宾农业生产方式,使得资本化程度提高,打破了传统农业社区的生活方式。单一作物的栽培,也破坏了作物的多样性。"绿色革命"两头靠市场,农户需要买种子、买化肥,导致欠债难还②。如果没有政策扶持和价格支持,绿色革命很难持续。绿色革命最大的受益者是商人,没能够造就一个强大的自耕农阶层。但是,无论如何,1976年实现了粮食自给③。

"绿色革命"打破了农民传统的自给自足的、利用家庭劳动力为特征的一家一户的家庭耕作的组织形式,把农民推向市场。这就促成农业经济的企业化、商品化。跨国公司可以从中获利④。高产水稻是杂交型的,必须施加指定的化肥、杀虫剂与除草剂。农民要到市场去购买。收割、贮藏、运输、食品加工等环节都要有变化。以家庭为主体的经营单位无法完成,生产成本大大提高。早在传统农业生产中,农民都要在生产过程中借债,生产成本提高后,农民更需要资金扶持。为此,菲律宾政府以"九九丰收方案"配合"绿色革命"。

"绿色革命"与"九九丰收方案"配合,都离不开优惠贷款。从1973年11月到1977年4月,贷款回收率达92%,但是,1978年1月到1979年4月,贷款回收率仅为45.8%。按照规定,不给拖欠贷款者发放新的贷款。结果,下一年度只有1/10的农户得到贷款①。到此,"绿色革命"实行不下去了。

究其原因,在小块土地上实行"绿色革命",投入成本高于产出效益。没有规模,难见效益,这是农业经营的铁律。

(三)提高农业商品化

殖民地时期,菲律宾是宗主国的原料基地。独立后,为了让本土生产的农产品增值,政府鼓励农村办"农业企业"。20世纪70年代后,各类农

---

① 沈红芳.菲律宾政府不同时期的农村开发战略及其变化原因分析.《南洋问题研究》1992年2期,第17~23页.
② 肖灵芝.洛克菲勒基金会与菲律宾绿色革命研究.福建师范大学硕士论文,2013年.
③ 沈红芳.菲律宾农业企业的崛起.《南洋问题研究》1993年1期,第8~15页.
④ 沈红芳.东盟国家农村农业企业的兴起.《世界农业》1993年10期,第10~11页.

业企业大规模出现在农村地区。1973年5月，菲律宾颁布174号总统法令，取消1960年法令中"不允许外国人控制大米交易与粮食工业"的规定，外资来投资。1977年7月，"农业投资奖励法"出台①，棉兰老岛的地被跨国公司租到，生产、加工、包装一条龙，如菠萝的生产、加工和销售②。"绿色革命"也促进了农业的商品化。但是，商品化程度提高，加剧了农村的两极分化。产量提高导致米价下降。农户丰产不丰收。生产投入的资金收不回来，负债累累，最后，失地成为农场工人。

尽管问题不少，但是随着农业的商品化程度提高，农村的阶级关系发生了变化。农村的统治阶级过去是地主，现在成了企业家、银行家和手工业家。劳动人民为农场工人。取代了原来"佃农—地主"式的传统的阶级结构。这也可以说是促进了社会进步。

（四）其他惠及农村的政策

菲律宾是一个具有数以千计的岛屿组成的国家，有70个以上的民族。惠农政策不能一刀切。除了前面所介绍的土改、合作社、绿色革命、教育培训等措施之外，还有如下举措：其一，对山区及生产条件差的农民实行扶助政策，减租减税，设立综合开发项目。增加投资，利用良种、技术、培训，帮助发展生产。其二，加强自然资源，包括土地、森林、水源等的合理开发利用和保护。其三，为了改变过去小农封建的状况，就采用以农村社团组织为主的管理方式。参加社团的农民承担一定责任，可共享开发农业资源所获得的利益。其四，加强农业科技推广，有的属于官方行为，有的属于非官方行为。其五，开发市场、实行自由贸易，解散垄断组织，以避免农民被骗。开放国内市场，除木材和大米以外，全部放开。其六，提供服务，包括介绍客户、提供市场消息、咨询、信贷，减少中间环节。其七，加强基础设施建设，包括运输和通讯等③。

20世纪70年代，70%以上的农户使用了农机。80年代，油价上涨，机械化发展变缓。1988年左右，50%以上的稻田使用动力耕作，包括耕地、插秧、施肥、脱粒、干燥。但是，菲律宾山地多，生产规模小、耕地

---

① 沈红芳．东盟国家农村农业企业的兴起．《世界农业》1993年10期，第10~11页
② 沈红芳．菲律宾农业企业的崛起．《南洋问题研究》1993年1期，第8~15页。
③ 黄仁．菲律宾的农业发展与农业政策．《农业经济问题》1989年3期，第61~63页。

零散。多数农民投资能力弱。农场主兼从他业，对机械化投入缺少动力。农村劳动力有剩，机械化程度太高会发生"人机争酬"。机械主要靠进口，石油也得进口。但是，农产品市场有限，无力靠规模效益到国际市场去竞争。针对这些，国家出台了相应政策：其一，鼓励投资；其二，建立农业协作组织，以加强水利和金融；其三，加强科学战略研究[①]。

1980—2000年间有地农户大减，有些农地变成商业区、住宅区、工业用地。1993年开始，以每年2 300公顷的速度失去农田。原因就是卖地更有利可图。

菲律宾农产品的主要比例：甘蔗28%；稻米20%；椰子18%；香蕉10%；玉米8%。

但是，没有规模就没有效益。其稻米生产的规模化程度，无法和泰国、印度、柬埔寨比。小麦生产更无法和美国、加拿大、澳大利亚等国家比。如此，当面临国际市场的时候，农业成就在很大程度上受制于市场。

菲律宾进口农产品：谷物与动物饲料。小麦，来自美国、澳大利亚、乌克兰。大米，来自越南、泰国。此外，需要进口牛肉。

菲律宾出口农产品：水果、坚果、食油。初榨椰子油，出口给荷兰、美国。干、鲜椰子，居世界之首。菠萝、椰肉干、金枪鱼。此外，菲律宾垄断"马尼拉麻"的产量与销量。

菲律宾农产品贸易逆差达10亿美元。菲律宾特有的经济作物为菲律宾带来外汇收入，其他国家无法与之竞争。而粮食作物，菲律宾政府所做的努力并非不够，但是，仍然没能实现自给。假如不种经济作物而全种粮食，产量够全国消费，但是，买粮的菲律宾人会买更便宜的外国粮，而菲律宾农民丰产不丰收。他们靠经济作物来赚钱，才会选择经济作物的。如此，菲律宾仍然显得粮食"不自给"。

菲律宾风景秀美，旅游业创造可观的产值，归在服务业中。菲律宾保姆在世界上算作品牌。在世界上，有"菲佣"是身份和品位的象征。这一块，所创造的价值也归于服务业。此两项完全可以抵销农产品进出口的逆差。

菲律宾农业扬长避短，如此解决吃饭问题，在世界气候正常、粮食生

---

① 许多．菲律宾的农业机械化及政策简介．《山东农机化》1996年3期，第26页。

第九章 菲律宾的乡村发展

产和贸易正常的时候，不失为最佳状态。但是，万一发生战争、瘟疫或世界粮荒，粮食进口受阻的话，菲律宾会发生粮食短缺。所幸，由于气候温暖、雨量丰沛，退一步来说，就算发生粮食短缺，菲律宾人仍然能够靠水果、椰子和鱼来维持生命。有一位中国人于2015年亲自访问了菲律宾尼格罗斯岛上的卡班卡兰城附近的农村。他将亲眼所见写成文章《探访菲律宾农村》，发表在《文汇报》。文章说，这里的农村像解放前的中国，多数土地由少数人占有。无地农民当佃农、租地为生。但是，20世纪60年代的土改效率不高。这位作者所到地方的许多农民仍然没有自己的土地。他在当地一家农户小住几天，看到的情况是，这家的情况稍好，在20世纪90年代通过政府方案得到土地。每个家庭2公顷。当地有很多农民自发组成协会。该文的作者走访了其中一个协会。该协会共有36户，各家的2公顷土地中，1.5公顷自种、0.5公顷作为集体用地。这本是产蔗区，但也种稻。因为种甘蔗容易受市场价格影响，收入不稳定。大米是当地民众的主食，价格比中国还高。除了耕种自家田的收入外，当地农民购置三轮摩托车，农闲时到附近城里载客赚钱。作者所见到的当地农民住木板房，房顶盖植物叶子，屋内贵重物品只有电视机。一般农户家养育有3个以上的孩子，孩子很少有玩具。按照气候条件，菲律宾可以生产三季稻。但是，水利跟不上，靠天吃饭，只好种一季。政府虽然制定了相关政策，但是操作起来，软肋也在政府。这家农民说，即使基层政权"巴郎盖"的官员，也很少来农村①。可见，农村改进，任重道远。

四、菲律宾乡村发展的经验与启示

菲律宾独立之初，产粮区耕作方式落后、产量低、粮食不能自给。菲律宾急于发展工业，出口农产品来买机器。经济作物更能换到外汇，经济作物挤占粮田导致粮食产量下降、阶级关系紧张。实际上，此时的菲律宾尚有大量荒地没有开发利用。菲律宾政府决定扩大耕地面积，将人口稠密的吕宋地区的无地、少地农民转移到尚未开发的内地与棉兰老岛，解决人地矛盾、缓解阶级冲突。此时菲律宾的发展重点在工业上，对农村开发战

---

① 李开盛. 探访菲律宾农村.《文汇报》, 2015-08-27 (4).

他山之石——国外乡村发展经验与启示

略缺乏细致通盘考虑，1953—1963年间，花在移民开荒上的费用5 000万比索，3万户20万人口开出38.36万公顷农田与住宅用地，安置23 573户家庭，约16万人口①。但是，到20世纪60年代，无荒地可开了。新开地的灌溉跟不上，粮食单产上不去，人口仍然暴增，扩大耕地已经不可能。后来的绿色革命就是在这个背景下发起的。

菲律宾的土改，也是在独立后不久就开始的，其方法不是剥夺，而是赎买。土改的目的是缓解阶级矛盾。1955—1972年间，政府出资从庄园主、领主手中购买3.5万公顷土地，分给无地农民。但是，在整个国家经济与生产模式落后的情况下，单纯搞土地所有制的改革是不够的。上有政策、下有对策。只要种粮的田拿来土改，地主就改种经济作物。佃户分得土地，还偷偷送还给原东家。这源于农民无法靠其他方式讨生活。他们太依赖农村和他们祖祖辈辈生活的这块土地了。

土改进行的时候，地主可以利用自己的资源来影响政府的土地政策，以求自己所在的阶层的利益最大化。所幸还有非政府组织从中斡旋或替农民发声，使政府在土改时可以顾及各方的利益，而不是让强势的地主阶级占尽便宜。土改尽管不尽如人意，但总能取得一定效果。

为了提高产量，解决吃饭问题，菲律宾于20世纪70年代推行"绿色革命"，并用"稻谷九九丰收方案"来配合。"绿色革命"利用良种和先进技术，实现了粮食自给。然而，单纯从粮食生产本身作出努力，虽然产量有提高，但是面临国际市场，优势显现不出来。问题也不少，如：现代技术不适合当地农民所用，增加产量也增加技术成本。农村发展计划取得了成果，但是跨国公司控制销售，大商业者受益。看来，仅仅促进农业发展还不够，需要依靠全面发展。

独立后的菲律宾采取积极措施大力发展民族工业。20世纪50年代初，工业部门在国内净产值的比例为8.5%，到60年代初，上升到17.2%，60年代末，出口工业快速发展。重工业在70年代下半期逐步有所发展。电子工业是70年代后发展起来的。80年代，制造业发展不稳定。90年代上半期得到恢复。到90年代中期，信息技术产业产值每年增长48%。21世纪，能源产业得到大发展。1987—2001年，菲律宾服务业年均增长率达

---

① 沈红纺. 菲律宾政府不同时期的农村开发战略及变化原因分析. 《南洋问题研究》1992年2期，第17~23页.

4.05%。2001年服务业发展增长迅猛,占全国总就业人口的42.4%[①]。随着整个菲律宾经济的发展,城市化进程加快。农村剩余劳动力自发地向城市转移,去工业部门找工作或从事服务业。这样,农民不必过于依赖地主,佃农对地主的封建式依赖关系松动了,也减缓了农村的贫困与失业压力。农村没有了多余劳动力"待受剥削"了,地主自然要想其他办法,如提高机械化水平。

农业现代化离不开农民的现代化。靠着农民的现代化和高科技,以色列在看似无法活人的沙漠上实现了农业现代化。与以色列相比,菲律宾发展农业的条件天壤之别。但是其农业的现代化水平没有达到应有的水平。差距就是在人的现代化上。可喜的是,菲律宾政府意识到这一点并且做出了一定的努力并取得了一定的效果。

菲律宾的体量如同中国的一个省。中国的山东、河南、湖南、湖北、广西、东三省生产粮食的条件比较好,而云南、贵州、海南等省份,由于气候和土壤、地形等特殊之处,可以生产其他省份无法生产的特色农产品。省内粮食不自给的话,国内省际间进行粮食调配比依靠国际市场容易得多,靠政府调节和靠市场来调节均可。而菲律宾则相对要难得多,无法在区域内调剂。

---

① 马燕冰等. 菲律宾. 北京:社会科学文献出版社,2007年,第208~219页。

第十章 以色列的乡村发展

以色列地处地中海东南方向，领土1.49万平方千米，人口813万人，是中东唯一的现代化国家。以色列的国土分海岸平原、中部丘陵、约旦大裂谷、内盖夫沙漠。海岸平原肥沃、湿润，是以色列最适合农业生产的地方。中部丘陵地区尚有小溪谷。约旦大裂谷即死海周围的地区，旱且为盐碱地，几为生命禁区。内盖夫沙漠占领土面积的一半。这样的基本条件，在一般人看来，是养不活人的。唯一可取的是以色列的阳光与温度。以色列的气候是地中海气候，夏季干热，冬季略冷、有雨。所谓的冬季，平均温度也有25℃，游客们仍然可以下死海漂着，丝毫不觉冷。

面对极度缺水的条件，以色列人将节水做到极致，另有海水淡化技术配合。面对阳光与温暖气候，以色列人也将光和热利用到极致，在欧洲大地的漫长冬季，他们利用滴灌技术，生产出蔬菜、瓜果、鲜花销往欧洲，成为"欧洲果篮"，欧洲瓜果的40%为以色列产品。以色列出口花卉量世界第二，仅次于荷兰。以色列的棉花单产世界第一。1955年，1个以色列农民能养活15人；2000年1个以色列农民能养活90人；2015年1个以色列农民能养活400人。如此长足的进步，足以令农业条件优越的大大小小诸国汗颜。以色列农业发展的历程和成就，值得地球人学习和借鉴。

一、沙漠之花以色列及其农业奇迹

以色列国是一个位于西亚巴勒斯坦地区的国家，位于地中海的东南方向，在亚洲西部，是亚、非、欧三大洲交通路口。以色列的主体民族是犹太人（占人口的75%）。犹太人曾在埃及旅居430年之久，约在公元前13世纪离开埃及迁回到现今巴勒斯坦这块土地上。公元前10世纪，大卫的儿子所罗门王之后分裂为南北两国。公元前722年和公元前586年，这两个

第十章 以色列的乡村发展

王国先后被亚述人征服和被巴比伦人灭亡,史称"巴比伦之囚"。罗马帝国统治时期,绝大部分犹太人被赶出巴勒斯坦地区。他们告别圣殿,流散到欧洲各国。第二次世界大战期间,纳粹德国对犹太人进行了疯狂杀害。第二次世界大战后,失国两千多年的犹太人回到曾经的土地,重新建国。1948 年 5 月 14 日,以色列国正式宣布成立。大卫·本·古里安当选首任总理。世界犹太复国主义组织领导人哈伊姆·魏兹曼由议会选为首任总统。以色列失国两千年,却仍然保持着自己的宗教和语言,没有被消灭、没有被同化。后来这个历经磨难的民族重新成立了自己的国家。如果说以色列的历史、文化堪称奇迹的话,它的农业更堪称奇迹。

以色列现实际管辖面积为 25 740 平方千米,包括戈兰高地、约旦河部分地区。它可以分为 4 个不同的区域:海岸平原、中部丘陵、约旦大裂谷以及内盖夫沙漠。地中海沿岸的海岸平原从北部的黎巴嫩边界一直延伸至南部的加沙,只有这一不大的地方土壤肥沃而潮湿,是农业和水果栽种的重要地带。海岸平原的东部是中央的高原地带,高原地带的北边是加利利山脉的山丘,更南边的地区是撒马里亚山脉,有小型而肥沃的溪谷地可以耕种。再往南则是荒芜的朱代(Judea)山丘地区。中央高原地带的东部是约旦大裂谷,属于长达 6 500 千米的东非大裂谷的一部分。内盖夫沙漠由大约 12 000 平方千米的沙漠组成,占据了以色列的一半土地面积。

以色列领土不及中国一个省,人口不到 1 000 万人,矿产、石油资源贫乏。内盖夫沙漠占据了以色列领土面积的一半。可耕地少得可怜。另有周边的阿拉伯国家对它虎视眈眈。这样的地方怎么活命?"生于忧患,死于安乐",以色列首任总理本·古里安说过"让沙漠盛开鲜花"。经过勤劳智慧的以色列人的不懈努力,以色列成为中东地区唯一的发达国家,确实堪称一朵艳丽的沙漠之花。尤其值得称道的是以色列的农业成就。以色列地处沙漠地带边缘,水资源匮乏。严重缺水逼出了更超人的智慧:以色列发展了特有的滴灌节水技术,充分利用现有水资源,将大片沙漠变成了绿洲。以色列人利用充足的阳光、温暖的冬季,发展设施农业,大量种植反季节的花卉、水果、蔬菜。另有"沙漠养鱼"。20 世纪 80 年代后期,农产品自给率达到 95%,在农产品贸易上净赚上亿元。不足总人口 5% 的以色列农民不仅养活了自己的国民,还大量出口优质水果、蔬菜、花卉和棉花等。水果出口到欧盟，是免检商品。以色列年出口13亿美元的农产品，出口12亿美元的农业设备。以色列的农业堪称奇迹，高投入、高产出、高质量、高效率，和其人的素质、组织、管理与服务体系密不可分。

以色列基层组织管理模式颇为特殊——共产主义公社"基布兹"和社会主义公社"莫沙夫"。与此相对比的是个体农户"莫沙瓦"。"基布兹"不仅和以色列农村基层组织管理密切相关，而且和以色列的建国密切相关。可以说，先有"基布兹"，后有以色列国。"莫沙夫"出现的时间晚于"基布兹"，而"莫沙瓦"与"基布兹""莫沙夫"的成员相比，数目不大。

以色列的农民只负责把农作物种好，技术上的服务和指导、农产品的销售等，都有专门机构提供一条龙服务。

二、以色列农村的组织与管理——"基布兹""莫沙夫"与"莫沙瓦"

（一）公有制集体农庄"基布兹"

"基布兹"（Kibbutz）是以色列的农村公社。希伯来语中，"基布兹"的意思是集聚、团结、集体定居点，可翻译为社团、公社，是建立在生产资料公有制基础上的农业经济实体和群众的社会自治组织。"基布兹"的出现在时间上比以色列共和国的建成还要早。1909年第一个"基布兹"在约旦河谷南端建立。1920年召开"基布兹"代表大会。1947年建国前夕猛增到145个。可以说，"基布兹"为以色列国的建立奠定了基础。以色列建国后，"基布兹"进一步发展，1990年已达270个，在经济建设、文化建设和国防建设中都做出了重大贡献。

"基布兹"内有农业、工厂、第三产业，有学校、博物馆、艺术团。"基布兹"的成员，有50~2 000人不等，在很长的历史时期内，实行共产主义的运作和分配方式。这是以色列特有的农业实体和农村社区，所有成员都没有私有财产。大家共同劳动、共享劳动成果。在以色列最大的沙漠——内盖夫沙漠深处，有一个叫马沙贝·萨德的"基布兹"，1949年建立，从50多人发展为500多人。里面有住宅、商店、诊所、学校，一应俱

第十章 以色列的乡村发展

全。该基布兹还经营农、牧、农产品加工、旅游休闲等①。

1. "基布兹"的产生及其历史背景

犹太民族有 4 000 多年的历史、两千年的流亡史,是一个多灾多难的民族。19 世纪末 20 世纪初,流亡到世界各地的犹太人准备回到他们曾经建国的巴勒斯坦地区。1905—1908 年间,犹太民族基金会在巴勒斯坦购买土地建成农场,招募犹太人前来耕种。以所购土地和聚集来的犹太人口为基础,从 1909 年起,陆陆续续建成了"基布兹"。这是他们的生产组织、生活组织、社会组织。他们认为这种没有货币、没有剥削、平等,是最先进的制度。其思想来自东欧的犹太人,把犹太复国主义和社会主义结合到一起②。大批犹太人移居到巴勒斯坦地区,与生活在这块土地上达 1 700 年之久的巴勒斯坦人冲突不断,他们以"基布兹"为单位,集体生活,形成半军事组织,这也是安全需要。

至于"基布兹"形成的原因,原初动力是犹太复国主义;自主意识、平等要求;犹太移民是"基布兹"形成的主要力量;官方支持是"基布兹"形成的保证③。

2. "基布兹"的运作模式

以色列建国后,土地归国家所有,"基布兹"需要向国家租用土地来经营农业。政府这样做的目的,是为了防止万一犹太人经营破产了,土地有可能被阿拉伯人买走。这样,"基布兹"的土地是国家的,其他一切物品都是集体的。也就是说,所有生产资料、劳动产品和个人收入均归集体所有。即使成员们在外面得到一些额外收入,也要交给"基布兹"。"基布兹"内不用货币、没有商品和市场,禁止雇工剥削。个人生活的必需品由"基布兹"提供。"基布兹"成员集体劳动、集体生活,最初衣服不够,出门轮流穿,人人吃粗粮,个个住帐篷。

待到条件改善后,盖起了房子,每户 50 平方米,无厨房④。因为大家在集体食堂就餐,不收费,像吃自助餐,主副食品 10~20 种,未见乱抢乱

---

① 杨林等. 以色列节水农业考察报告.《农机科技推广》2006 年第 3 期,第 43~45 页.
② 以色列"基布兹"的社会主义奇迹.《中国人民大学名家论丛》,第 496~509 页
③ 王立本,江红云. 基布兹的体制演变与历史贡献.《科学社会主义》2008 年第 5 期,第 149~153 页.
④ 程鸿飞. 以色列独特的基布兹和莫沙夫.《真理的追求》2000 年第 5 期,第 28~32 页.

剩的难看吃相。衣服也是集体的，定期发给大家穿，定期将脏衣服收回，由专门人员洗。孩子出生后，放在婴儿室，母亲定时去哺乳，其他照料工作由专人来做。幼儿、少年也是集体吃住，不生活在父母身边，到十八岁即服兵役。退役后，还可以考大学，费用由"基布兹"承担。长年有5%~10%的"基布兹"成员在大学学习。满45岁，每个"基布兹"成员还可以再次上大学，迎来第二次选择自己喜爱的专业的机会。

一般的"基布兹"有五六百人。最大的有2 000多人，最小的仅40多人。大家同样参加劳动，每天工作8小时，60岁以上的成员每天工作5小时。"基布兹"里不雇工、不受雇。"基布兹"里出去的议员、官员每年还要回来参加劳动25天。

"基布兹"里有丰富的文化生活，有乐队、艺术团和博物馆。

"基布兹"的领导人由民主选举产生，实行任期制。权利平等、民主管理。成员有加入和退出的自由。由于民主选举、运作透明、成员有监督权。决策也要经过讨论或投票表决。领导干部无法权力寻租、无特权。他们是无偿为大家服务，和其他成员一起在食堂就餐。他们的孩子同样在育婴室、幼儿园、学校里接受教育。他们的衣服也和大家的一起进洗衣房来洗。他们用"基布兹"的车和普通社员一样，需要申请。

丧失劳动能力的老年人由"基布兹"负责养老送终。

3. "基布兹"的贡献

第一，吸纳移民、储备国土、复国建国。1909年，第一个"基布兹"成立；第二次世界大战后，以色列共和国成立。显然，有了足够的"基布兹"土地和成员才有条件建国的。所以，"基布兹"的贡献，首先就是聚集国土、建立国家。

第二，培养和输送优秀人才。"基布兹"自己办有学校，儿童少年都要接受教育。他们18岁参军，退役后考大学。这样，"基布兹"输送了科技人才和党、政、军优秀人才。以色列工党成立，"基布兹"为社会基础之一。其立国三原则为：犹太复国主义、犹太社会主义、平等主义。这与"基布兹"的理念一样。从1948年立国到1977年，8个总理中的四个，政府部长中的1/3都曾经是"基布兹"社员。首任总理本·古里安82岁高龄告老还乡回到"基布兹"。他半天读书写作、半天放羊，1973年以87岁高龄长眠于他生前劳动过的"基布兹"。"基布兹"还是一个半军事化组织,拥有相当数量的民兵。建国后,这些民兵大多转为国防军。"基布兹"的青年长期过惯集体生活,富有自我牺牲精神和组织纪律性,是国防建设的优秀后备军①。

第三,农业生产上的贡献。全以色列共有 300 多个"基布兹",经营着 35 万英亩土地,占全国土地的 35%。"基布兹"人口仅占全以色列人口的 3%(全以色列人口的 7% 从事农业生产),而"基布兹"的农产品占全国农产品的 60%,占出口农产品的 40%,棉花占全国产量 80% 以上。"基布兹"密集使用土地,利用高科技,如良种、滴灌、喷灌和全面的机械化。"基布兹"还办工厂,成员中务工的比例越来越大,目前务工者已经略超半数①。

以色列建国伊始,政府将工作重点放在农业的发展上。20 世纪 50 年代,依靠科技,利用杀虫剂和良种(如矮株柑橘、抗性强的品种)。现在,电脑控制灌溉、电脑测定果实的酸甜度,机械化采摘、包装、运输。鲜活产品可在 24 小时内摆在外国货架上。这一切,靠着高素质的农民。以色列农民普遍达大专水平,能够像经营现代化工厂一样管理农场。一个以色列农民能够养活 90 人②。

阿菲德隆基布兹,是基布兹中到现在来看算作很成功的。种、养、加工一条龙。果园、蔬菜基地、粮食基地、奶牛场、乳制品加工厂、农机修造厂、渔场、旅游观光设施俱全,这些都是专家反复论证后兴建的。遇产品过剩,他们也会根据市场调节过来③。

4. "基布兹"面临的问题与解决方法

"基布兹"内部没有商品、没有市场、没有货币,但是,"基布兹"外面是有的。"基布兹"以从事农业生产为主,而随着工业化的发展,农业生产在国民生产总值占的份额变小,盈利能力下降。市场竞争很残酷,并非每个"基布兹"都能胜出。为了维护庞大的供给制,"基布兹"负债累累,有的负有 50 亿的债务。"基布兹"管理体制过于严,生活方式过于单调。外部世界太精彩,社会主义思想减退了的年轻人,更看重自我价值的实现和个人成就感,便有兴趣出去体验,去追求自己的人生价值。年轻人

---

① 以色列:"基布兹"的社会主义奇迹.《中国人民大学名家论丛》,第 496~509 页.
② 魏峰.科学技术与以色列农业的发展.《莱阳农学院学报》2002 年第 3 期,第 45~48 页.
③ 曾晓辉."基布兹"托起以色列.《企业文明》2000 年第 2 期,第 44 页.

离开、出生率下降,都使"基布兹"面临老龄化的问题。1977 年,以色列右翼(利库德集团)执政,"基布兹"失去政府扶持。20 世纪 80 年代,以色列面临经济危机,使"基布兹"面临的困境雪上加霜。这些都是"基布兹"面临的问题。另外,"基布兹"在社会中的许多功能被政府代替,如政府也给了人民养老这一福利。

面对这些问题,"基布兹"进行了改革。首先,进行了私有化,将房子折价卖给成员。由不领工资改为领工资。然后,由不同工同酬再改为不同工不同酬。由集体就餐改为买饭吃。10% 的食堂已经外包。水电也收费。孩子的抚养,由过去的集体生活改为以家庭为中心。对年老体弱者适当补贴①。"基布兹"以外的人也被允许到"基布兹"来打工。

除了农业生产之外,"基布兹"还办了工厂,经营第三产业、兴办旅游业。改革后的"基布兹",有的能够走出困境、蓬勃发展,有的仍然债台高筑。老龄化问题是重要原因。

(二)直面 Givad Brener "基布兹"

特拉维夫近郊一所叫 Givad Brener 的"基布兹",是以色列最大且具代表性的一所。笔者有幸于 2012 年底至 2013 年初前往以色列考察。带着对"基布兹"历史与现状的诸多问题,走访了这一所"基布兹",参观了铭记该"基布兹"的发展历程的博物馆,并深度采访了该"基布兹"的退休书记 Tadnur 先生。他讲述了他为之贡献了所有美好年华的这所"基布兹"的前生今世、产生、管理、运行及现状,反映了"基布兹"的大致情况。

1. Givad Brener "基布兹" 简况

Givad Brener 基布兹位于特拉维夫附近,是一个拥有 1 万都南(1 都南 = 1 000 平方米)土地的基布兹,相当于 10 平方千米的面积。该基布兹最早创办的时候只有 28 人,人口最多时有 2 000 人,现在有 700 人,是目前以色列最大的基布兹。进正门后的显要位置有一所博物馆,是专门展示该基布兹历史的博物馆。馆的面积不大,装修朴素,但展品丰富、齐全,维护良好,一尘不染。博物馆内陈列品有早期的农具、20 世纪的农业机械、集体食堂的炊具和餐具,还有成年人和儿童用的床及床上用品、灯

---

① 魏雪静. 今日的以色列"基布兹".《理论前沿》2008 年第 10 期,第 33~34 页。

具、桌椅板凳等，另有许多报纸、杂志之类。从这些精心保护的陈列品中，可以读懂该基布兹初创时的艰难、发展后的成功，还可以看出成员们对文化的热爱和对历史的尊重。犹太民族是一个智慧的民族，以色列是世界唯一没有文盲的国家，这和该民族崇尚文化是分不开的。

Givad Brener 基布兹退休老书记叫 Tadmur。他的家在基布兹的生活区内。生活区是一片排列整齐、连在一起的小院落。一排排院落前后之间隔着不宽但平整的小路。院内有平房和小花园。Tadmur 书记家的房子和院子与其他普通成员的一样，没有特权的痕迹。房内，统一规格的卧室、客厅、书房布局紧凑，房子收拾得干净整齐。普通成员的住所与书记的房子相连，状况并无二致。

前书记 Tadmur 先生开始谈话时就说："现在，基布兹变化很快。它以前是共产主义的、社会主义的，现在变了。现在，东西都成了私人的。过去，不允许基布兹成员拥有私家车，所有的汽车都是基布兹的。现在，汽车也都是私人的了"。

基布兹设有公共食堂，过去，就餐是不收钱的。关于变化之后基布兹的公共食堂就餐用不用交钱的问题，Tadmur 先生答："现在什么都得交钱，吃饭也要交钱。"关于用现金支付，还是用餐券的问题，Tadmur 先生答："他们有卡，就像银行卡那样的。他们记住号码。来餐厅就餐时，他们都不用说出号码了，因为他们认识他。大家都知道谁是谁。"关于何时开始这样执行的问题，Tadmur 先生答："10~12年前，"他补充说："虽然说大部分东西都要付款了，但是，有些服务，诸如医疗、文娱、音乐会等，还是不收钱的。"

2. Givad Brener "基布兹"的人口变化

本基布兹现在有700人，人最多时曾经达到过2 000人。关于人口减少的原因，Tadmur 先生答："关于人口减少的重要原因，不仅在基布兹，在全以色列也存在。第二代人离开。儿女们要去大城市，去其他地方寻找其他机会，去撞运气了。这是基布兹内人口大减的重要原因。""还有一个大的原因导致基布兹人口减少，那就是基布兹不为成员们的孩子提供上大学的费用。他们是去上大学了。有些受过训练的人来到基布兹，加入进来，他们的孩子面临同样的问题。"他最后补充道："还有一个原因，那就是出生率下降了。"

3. Givad Brener "基布兹"的劳动与报酬

关于农业收入占全部收入的百分比的问题，Tadmur 先生答："过去农业需要很多劳动力，因为任何农活都是靠体力的。如今，以色列农业实现了现代化，农活用人少了。农场收获的时候，一台机器，只用三个工人，干以前一两百人的活。因此，农业劳动在收入上所占比例也不大了。农业用人少，很多人出去是因为在里面找不到工作。这就是为什么，人们住在基布兹，到外面上班。"

关于基布兹成员下地干活是一起干还是分头干的问题。Tadmur 先生答："过去没有农业机械，像中国那样，大家一起干，收麦、收棉、收橘子，还有其他。现在完全不同了，因为机器先进了。一个人干，或两三个人一起干。例如，棉花需要 6 个月，那就面临问题了。不知道干多少活，谁干多少，得看需要来定。"

关于基布兹成员的工酬问题，Tadmur 先生答："过去，大家的工资曾经一样多，不同工但同酬。""现在工资不一样了，不同工就不同酬，干农活的挣一个数，洗衣工挣一个数。但是，也尽可能让差别不要太大。"

4. Givad Brener "基布兹"的加入与退出

关于外面的人是否可以来加入基布兹和怎样加入的问题，Tadmur 先生答："（外面的人）可以加入。过去，如果有人想加入，得有一年的考验期。一年以后，决定接受与否。现在，他们得花钱买房子。即使父母是基布兹成员，他们也得付房钱"。

关于如果基布兹成员现在住到城里了，他们是否保留成员身份的问题，Tadmur 先生答："过去是（基布兹成员）的，走了就没有这个权利了"。关于住在基布兹内，在外面工作的，是否算基布兹成员的问题，Tadmur 先生答："许多人在外面工作，还在这里住，他们还算成员。外来的不是成员。"

关于退出基布兹后的人能否继续住在基布兹的问题，Tadmur 先生答："退出了，就不能在里面住了。"关于基布兹的成员，如果退出的话，基部兹是否给他们补偿的问题，Tadmur 先生答："他们走，就买断关系。""计算他在基布兹当成员当了多少年，但是，房子是基布兹的，房子不属于他们。""补偿根据年数计算，比如，20 年，一年给多少美元，乘以 20。""补偿要根据劳动年龄。""如果他来时 4 岁，成为成员时 18 岁，他现在要离开时 60 岁，那就 60 减 18。"这就是他们的退出机制。

第十章 以色列的乡村发展

5. Givad Brener "基布兹"的养老

关于退休和养老金的问题，Tadmur 先生答："以色列有全民养老保险，全以色列的公民到了 67 岁都享受养老金。"关于资金来源，回答是"他们自筹。在基布兹里面，一部分属于全民养老保险，一部分来自基布兹。"关于医疗的问题，Tadmur 先生答："这个数额就大了，当有人生病时，需要有人照顾，基布兹就得派人去，""基布兹成员老了的时候，就进养老院，基布兹付费。如果不去，就不用出这个钱，""基布兹还给年老的成员提供轮椅。"

6. Givad Brener "基布兹"的日常活动

该基布兹的饭堂干净整洁、井井有条。饭菜清洁、新鲜、卫生。就餐者要刷卡进入，与中国的学生饭堂大同小异。在里面就餐的人中，老人、妇女、孩子居多，未见几个年轻男子。可以看出，他们是留守者，年轻男子出去工作了。

该基布兹还有公共活动之家。不算大的房间内放有几排档案柜，内有成员们的档案材料，已故者的档案也在里面。故去人的档案和照片保存得很好。有几份档案连同照片一起摆在外面。问过才知，那是几位已故者的照片和材料。因为那一天正巧是他们的忌日，所以，把他们的照片拿出来，以表追思。从中可以体会出：在基布兹内，成员们对前人的感情和尊重。房间的墙上还贴着精心制作的表格，里面列出所有已故成员的基本信息。其中有英雄、烈士和他们获得的荣誉。

沿基布兹内的大小道路，建筑物有老的也有新的。老房子保护得很好，还钉上牌子，说明建于何时、曾经作何用。这里是最初的移民落脚的地方，那里是存放粮食的地方，那边那个小房子是"公共祈祷地"。那个游泳池里出过全国的冠军。那一片是集体养奶牛的地方。小图书馆内有两万册图书。小路上，有位白发老人坐在电动四轮小轮椅上，悠闲地往前开。车"是基布兹免费提供的"。

7. Givad Brener "基布兹"领导班子的产生

大家看过这些材料之后，围着小桌坐下，问了诸如关于基布兹领导班子的产生方法。基布兹的第一领导人 Tadmur 先生说，"过去叫书记，现在叫社长。""是选举产生的，任期三年。再次选举，再任三年。"关于领导

277

班子的人数，Tadmur先生答："这要看管理的需要。一个基布兹可以有一个社长，一个分管农业的社长，一个分管财务的社长，一个分管工业的社长。起初只有一个，现在工作多了，社长也多了。不像中国那样人数固定。"关于选举方法，Tadmur先生答："有选举委员会，""选举委员会由群众推举，""通常要有10%～15%的人被选进选举委员会。""通常在选举时，得有70%的人参加投票。""所有基布兹基本如此。"

8. Givad Brener"基布兹"与政府的服务系统

关于基础设施和公共服务系统是由政府承担，还是由基布兹承担，Tadmur先生答："由基布兹承担。""由基布兹做预算，每个成员每月要交150美元。""道路交通，外面的部分，由政府出资，村内的道路，由基布兹承担。"关于基布兹供水供电，Tadmur先生答："由政府的服务系统来做，要付费。""我住特拉维夫，他住基布兹，我们用的同一个公司的水电。"另外，基布兹也是向国家交税的。"要交所得税。税由基布兹来交，成员个人不交。"

9. 基布兹成员热爱基布兹

这位名叫Tadmur（查德莫尔）的书记"干过主理（掌勺）厨师，还干过其他工作"。他掌勺10年。每到周五，他做饭，"要用掉500只鸡，给基布兹全体成员过周末"。他"1937年出生"。书记的"第一个任期从1975年开始，第二个任期从1978年开始"。他"是八岁来的，上过学之后就加入了基布兹"。他家"原来住在匈牙利，被纳粹德国掠去。从匈牙利到德国，从德国来到以色列。四口人一起来的，我父母，我和姐姐。""6年前退休"。退休金"政府出一部分，基布兹出一部分"。他育有一儿一女，"孩子们也在基布兹"。Tadmur先生"从小就在基布兹，整个青壮年时代都贡献给了基布兹。现在孩子也在基布兹"，对基布兹"非常热爱。有很多朋友在这里"。

关于基布兹内部的公共服务，如住房、医疗、分配是否满意的问题，Tadmur先生答："80%的人满意。80%的人幸福。"

近20年来，"基布兹"发生了许多变化。随着社会的发展，面对新的问题，"基布兹"的管理也与时俱进，从完全公有变为发一部分货币，再从不同工但同酬，变为不同工不同酬。关于基布兹的未来，Tadmur先生答："政府不参与，只根据群众喜欢还是不喜欢。实行得了，就实行共产

第十章 以色列的乡村发展

主义的,现在不能像过去那样实行了,就要变。"

(三)"莫沙夫"与"莫沙瓦"

变化了的"基布兹",土地、生产、分配方式都有变,也有了一个新的名称——"莫沙夫"。"莫沙夫"一词本来的意思是"地主"。后来,它指一种农村组织形式,也就是社会主义合作社。"莫沙夫"最早出现于20世纪20年代。前国防部长达扬一家不习惯"基布兹"的生活,退了出来,就开始组建"莫沙夫"。在"基布兹"内,有的妈妈不肯放弃抚育孩子的权利,有的青年有了物权观念。总之,有喜欢者,就有响应者。以色列建国后,大量犹太移民纷纷进入以色列。他们不习惯住在"基布兹",就住进"莫沙夫",这也是"莫沙夫"逐渐增多的原因。在相当一段时期,"莫沙夫"和"基布兹"并行存在。目前以色列有"莫沙夫"450个,占农业人口的一半多。成员自愿加入,需要交纳股金。

一个"莫沙夫"实际是一个村子,由60~100个农户组成。每个地主拿到29"牧"的地;农民拿到30"都南"的地。各家拿到的那块地,可以盖房子自住,但是,有规定,不能全盖成房子,要用来种植。田地归国家所有,是由国家租给"莫沙夫","莫沙夫"租给农户的,49年为一个租期,到期可以自动续期①。如果不再务农了,土地要交回,不得买卖或转让。父亲租种的土地,儿子们不能分割,这样,继承上会有问题。房屋、收入归农户所有。种田以外,成员还可以养羊、可以经营产业。房子还可以租给别人住。"莫沙夫"内农场的生产环节是独立的。农场与农场之间可以互通有无。产品营销、设备采购等,依托"莫沙夫"的合作社负责协调①。"莫沙夫"负责预测市场需求,有的还建有冷藏库,为成员存放农产品。合作社还负责供销、教育、医疗、文化活动等。

"莫沙瓦"是以色列的"个体户"。

目前以色列的农业生产,32%由"基布兹"完成、46%由"莫沙夫"完成、22%由"莫沙瓦"完成。政府尊重人民的选择,对"基布兹""莫沙夫""莫沙瓦"一视同仁。"基布兹"的土地最合适集约化经营,获得规模效益;"莫沙夫"的成员可以互相帮助;"莫沙瓦"只好自己组织生产

---

① 王彦敏. 从以色列莫沙夫看我国农村合作经济组织.《理论学刊》2008年第8期,第72~75页。

和操心交易。

三、以色列政府对农业的支持和服务

以色列的农业精耕细作程度超过中国，高科技、高投入，成就斐然。其农田没有田埂，全都采用"滴灌"技术。香蕉也种在大棚中，比中国的香蕉园种得密。其石榴又大又红，甜中带酸，榨出的果汁非常可口。橄榄本是较高的大乔木，以色列人在适当的时间砍断其主干，让它们长不高，以便采摘方便。以色列生长有大量椰枣树，也施行滴灌，并机械采摘。自然干燥的椰枣，不加任何甜味的东西，比蜜饯还甜。以色列的农业成就，离不开政府的鼎力支持和为农业服务的机构等的工作。这些机构分别在产、学、研、销各方面为农业服务，靠科技、集体和经济的力量，在寸草不生的沙漠上，靠电脑控制的节水灌溉，实现了瓜果飘香，成为"欧洲的冬季厨房"。政府以及为农业服务的机构做出如下贡献。

（一）政府全力支持

政府对以色列农业的财政支持，投入经费占生产值3%。几乎所有以色列的大学都有农业研发项目[①]。研发出来之后，由专门的推广部门交给农民。而推广工作也是由政府部门来负责的。以色列农业和农村发展部的农村推广中心建于1949年，内有14个专业委员会，如，园艺、养牛、养羊、渔业、大田作物等专业委员会，承担着政府农业技术推广的职能。农村推广中心通过搜集、分析、培训，将农业技术传给农民，并且及时反馈效果，了解需要解决的问题[①]。

（二）设备和种苗上的服务

在黎以边界的以色列一方，有以色列最大的育苗中心——"拉汉育苗中心"，不仅育出最好的苗出售给农民，而且公司内有200多名优秀的科技工作者和专家进行研究和咨询工作。以次充好来坑农是不可能的，卖出就撒手不管也是不可能的。因为，农民卖出农产品后，才付全额的苗款。

---

① 杨林等. 以色列节水农业考察报告.《农机科技推广》2006年第3期，第43~45页。

以色列只有伽利利湖有水源，其他地方都极度缺水，但是，该国有充足阳光和温暖的冬季。以色列的农业科技工作者趋利避害，把设施农业和节水灌溉做到极致，充分利用阳光、节约每一滴水。以色列农场的菜园和果园，利用太阳能进行土壤消毒，设防虫网以避免使用杀虫剂。温室内的温度、供水、施肥都利用电脑进行自动控制。以色列的滴灌设备质量也是世界第一。笔者参观的 Naandanjain 喷灌设备公司是基布兹办的企业。它堪称世界顶级的"灌溉设备王国"，生产的智能喷灌、滴灌设备销往世界各地，为农场设计安装滴灌系统，在世界 9 个国家分布，在北京也有了办事处，服务遍及全球。其经理助理很认真地说："产品质量要好，服务也要好，农场有了收益，才有支付能力嘛。"

（三）农业科技服务与咨询

以色列的农业科技推广，是免费的公共服务。所需费用主要靠政府拨款，另有 10%~20% 的经费来自农产品市场营销等人员的资助。根据具体条件，在以色列建起 6 个"区域农业推广服务中心"。每个服务中心有 10~30 名专业推广人员。随着农民素质的提高和获取资讯渠道的增加，目前专业推广人员的总数已经减至 230 人。推广员所做的工作包括针对个人的咨询服务、田间技术服务、培训农民、农田检测服务、专业宣传服务。帮助农民节约劳动力，推广开发新产品[①]。而中国的科研成果，很多都通过验收之后就束之高阁。这一方面，以色列的做法很值得参考。

（四）大学与研究所的全力支持

内盖夫沙漠，地貌与植被很像中国的敦煌一带。国父本古里安夫妇长眠在此。本古里安大学所属的沙漠科学研究所也建在沙漠深处。该所建于 1966 年，最初只有 12 人。目前它是世界一流的沙漠科学研究所。该所有 3 个研究室：水利研究室、生物技术与农业科学研究室、太阳能研究室。该所培养硕士、博士，为优秀学生提供全额奖学金。每两年举行一次国际会议。该所的研究工作紧扣生产需要：人工模拟不同级别的风，记录对不同生长阶段的庄稼苗的破坏程度。据此，选抗风品种，选择种植季节躲开多

---

① 杨林等. 以色列节水农业考察报告.《农机科技推广》2006 年第 3 期, 第 43~45 页.

风的时段。利用仪器测出每种植物的需水量，滴灌给水量严格按需水量。用地下水养鱼，养过鱼的水净化，再灌溉用。所有用过的水，都要净化后再利用。有的用来灌溉非食用的农作物。实验田里正在试验一种豆科的树作为薪柴林用树，帮助亚非国家解决烧柴做饭问题。据所里的科研人员介绍：他们的成果，如"沙漠养鱼"等，研究成功之后就交给基布兹来付诸实践、用在生产上。

（五）公司紧密连接农业和市场

以色列的农民，只需要集中精力于他们的本职工作——生产出合格农产品。培育良种是科研机构的事，提供合格种苗、设备有专门的公司，销售产品也有专门的公司。所以，以色列的农业绝对不是靠农民单枪匹马来做，而是合约型产业化经营。公司与基布兹结合、公司与莫沙夫与农户结合、公司与莫沙瓦（个体农户）结合①。这样，减少了政府的负担，公司与农民之间实现双赢。以花卉产销为例，以色列的花卉业产值占以色列农业产值的 7.2%，生产的花卉 80%～90% 用于出口，一般都是销往欧洲。专搞花卉生产的农场平均面积 0.4 公顷，最大也仅 1 公顷。花卉生产类似"散户"在做，而销售渠道必须快速、高效，否则，鲜花到了消费者手中已成干花。如何解决？正是其销售渠道很值得称道②。例如，以色列最大的农产品出口公司叫 Agrexco。在以色列国内，Agrexco 有 8 个包装场，负责将全国花农的产品集中起来，然后外销。Agrexco 在纽约、伦敦、科隆、维也纳、斯堪的纳维亚、蒙特利尔、巴黎各有一个分枝机构，以 Carmel 公司的名义批发出售鲜花。

四、经验与启示

（一）与时俱进的农村组织形式

"基布兹"是以色列特有的农村组织形式。它曾经是苦难深重的犹太

---

① 王彦敏．以色列现代农业对我国农业发展的启示．《山东经济》2006 第 4 期，第 98～101 页．
② 张云．以色列花卉业概览．《花木盆景》2001 年第 8 期，第 41 页．

第十章 以色列的乡村发展

人的取暖之窝。犹太人的历史，说是血泪写成的，丝毫不为过。犹太人经历的苦难，难以想象。20世纪初，失国两千年的犹太人开始陆续来到他们曾经的故土。在这里要白手起家，得靠集体的力量才能生存。所以，他们成立了他们的公有制集体农庄——"基布兹"，堪称"资本主义汪洋大海中的共产主义小岛"。他们靠着"基布兹"集体的力量，度过了艰难岁月。"基布兹"对于犹太人的生存和以色列的建国，都是有巨大贡献的。

基布兹是农庄，或者说，是农业生产部门。在机械化程度不高的时代，大家一起下田从事农业劳动。当全世界的发达地区在农业生产上用人越来越少的时候，当基布兹内的农业劳动机械化程度也越来越高的时候，如果像过去同样多的人都留在基布兹，就难保证每个成员都能够找到工作。如果在外面可以有更高的收入和更好的生活，那么，即使在基布兹内能够找到工作，也会有很多人出去发展。所以，基布兹是在外部社会潮流冲击下，改变了管理方式。从不发钱到发工资；从不同工同酬，到不同工也不同酬。基布兹的食堂管理也发生了变化，从打饭吃，到买饭吃。但是，基布兹内的娱乐活动仍然不收钱。老一代人还是老有所养，而年轻一代就要买保险了。

这种变化了的基布兹，更像以色列的农业合作社——"莫沙夫"（Moshav），可以说，如今的"基布兹"与"莫沙夫"界限难分了。基布兹在时间上比"莫沙夫"早。当两种农庄共同存在于以色列的时候，基布兹被称作"共产主义的农庄"，而"莫沙夫"被称作"社会主义的农庄"。现在，虽然名称照旧，但是，二者在外观上和内部管理上基本分不出彼此。这不是谁硬要它怎么样的问题，是时代潮流使然，与时俱进的结果。

基布兹曾经是"共产主义农庄"。成员们在里面共同耕作，共同生活过。由此形成的天然感情纽带并非说断就断。目前，土地公有，领导是基布兹成员投票选出的。他们了解下属、与成员们感情深厚又被认可，在管理和组织生产上就有方便之处。基布兹土地一直是集体的，不曾分割。这就避免了"细碎化"。农田和农场的"细碎化"是农业现代化的绊脚石。一家一户的经营，对现代化农业科技、农业机械的使用也不利。中国的承包责任制，解决了公社化时的偷懒问题。但是，这事实上的细碎化也不利于农业生产的现代化和集约化。而基布兹恰好避免了这一短板。所以，尽管"基布兹"未必是普遍适用的，但是，对农村的建设与管理有一定的借鉴作用。

需要一提的是,管理模式不能照搬。以色列"基布兹"与苏联"集体农庄"、中国"人民公社"有相似之处。但是,"基布兹"是"资本主义海洋里的社会主义小岛",是"资本主义肌体上的社会主义细胞"。而中国、苏联都有类似的机构,是社会主义国家的社会主义的生产机构。如果加以比较,可以找出其不同之处。

第一,管理方式不同。以色列的基布兹是经济组织,按企业模式运作。书记(社长)、生产项目经理、人力资源部部长都是选举产生的,直接受基布兹成员监督,无法作弊,无德无才者没有机会混进去。这样,保证了管理层的品质和素质,也限制了人性之恶。中国的人民公社和苏联的集体农庄,是政社合一的。国家的行政权力一竿子插到底,有浓厚的政府色彩。公社有社长、书记、秘书。公社下有大队、支书、保管员、会计、民兵队长、妇女主任。大队下有生产队、队长、会计、保管员[①]。这就是"三级所有,队为基础"。生产队一级有选举。但是,人口多的家族、姓氏自然容易当选。如果赶上风气好的村子,能够选上德高望重的人来为大家服务,这样,效果很好。但是,"大姓"欺负"小姓"的情况确实不少。中国是自古受户籍制度限制的,造成村里血缘亲族关系盘根错节,裙带风很难避免。而以色列人是从四面八方回来的,最多就是两三代人的家庭有血缘关系。而且,基布兹的孩子是集体抚养的,在派工作的时候,还注意不把夫妻派到一起劳动。这样,裙带风很难成势头。同样是选举,以色列人大多数是从欧洲回来的,带回的是欧洲的选举理念,而中国的农民虽然已经是社会主义中国的公民,但是,封建意识和小农意识不可能说改就改,选举与监督的结果就会有差别。以色列的管理层没机会贪腐,那是人家的成员监督到位。中国改革开放之前有这样的民间打油诗:"队长见队长,票子哗哗响。会计见会计,十块八块的(当时,最大面额的人民币只是10元、8元就够一个月的生活费)。保管见保管,比比大胖脸(当时的中国很少见到胖人)。社员见社员,没有一分钱"。"干部见干部,穿着尼龙裤"。前面是"日本",后面是"尿素"。不是黑的就是蓝的,全是沾的社员。这是说干部将本属于集体的尼龙制的日本进口尿素袋子贪回家

---

① 李光. 以色列基布兹研究. 上海社会科学院硕士论文,2006年,第35页。

第十章 以色列的乡村发展

去，染成黑色或蓝色，原来的"日本尿素"字样基本盖住，做成裤子来穿。公社社员们知道这些干部损公肥私了，但是，大多数人不敢行使自己的监督权，只好任其多吃多占。因为越级上告，还是得回本公社来处理，干部不怕！告不倒他们，他们反而报复告状人。社员没有办法，只好在劳动的时候偷点懒，在没有人的时候偷集体田里的农产品。"十个社员九个贼，谁不偷就饿死谁"之说，在当时农村颇为流行。显然，伤害的是劳动积极性，打折扣的是劳动效果。

第二，分配方式不同。以色列基布兹在初创时，生产水平不高，产品只够大家吃饱，没有剩余，就不必将农产品拿出去。等生产水平提高了，大家吃好用好，将剩余的卖出去，得钱就得向国家交地租，还要买进自己不生产的东西、要进行基础设施建设、要抚养大家的孩子、要为老社员养老送终。基布兹成员的衣、食、住、行、教育、医疗、娱乐，甚至国外度假都要包管。中国的人民公社办过集体食堂，但是，没有坚持太久就解散了。最值得吸取教训的是：干部往上报产量，上面按报的产量来下达交粮的任务。干部为了自己的政绩，虚报产量的不在少数。造成了征过粮之后，农民没有了口粮。这是造成1959—1962年三年的饥荒的主因。苏联的集体农庄，在20世纪20年代也发生过类似的事情，叫"乌克兰大饥荒"，使得"欧洲粮仓"乌克兰大量饿死人。苏联的集体农庄是在国家的强制力下建立起来的，负责人是政府官员。农民不可以退出。理想主义的热情退却后，大家不再积极向上，懒惰和贪婪随之而来[①]。

以色列基布兹从来没有发生过这样的事。它的成功，别人未必克隆得成。这样的模式在中国不合适，就有了改革开放、实行联产承包责任制。不出两年，解决了中国人的吃饭问题。

在犹太人回到巴勒斯坦的初期，他们脚下只有这一片沙地，缺水，四周全是敌视他们的人。他们有安全压力，没有收入更好的工作，"基布兹"是他们最好的选择。只有在大灾变中，人们才有可能暂时返回乡村社会，"基布兹"的成功和这个背景有关。没有了这个背景，刻意维护这样一个平等主义的社团非常困难。假如以色列当年有足够的肥沃土地，没有四周的危险，他们未必就会选择"基布兹"。随着社会的发展，以色列的基布

---

① 张艳艳. 以色列集体农庄基布兹的制度分析.《北京观察》2000年第7期，第57~59页。

兹也遇到了问题。其基布兹在面临问题之后，也实行了改革。这也说明，如何管理，要适合现实条件。总之，"实践是检验真理的唯一标准"。

（二）农民的现代化

以色列农业的现代化，取决于人的现代化、农民的现代化。以色列人对文化教育的重视程度，是世界其他民族难以相比的。以色列有敬惜带字的纸的传统习俗，以表对文化的尊重。婴儿第一次接触书时，大人往书上涂一滴蜜，让孩子尝一下，感觉到"书是甜的"。其习俗中，比中国的"天地君亲师"更甚的是，在父亲和老师同时处于险境时，先救老师。

20世纪80年代末，以色列就已经建立了高度发达的全民教育体系，成为世界上唯一没有文盲的国家，人均每年阅读量超过50多本书。他们的农民有文化有技术，"农民"是其职业，不是其身份。农民的现代化，重视教育、重视科技创新，是以色列农业现代化的保障。农业科技实现了产、学、研一体化。国家农业科技创新体系为三级网络。大学和科研机构出成果后，由专门的机构进行推广，亲自交到生产者手中，真正转化为生产力。这一切，需要高素质的农民来完成。

基布兹里的农民，有50%的受过大学教育。农民们上大学不是为了跳"农门"而是为了更好地工作。所以，他们很容易接受和掌握现代化农业技术，本着现有的条件，做到极致。例如，海水淡化、滴灌、水肥一体化，用电脑控制。给植物灌水，不是给土壤灌水。漫灌的话，85%的水最终浪费掉。而地下滴灌，95%的水都可以利用。又如，为了奶牛产奶多而好，除了在饲料配方上做到极致外，牛不拴绳让其自由活动，还要放音乐给它们听，"对牛弹琴"成了真。再如，政府出资支持农业，钱的给法也有考究：不"匀撒胡椒面"、不直接发给农民，而是投资进农业生产，让钱在生产过程中增值，最终惠及农业从业人员。

以色列的农产品经营之网络涵盖之广、效率之高，也是与犹太人的经商水平一致的。在经营上，他们注重市场的调查。按需求的标准来安排生产。农民安心照标准来生产。经营机构以最快的速度将产品摆上货架。这一优势，在鲜花的生产和销售上特别明显。

（三）管理的现代化

以色列人复国之前的流浪地以欧洲为主，复国后，其国体、政体基本

第十章 以色列的乡村发展

拷贝了欧洲框架，"基布兹"的选举与监督，有监督和制约，避免腐败与权力寻租。优于封建色彩过浓的菲律宾和印度。在此大框架下，"基布兹""莫沙夫"又为以色列的农业发展提供了集体主义精神和集约化条件。这又优于西方的个人主义。其政府为农业办实事，一是投入要有效使用，杜绝面子工程。二是具体的服务，落到实处。以色列政府不干预"基布兹"的生产经营，绝对不干违背市场规律的一刀切之事。政府给予"基布兹"政策支持、法律支持、金融支持、科技支持和技术服务。生产的经营管理，靠规模化、精细化取胜。

以色列农业靠集约化、科学化、集体合作及对人的尊重，在几乎是不毛之地的地方实现了农业现代化，不但养活自己的国民，还出口农产品，达到了欧盟标准。和以色列的基本条件相比，任何一个国家的农业搞不好，都是"捧着金饭碗讨饭吃"。抱怨发展农业条件不好，那就看看以色列！就具体技术而言，以色列农业现代化的经验对甘肃、新疆、宁夏等干旱地区有借鉴作用。